WANGLUOHUA CHUANGYE FUYU ZHILI JIZHI YANJIU

JINGJI HOUGUO YU ZUOYONG JILI

网络化创业孵育治理机制研究

经济后果与作用机理

李浩 著

企业管理出版社

ENTERPRISE MANAGEMENT PUBLISHING HOUSE

图书在版编目（CIP）数据

网络化创业孵育治理机制研究：经济后果与作用机理 / 李浩著. — 北京：企业管理出版社，2020.5

ISBN 978-7-5164-2136-9

Ⅰ.①网… Ⅱ.①李… Ⅲ.①创业－企业经济－研究 Ⅳ.①F272.2

中国版本图书馆CIP数据核字（2020）第075669号

书　　名：网络化创业孵育治理机制研究：经济后果与作用机理
作　　者：李　浩
责任编辑：陈　静
书　　号：ISBN 978-7-5164-2136-9
出版发行：企业管理出版社
地　　址：北京市海淀区紫竹院南路17号　　邮编：100048
网　　址：http://www.emph.cn
电　　话：编辑部（010）68701661　发行部（010）68701816
电子信箱：78982468@qq.com
印　　刷：北京七彩京通数码快印有限公司
经　　销：新华书店
规　　格：170毫米 × 240毫米　16开本　16.5印张　240千字
版　　次：2020年5月第1版　　2020年5月第1次印刷
定　　价：65.00元

前言 PREFACE

自2014年9月夏季达沃斯论坛上李克强总理提出“大众创业、万众创新”战略口号后，在我国960万平方公里的土地上掀起了“大众创业”“草根创业”的新浪潮，形成了“万众创新”“人人创新”的新态势。2018年《政府工作报告》中，再一次将创业创新作为推动国家经济改革的重要战略举措。以孵化器为代表的创业服务组织也成为推进创业创新国家战略、撬动社会资本、助推创业经济快速发展的关键抓手。2018年，我国已成为世界上拥有孵化器最多的国家，近5000家孵化器共为223046家创业企业提供服务，被孵化企业创造收益近8000亿，累计毕业企业近9万家，创造就业机会近300万个，双创战略初见成效。可见，创新创业是引领发展的第一动力，是建设现代化经济体系的战略支撑。近年来，“大众创业、万众创新”持续向更大范围、更高层次和更深程度推进，创新创业与经济社会发展深度融合，对推动新旧动能转换和经济结构升级、扩大就业和改善民生、实现机会公平和社会纵向流动发挥了重要作用，为促进经济增长提供了有力支撑。

2018年《政府工作报告》中同样指出：“按照高质量发展的要求，统筹推进‘五位一体’总体布局和协调推进‘四个全面’战略布局，坚持以供给侧结构性改革为主线，统筹推进稳增长、促改革、调结构、惠民生、防风险各项工作”“上述主要预期目标，考虑了决胜全面建成小康社会需要，符合我国经济已由高速增长阶段转向高质量发展阶段实际”。当前，我国经济已由高速增长阶段转向高质量发展阶段，对推动“大众创业、万众创新”提出了新的更高要求。我国孵化器行业进入全面深化发展阶段，创业企业对各种创业要素和孵化服务的需求正发生深刻变化，孵化器发展面临新变革。创新创业空前活跃导致创业服务的巨量需求；孵化质量提升要求驱动孵化器向专业化、链条化、多层次、立体化方向发展；新型创业服务平台大量出现，带动孵化器的建设主体更加广泛，管理团队更加专业；创业社区、集团发展、连锁经营等新组织模式的出现逐渐实现了孵化器跨地区、跨行业发展，创业孵化正由“器”之形转向“业”之态。孵化器行业正经历的变革，需要更多更好的创业孵化载体和更多元化的孵化服务，需要更加强化资源集聚、人才团队、运营管理等多方面能力建设，需要更高水平的孵化器行业规范和创新，以迎接历史发展新阶段。

面对创业经济高质量发展的诉求，如何挖掘创业孵育的经济价值，成为学术界与产业界共同关注的热点。基于此，学者们指出孵化网络是资源整合与创新增值的重要载体，但是孵化网络绩效方面的研究相对缺乏。以此立题，本书主要围绕以下几方面内容展开研究：①基于本体不同层次而言，孵化网络具有何种特征？这些特征能够诱发或衍生出哪些网络负面效应？②基于辩证的学术思想和谨慎的治学态度，不同孵化网络治理机制对孵化网络运行效果的直接影响具有怎样的机理？③孵化网络负效应如何体现在对网络运行效果的影响中？④孵化网络治理机制对网络运行效果的间接影响又具有怎样的机理？在这一过程中孵化网络负效应又扮演了什么样的角色？通过对上述问题的跟踪和深入研究，在推演和归纳孵化网络“缺陷”和“不足”的基础上，揭示孵化网络治理机制对网络运行效果——孵化网络绩效的影响机理，从而将辩证的治学理念注入原有对孵化网络效力优势的片面信奉，在对孵化网络治理得到全面认识的同时，尝试从管理网络的视角探寻提升网络化孵育机制效力的路径，以此为孵化网络促建与机制设计提供有效的理论依据。

本书的定位、研究方向、各部分撰写都得到了众多专家的悉心指导，在此特向甘肃政法大学林军教授、西安理工大学胡海青教授、兰州理工大学张世新教授表示衷心的感谢。甘肃政法大学经济管理学院、研究生处等部门为本书的出版提供了极大的支持，对此表示诚挚的感谢。企业管理出版社为本书的出版提供了多方面的支持和帮助，在此表示真诚的感谢。最后，在本书论证与撰写的过程中，参考了国内外众多同行专家优秀的著作与文献，同时引用了多家媒体资料，特向这些专家学者和媒体表示感谢。

创业孵育是一个富有挑战性的研究领域，随着社会与经济格局的不断演进，各种新生的创业治理问题不断涌现。鉴于部分研究数据和时间的限制、研究视角设计等原因，本书研究内容与结论还存在着不足，敬请各位读者批评、赐教！

甘肃政法大学　李浩

2020 年 3 月

目 录 CONTENTS

第 1 章

绪 论

1.1 研究背景与问题提出

☞ 1.1.1 研究背景

1.1.1.1 实践背景

1. 创业与创新活动的网络化发展

根据 GEM（Global Entrepreneurship Monitor，全球创业观察报告）数据显示，2012—2014 年以中国、印度、阿根廷等为代表的 16 个新兴经济体 TEA 指数（早期创业活动指数）均高于当年全球平均值且三年连续提高。其中，中国 TEA 指数在此三年间分别为 14%、24%、27%，平均环比增长率为 41.5%。但是，早期创业活动所表现出不断高涨的热情并不能掩盖创业失败率居高不下和不同区域表现出巨大差异的事实。GEM 将造成创业失败（企业终止）的原因解释为创业者自身素质（意愿、态度、能力等）与创业环境（融资压力、市场环境、宏观环境等）的影响。其中，创业环境变化的影响不断凸显并引起社会与学术界的高度关注。自 20 世纪 80 年代以来，伴随着经济全球化的浪潮，市场与技术环境日益复杂化和动态化的发展趋势为创业带来了更多机遇和挑战。

随着经济全球化、数字信息技术的快速发展以及技术创新的提速，创业活动战略决策也从内生因素影响逐渐演化为内生与外生因素二元共同作用的阶段，消费需求的不断变化与消费模式的转变为创业活动带来更多不确定性。而创业环境变化给创业活动带来巨大压力的同时，也创造了更多机会。面对创业环境压力与创业机会的不断涌现，创业企业的创新模式也在悄然变化，在数字信息与网络技术的催生下，创业活动与创新过程中参与主体更加多元化，并逐渐形成有效运作的准市场化网络体系。通过网络化运作，作为创业活动重要基础的创业资源得以有效配置与共享，创新成果辐射范围更大。数据表明，新创企业网络实践比率（64%）已经很接近大型成熟企业的网络实践比率（67%）[1]。由此，依靠创业者禀赋和企业内部资源的传统渐进式创业与创新模式已经转变为依靠内部资源与外部支持的非线性网络化创新模式，进而形成了一大批实现跳跃式发展的新兴企业，并成为国家经济发展的重要抓手与推动力。

2. 企业孵化模式的网络化演进

企业孵化器（Business Incubator）是一种专门为通过考核的新创企业提供创新服务的机构，其不仅能为创业企业提供办公等物理空间和基础设施的支持，同样能够提供多样化的运营服务支持，旨在帮助创业企业克服新创缺陷，提高企业创新能力和组织风险控制能力，进而通过多元化的创新服务提升创业企业市场竞争力，培育和扶持具有潜力的高新技术企业，进而提高创业成功率和培养高素质创业人才。企业孵化器这一组织名称最早由美国学者和企业家提出，在不同国家的名称大同小异，欧洲称之为创新中心，我国则更多将其简称为孵化器[2]。鉴于此，本研究延续这一称谓，将其简称为孵化器。自 20 世纪 60 年代第一家孵化器在美国诞生以来，由于创业活动的不断复杂化，孵化器在孵化过程中自身禀赋缺陷逐渐凸显，为了不断适应孵化过程的需要，孵化器自身及其孵化模式也在不断寻求突破。随着创新模式的发展与外部环境的变化，孵育机制载体在由单一孵化器模式发展到孵化网络的过程中，创新模式实现了向网络化、集群化的升级，在孵企业成长方式实现了信息化、网络化与全球化的转变，价值创造源泉也从有形物质拓展到了无形资源，价值创造方式则从二元互动拓展为多元协同，价值创造空间也从企业内部延伸到了网络边界[3]。在这一蜕变过程中，孵化器经历了以硬件支持（办公室与厂房出租、设备租赁等）为主要功能的第一代孵化器和在此基础上增加了管理培训、研发支持等软性服务的第二代孵化器后，随着数字信息与网络技术的发展，网络化成为第三代孵化器发展新的趋势与特色[4]。同时，包括网络型孵化器（Networked Incubators）、孵化器网络（Incubator Networks）、虚拟孵化器（Virtual Incubators）以及孵化器集群（Incubators Cluster）等概念逐渐进入创业工作者与学者的视野[5]。孵化器组织模式演进历程详见图 1-1。总结而言，作为第三代孵化器的企业孵化网络（Incubation Networks）（下称“孵化网络”）不仅能够通过提供硬件支持与软性服务实现创业扶持，同时能够将创业过程所必需的创新伙伴联合起来，并将基础性的原始服务功能转变为围绕孵化过程的网络关系搭建服务[6]，进而实现创新资源的集聚与共享。

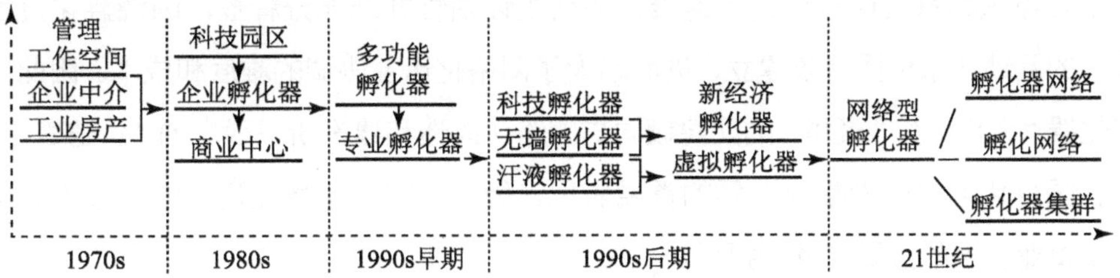

图 1-1　孵化器组织模式演进历程

3. 我国孵化产业机遇与问题并存

虽然我国孵化器实践起步较晚，但在改革开放政策的推动下取得了长足的发展，特别是“创新强国”战略的提出以及“大众创业、万众创新”浪潮的到来，孵化器不仅在存量方面取得了突破性的持续增长，而且孵化能力也在不断提升。更为重要的是，我国孵化器在实践发展过程中已经逐渐由原来单一政府主导的事业型综合孵化器演化出多种形态。

投建主体多元化、运营模式多样复杂化、组织形态网络化以及创新孵化服务专业化成为孵化器发展的重要趋势，并在落实创新型国家的战略目标的过程中，为创业创新提供了必要的空间、物理以及基于管理与技术的软性扶持和保障。相较于其他服务机构，孵化器所特有的运营机制和综合创新服务系统，不仅能够扶持新创企业成长，更成为国家创新系统层面产业可持续性发展培育具有潜力的优秀企业，甚至挖掘战略新兴产业源头小微企业的重要载体。截至 2014 年，我国共有孵化器总量超过1500家，成为拥有孵化器最多的国家，其中国家级孵化器608家，场地面积累计超过6000万平方米，在孵企业数量超过80000家，累计毕业企业超过55000家，申请知识产权数超过120000项，研究与试验发展（R & D）投入超过400亿元。在国家扶持力度不断加大和全民创业创新热情不断高涨的社会环境下，孵育模式网络化趋势与强劲的发展势头表明，网络化较单一市场机制的资源协调效力更加显著，而组织决策较科层组织更加灵活。市场环境的动态性与复杂性使得孵化器的网络化运营成为发挥孵育机制的不二选择。然而较国际水平，网络化运营成功的案例在我国屈指可数，孵化网络建设与监管仍停留在组织关系层面机械式的连接，网络主体活性并未充分释放，围绕孵化过程展开的互动并未全面有效建立，进而增大了网络化运营协调的难度和成本。因此，孵化器“大而全”“豪华”的配建倾向与网络化改造和建设所呈现出的“价值真空”是我国孵化网络建设相对滞后的重要表现。因而，孵化网络促建和治理成为我国创新事业发展的重要课题和抓手。

1.1.1.2 理论背景

1. 组织网络化研究

企业正在经受市场环境更为严峻的考验，加之企业创新模块化和网络化的趋势日益凸显，即使是成熟企业也无法只通过内部资源开发整合来满足创新过程对资源和技术不断增加的差异化需求，更不可能将一条完整的创新价值链嵌入企业组织，而这些对于新创企业更是无法实现的[7]。面对上述困境，网络组织在降低交易成本和不确定性，促进企业获得外部资源方面的优势已经得到学术界的广泛认可[8]。资源观成为众多学者解释网络组织出现的重要理论工具，指出新创企业存在双重困境，即内部资源匮乏与外部合法性不足[9]，并强调仅凭组织的有限资源难以满足创新需求，资源落差会产生从组织外部获取资源的动机[10]，技术创新普遍出现跨组织的合作特征，而网络化的合作创新已经成为企业技术战略主流。

为了进一步揭示组织网络化机理，学术界试图通过自然科学——（电子信息）技术网络的描绘与分析寻找线索。研究发现，信息和知识逐渐取代物质资源和资本资源，已成为企业有价值且难以被模仿的战略资源。随着诸如环境等外生影响因素的不断变化，企业内生要素中组织目标、经营价值和运营模式需要转承启受，信息技术与互联网技术的革命唤醒了孕育已久的新的组织模式——网络组织[11]。虽然，由硬件终端设备所架构而成的简单电子信息网络能够在一定程度上映射组织网络化的生成动机，但网络组织运行和演化过程中所表现出的复杂性作用机理仍需深入研究。

现实中，基于技术网络、社会网络和企业（组织）网络所呈现出的“三网融合”成为现代网络组织的重要标签。其中，技术网络是网络组织存在和运行的物理基础，但企业或个人所存在的社会环境为嵌入其中的微观主体（个人或企业）提供了更多可触及和潜在的关系，这些关系便形成了社会网络。虽然不像技术网络那样能够可视化，但社会网络是企业或个人在价值化过程中不可或缺的重要资源和场域。尤其是中国式人情社会对于社会关系网络传统的继承和强调，使得企业间合作更深入地镶嵌于社会网络之中，因此社会网络已成为中国市场经济环境下企业间合作的重要制度机制[1]。不仅如此，学术界还发现技术网络和社会网络不是相互独立的，技术化趋势也在不断渗入组织网络和社会网络中，技术网络的影响不断凸显。网络正在通过诸多形态，如社交网络模式、维基交互模式、联盟网络、虚拟网络、集群网络等重新塑造全球范围内经济体系和业务架构，这些新的组织模式说明网络化已成为组织演进的高阶模式[12]。现实中，这些可视化的企业网络正是体现了这种“三网融合”特性的网络组织，即网络是众多微观主体形成的有机整体组织，是在社会网络影响下基于信息技术网络展开活动的集合。

2. 网络治理研究

信息技术和知识经济的融合推动了组织间关系网络化的发展，作为主导企业成败的先决条件，网络环境中蕴含着重要的资源要素，随着网络化研究的不断发展，学术界也将研究对象从微观企业上升到网络组织层面，围绕公司治理的组织研究也就顺理成章过渡到网络组织治理研究的范畴。网络化机制可以通过交换外显为价值流的转换，价值流的通畅程度与创新成果的研发和经济转换息息相关。网络化创新组织如何保证价值流的顺畅，仅仅依靠自组织演化动力并不足以理顺和促进价值流效能转换[13]。因此，对网络组织的治理成为协调、控制和优化网络价值流的重要因素。

基于上述对实践过程的考虑，对开发和提供创新服务标准的提升，要求个体加入复杂的网络组织中一起工作。而如何治理这种网络组织的经济活动，成为目前学术界的一个焦点[14]。经济学家倾向于对价格机制、契约和权威的聚焦[15]；社会学家则强调了一种自我执行的预先关系安排，如声誉和信任[16]；营销学领域则提出了离散关系及其治理理论，用于营销渠道网络的构建与治理，研究更多将这一模式概念化为联盟关系、渠道上下游关系[17]。围绕开发、实施、循环创新的服务必须改变原有的治理模式，现有研究主要从静态视角考虑网络组织间的治理。然而，更多异质性资源的涌现，成为重要依赖关系和权力制衡改变的催化剂。基于上述交易环境的变化，部分学者如 Dhanaraj 和 Parkhe[18] 以及 Lorenzoni 和 Lipparini[19] 强调应该从一个动态的网络化视角研究网络关系及网络治理。在这其中，围绕治理演化展开研究的学者主要将网络整体界定为一个独立的研究对象或分析单位。同时，网络作为服务创新的一个具有动态性的有机系统，也可被视为一个价值网络。

不仅如此，现有研究中面向全球化的企业组织需要同时考虑技术网络、社会网络、组织网络以及三者融合带来的影响，这也从侧面再次强调“三网融合”成为检验研究情境真实性和有效性的重要标准。网络治理研究亟待深化，这将是确保网络组织实现既定发展目标的有效途径。故而，网络治理理论研究与实践探索顺理成章聚焦于网络治理机制分析及网络特征对网络治理影响等研究领域[11]。在将网络及网络治理作为影响因素和前因变量的研究热潮中，网络治理的必要性和重要性被众多学者多次重申。因为，网络组织的不断演进会面临更多市场不确定性因素，网络组织在运行过程中在价值链不同节点上都可能会出现新的问题，如组织管理过程中的网络化决策困境与虚拟网络治理的有效性[20]、网络信息风险控制失效与网络化金融体系监管[21]、网络治理机制的失衡[22]、网络关系过度嵌入及其衍生出的治理风险和网络负效应等问题[23]。面对我国经济高质量发展的诉求，网络组织的诸多问题进一步凸显出网络治理研究的必要性和重要性。正如 Dyer 和 Singh[16] 所强调的“治理在价值创造过程中发挥着不可替代的作用”。

与此同时，对于经济与制度正处于双重转型期的我国市场与企业而言，网络组织构建与运行会受到多方面的影响和制约，而并非完全通过市场机制作用实现网络自组织发展和进化。由此可见，在中国情境下原本只属于经济学领域中资源配置范畴的网络治理问题，成为涉及经济与社会多重因素的管理问题，仅从单一和线性的视角难以透析其本质。因此，新的研究视角成为探寻网络治理内在机理的重要透镜，而不断涌现的以孵化网络和产学研网络为代表的新兴网络组织则为原有理论的完善和新视角的验证提供了丰富的素材。

3. 孵化网络研究

孵化这一概念源于生物学中特殊环境下卵生生物破壳羽化的过程。而经济学将这一过程意会为新创企业在获得入孵资格的情况下，以低成本换取企业管理和运营方面的资源和扶持，进而通过孵育过程实现企业创新能力与企业竞争力的提升，最终以毕业的形式实现“破壳”并独立参与市场竞争。随着孵化模式的不断演化，孵育机制的载体正以网络化的组织形态表现出更为高级的孵育功能，而孵化网络正是这一演进过程的最终体现 [24]。在过去三十年，孵化器一直是创新研究中的一个重要领域，大多数研究集中在孵化器配置与建设方面 [25]，还有部分学者聚焦于对孵化过程的衡量和评估 [26]。虽然，从孵化过程和结果来看，对孵化器的评价是积极的，但围绕孵化器的质疑之声从未停止 [27]。这些问题包括孵化器质量差异，孵化器服务模式的专业化、标准化选择和设计 [28]。以上悖论观点可以归结为对孵化过程缺乏了解，在孵企业的差异性要求孵化器以定制化的服务满足孵化过程的需求。然而，在资源有限的情况下实现这一目标对孵化器来说并不容易。学者认为，突破这一瓶颈的方法之一就是支持和鼓励企业发展网络来获取更多资源 [29]。随着知识经济与信息技术浪潮的到来，创业与创新环境变得更加复杂，创新价值链正朝着一种网络化的趋势重塑结构。在孵化器组织和运营模式创新和发展的实践过程中，学术界也在不断寻求突破，试图在理论层面解释孵化器商业模式的转变以及组织模式网络化和虚拟化的趋势，希望以此探究孵化网络演化规律、组织特性和协同模式等命题。

对孵化网络的理论研究虽然滞后于孵化组织实践，但更宽的研究口径为孵化器的网络化分析提供了更丰富的研究脚本。随着孵化网络主体与外延研究的系统化，孵化网络成因机理研究不断深入，形成以经济学、社会学和生态学等视角为主的研究成果。为了进一步揭示网络环境下孵育机制的作用机理，孵化网络效力研究成为学术界本体视角下研究孵化组织的逻辑延续。为此，原有的一些孵化器研究学者将注意力转向所谓的“联网”孵化，并出现了以 Rice、Bøllingtoft、Ulhoi、Hansen、McAdam、Marlow、Tötterman、Sten 等为代表的国外研究学者。不仅在实践环节，国外学者在理论层面的相关研究同样先于我国。一方面，由于我国孵化器实践起步较晚；另一方面，我国在网络方面的研究相对不足也是造成孵化网络研究较晚和缺乏系统性的重要原因。尽管如此，我国孵化网络研究也在孵化器实践的快速发展中逐渐完善，随着孵化网络、孵化器集群等理论的提出，以苏敬勤、周建华、胡海青、张宝建、吴文清、赵黎明、高晓英为代表的我国学者从不同视角将这一理论不断丰富，逐渐形成以孵化网络、孵化器网络以及虚拟孵化网络为焦点的多元化研究体系。

综观现有研究发现，与传统企业网络组织相比，孵化网络中心度高 [30]、异质性强 [31] 的结构特征与主体关系复杂的行为特征是造成孵化网络高效运行乏力的顽症 [32]。为此，已有学者开始关注孵化网络运行效率，Tiago 和 Elsa[33] 指出与外部科研机构建立联系以及孵化器对连接关系的管理是网络运行成功的关键；Zhong[34] 则认为有效的网络知识治理能够提高网络成员间互动的协同性，进而提升孵化网络运行效率；Somsuk 和 Laosirihangthong[24] 基于资源观视角分析了网络资源治理对大学孵化网络的影响，同时强调完善的基础建设与网络主体关系的协调是孵化网络稳定高效运行的重要保障。可见，学者们已经逐步意识到孵化网络治理对网络运行效率的影响。因此，想要在速度经济时代实现孵育增值的网络目标，就迫切需要孵化网络治理与网络绩效方面的研究。

☞ 1.1.2 问题提出

无论是自然科学还是社会科学，对新事物的研究始终遵循一种“是什么”“有什么用”和“怎样用”的探究逻辑。但不同逻辑节点之间的研究路径不尽相同，这也成为学术界能够不断发现新的逻辑节点和解释新事物存在与活动规律的价值所在。孵化网络作为一种新且日益演化的创新实践产物，随着研究的不断深入，“是什么”这一问题已经被众多学者回答，并逐渐形成一种学术界普遍认可的范式化解释。但“有什么用”和“怎样用”这两个看似简单的问题，却始终未予充分解答。究其原因可能在于研究路径复杂且隐晦，以及孵化网络演化与研究对象间的标本滞后都会成为对上述两个问题解答无法穷尽的症结。但标本滞后所造成的系统误差是学术界永远无法规避和解决的“合理且可忽略的误差”。由此，对新逻辑节点的探究及在此基础上对新路径的验证成为一种更为实用和有效的研究思路。

为此，本研究将跨层次的组织特征描述作为孵化网络“是什么”的研究路径的起始点。这一设计的重点并不是对已有孵化网络内涵的重述，而是将孵化网络所特有的网络属性作为新的逻辑节点（负效应）的前置变量。除此之外，针对“有什么用”和“怎样用”这两个问题，本研究将其归纳为对“孵化网络效力”的揭示。为探究孵化网络价值所在这一问题，本研究仍将其视为一种创新网络展开研究，而治理以及治理机制成为发现孵化网络运行规律、探求影响机理并最终解释网络效力的有效路径。但这种简单并行的多节点短路径并不足以深入解释治理与效果间的逻辑内涵，难以深入回答“网络效力是什么”这一问题。而且，网络特征（逻辑节点）如何在网络运行过程中发挥作用，现有研究也并未做进一步解释。因此，本文基于网络特征所设计的新逻辑节点（网络特征消极影响）的加入既有研究的必要，又是逻辑的延伸。需要强调的是，这一新的逻辑节点不仅会引射出新的研究路径，还有可能对已有的逻辑路径产生新的影响并衍生出其他新的路径。

因此，本文以“是什么”“有什么用”和“怎样用”的探究逻辑为主线，希望在现有孵化网络特性与网络治理机制研究基础上，设计并加入新的逻辑路径（治理—绩效）和新的逻辑节点（消极影响）及其衍生出的新的多节点研究路径，进而梳理出关键问题的研究思路，并将上述思辨过程以图 1-2 所示。

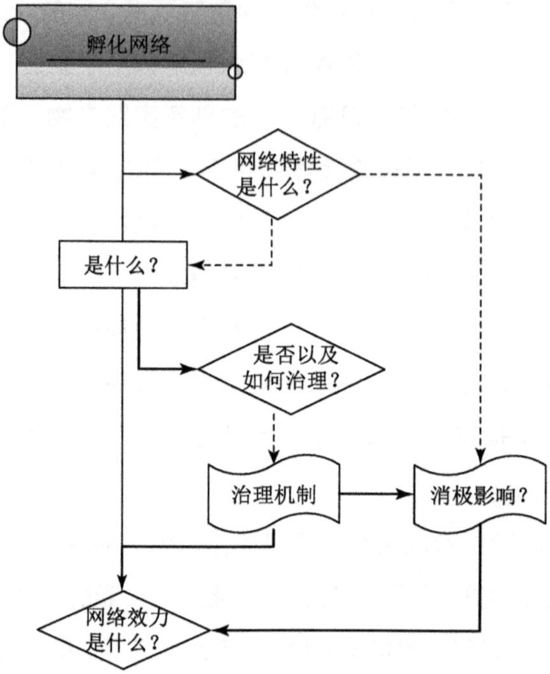

图 1-2 研究问题逻辑框架

基于上述分析，将思辨逻辑导向现有研究中发现，创新范式的网络化与孵化器组织网络化的发展可以解释为在新经济环境与创业活动日趋网络化的实践背景下，孵化网络不断变革现有孵化模式，促进创业企业成长，提高网络主体间互动质量，继而提升网络整体绩效的过程。然而，最新观察显示，创业企业网络能力的欠缺以及诸多创业与创新网络所表现出的“形似而非神似”的现状并未对创业与创新活动提供卓有成效的支持。网络组织规范性、成员角色定位与守序性的缺失都需站在网络的层面设计并实施有效的治理而加以改善和提升。不仅如此，在践行过程中以孵化网络和产学研网络为代表的创新网络以自组织、择优以及断键重塑为特性的自维护机制并不能成为创新网络高效运行的简单逻辑支撑和前置要素。因此，面对复杂网络出现的“失效”，同样需要通过治理确保网络效力的存续以及网络效率的提升。

综观现有研究成果，一方面，学者多从孵化器与在孵企业的主体绩效及其互动效果诠释网络绩效[35][36][37]，这种基于孵育机制效力视角下对孵育增值网络目标的解析并没有将外部创新主体和网络联通性纳入研究框架中；另一方面，网络治理对象是嵌入网络环境下的多主体，网络稳定高效运行不仅取决于网络禀赋优势的效力，仅通过网络视角下构建多主体治理机制与网络绩效直接关系的二元变量模型难以揭示它们之间深层次的作用机理。虽然部分学者对孵化网络运行的前置因素进行了实证，并引入孵化器领导能力[35]、资源共享[38]、网络协同性[30]、社会资本[39]等变量研究对孵化网络绩效影响的正向传导机制，但基于结构与行为的网络负面效应及其对孵化网络绩效的影响机理并未充分揭示，从而造成孵化网络研究的滞后和缺乏指导性。因此，对孵化网络绩效的研究需要在充分诠释孵育增值网络目标的基础上，从网络治理机制入手，构建一个基于网络负效应传导机制的跨层次分析框架来分析孵化网络治理机制对网络绩效的影响机理。依此，将本研究问题逐层细化为图 1-3，其中深色部分为本文研究焦点。

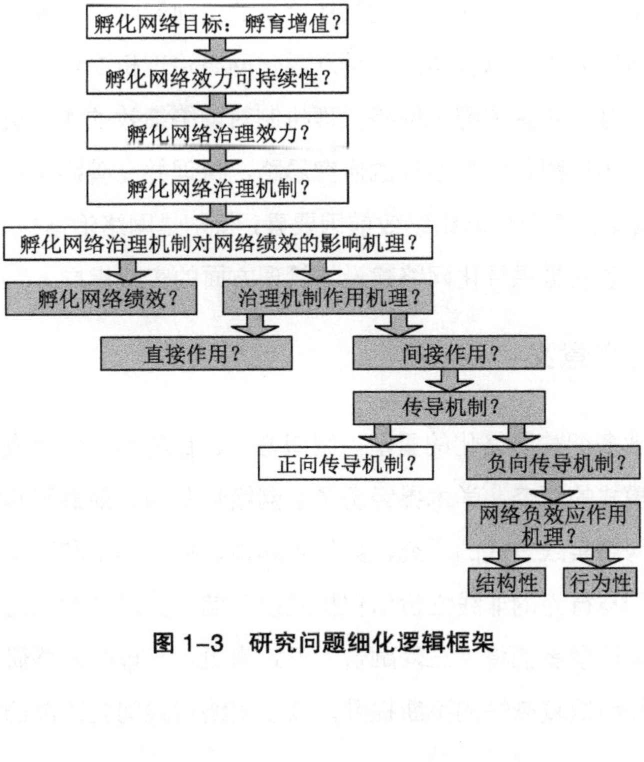

图 1–3 研究问题细化逻辑框架

1.2 研究目的与研究意义

☞ 1.2.1 研究目的

现有网络研究往往站在微观企业的视角谈网络治理，这一研究范式多是合作伙伴治理等相关研究的延续。中观甚至宏观层视角下，将网络组织作为研究主体加以治理的研究还并未深入。因此，为了避免“管中窥豹”式的研究结论，同时完善网络组织治理研究的系统性，就需要从系统视角下，将网络组织整体视作研究对象从中观或宏观层视角展开特征性治理分析。

基于上述理论与实践诉求，本研究立足于孵化网络建设与在孵企业创业需求，旨在为孵化器管理者、政策制定者与在孵企业经营者参与孵化网络建设以及孵化活动提供决策依据。为此，我们主要从孵化网络治理机制、孵化网络结构与行为的影响以及孵化网络绩效三个方面进行调研。在此基础上，通过对孵化网络结构与行为特征进行理论推演并归纳其所衍生的负面影响，进而将孵化网络负效应作为独立的研究要素，以变量形式纳入孵化网络治理机制对孵化网络绩效影响的研究框架中，进一步探究孵化网络治理机制对网络绩效的作用机理及其影响的传导机制，以此拓展孵化网络治理的研究思路，梳理并完善孵化器与孵化网络相关理论体系，着重探究孵化网络绩效前因要素，特别是网络治理机制的影响机理，从而为孵化器与政府提供孵化网络建设与管理方面的实践指导。

☞ 1.2.2 研究意义

随着全球业务架构网络化的重塑，组织方式、目的和价值也发生了相应的转变，对网络化模式的研究，学术界经历了从网络化驱动、前置因素等泛化研究逐步过渡到不同网络实践方式的研究，如技术网络、社会网络和网络组织的独立研究，但组织结构与行为的非线性价值化模式以及信息技术革命创造的知识与信息溢出与扩散，使得学者们将“三网融合”设定为更加合理的网络研究情境。随着网络快速发展和组织复杂性的不断提升，众多网络实践问题逐渐凸显，网络治理研究的重要性不言而喻。问题导向成为解释这些现象和设计研究情境的切入点，在这其中更具范式效应的网络负面影响成为一种亟待解决的网络顽症，而具有较高的研究价值。

功能视角下制度化系统提供了比只关注网络组织中间形态这一经济属性更加丰富的解释。鉴于对网络价值的追捧和网络效力的信奉，网络组织功能常被学者诠释为经济性和持续性的力量。在这其中，本体视角下的经济性价值功能对组织结构与内部运行机制提出了更高的要求，而制度学家 Barnett 和 King[40] 认为网络自组织演化并不能成为满足这一诉求的前置要素，有效的网络治理成为确保经济价值的关键动力机制。与此同时，制度化系统的存续成为网络效力集聚和释放的法柄，而规范性和强制性成为学术界建构网络组织制度化系统存续机制的重要维度。由此，本研究在进一步从理论层面强调网络治理必要性的同时，为网络治理特别是网络治理机制研究提供了重要的突破口。因为，治理机制的设计其本质是对持续性经济力量的支撑，强制性与规范性的力量源需要在组织关系与结构层得以落实。因此，非正式的社会关系所创造的规范性影响，以及正式契约所形成的强制性约束成为网络治理机制分析的关键二元维度。不仅如此，网络组织有序运作所表现出的运行效果，特别是协同效应的发挥都依赖于网络组织治理对复杂协作任务的积极影响。通过实践观察分析发现，网络运行效果无论是协同效应的增值乏力还是微观组织绩效提升的困境，很大程度上源于未能针对组织外部环境与特性适配合理的网络治理机制。因此，探究不同孵化网络治理机制对网络绩效的影响机理，将有助于揭示网络组织科学管理的经验与规律，进而为网络治理机制设计与适配性实践提供理论支撑和决策依据。基于此，根据网络治理理论框架的梳理，以及交易理论与公司治理理论所强调的“机制是网络治理核心”的逻辑，本研究认为，对孵化网络治理与网络绩效关系的研究领域中，治理机制的前置影响研究更具践行价值。

无独有偶，系统理论对网络组织投入产出逻辑中“态”“流”“势”的解释说明，功能主义下对网络优势的信奉很难成为网络组织绩效的逻辑支撑。因此，网络治理理论对网络绩效的贡献更具说服力。当然，网络治理框架系统性及其对网络绩效的作用并非简单直接和一蹴而就，有的放矢成为网络治理不断提升网络绩效的理论“桥梁”，网络负效应正是脱胎于网络组织特性下网络治理靶向作用提升网络绩效的诉求。资源理论认为，网络化是资源充分积聚和释放下网络优势的关键所在，风险理论及协同理论则认为，网络优势发挥并不能掩盖网络组织自身“缺陷”和“问题”对网络效力和组织绩效的威胁和负面影响，对组织绩效的持续性考察应该首先回归对网络“缺陷”和“问题”的治理研究。而且微观层面公司治理理论在风险管理、组织不端行为和公司架构领域的研究，同样证实上述研究范式的重要性。

网络结构不仅是微观节点撬动和获取外部创新资源的通道，还是网络优势价值化为网络组织绩效的枢纽。因此，结构性缺陷所造成的网络负效应成为网络治理研究的重要维度和提升网络组织绩效的关键。而结构性竞争机制是网络成员对网络资源和权力追逐过程中竞争关系所形成的“优胜劣汰”机制。不可否认的是，如果没有约束，对利益和权力的追求很可能演变为不择手段的竞争格局。由此，网络行为负效应所造成的个体或局部利益最大化是以牺牲网络绩效为代价的“非帕累托最优”。因此，网络行为负效应研究是确保网络效力和提升网络组织绩效的另一关键要素。

综上分析，从孵化网络治理研究的实践意义来看，本研究成果能够为孵化网络管理者治理孵化网络、协调网络关系、优化网络结构并提高孵化网络运行效率提供政策依据。首先，本研究基于孵化网络目标对孵化网络绩效的分析与解构，能够帮助管理者充分理解孵化网络绩效的内涵与外延，进而找到提升孵化网络整体绩效的突破口和有效途径；其次，孵化网络治理机制对网络绩效影响传导机制的研究，不仅能够帮助网络管理者辩证、全面地认识孵化网络效力及其传导效应，更重要的是，还能够为孵化网络管理者深入了解不同治理机制的作用机理，以及为提升网络绩效设计合理有效的网络治理体系提供理论指导和实践依据。

从孵化网络治理研究的理论意义来看，本研究在厘清网络治理机制内涵的基础上，引入和谐理论并将网络负效应作为中间变量，从微观与中观层探究孵化网络治理机制对网络绩效影响的传导机制，进而将孵化网络治理机制、网络负效应与网络绩效纳入同一研究框架，通过文献梳理与理论分析，提出研究假说，构建概念模型并进行假说检验。首先，孵化网络治理机制对网络绩效的影响研究，构建了一种微观网络主体关系与中观网络运行间跨层次的分析范式。这种对孵化网络绩效前置因素——网络治理机制的研究，将孵化网络现有理论研究框架做了进一步延伸，完善并形成了“孵化网络生成—运行—治理”的理论框架；在此基础上，以孵化网络的网络特征为切入点，分析孵化网络结构与行为特征，推演并归纳网络负效应，在探究不同维度下孵化网络负效应对网络绩效直接影响的同时，进一步探究其在孵化网络治理机制对网络绩效影响过程中的中介作用，强调网络负效应不但能够直接影响网络关系与网络运行，还能影响网络治理对网络绩效影响的传导机制，以此为进一步探索孵化网络治理拓展了研究思路。

1.3 研究内容与研究思路

1.3.1 研究内容

第 1 章 绪论。本章在孵化器与孵化网络践行现状背景回顾和理论研究梳理的基础上，重点阐述了本文主要研究的问题。同时，进一步阐明本文的研究目的、实践意义和理论意义，并将本文研究内容与各章节安排及其研究重点进行说明，最后对本文研究技术路线和研究方法加以说明。

第 2 章 理论基础与文献综述。本章首先对本文研究范畴进行界定，在此基础上进一步对孵化网络、网络治理、网络绩效及网络负效应相关研究现状和理论基础进行文献回顾与理论梳理和综述。

第 3 章 孵化网络特征研究与负效应分析。本章不仅是孵化网络内含研究的延续，更是对本研究关键要素网络负效应的先验分析和逻辑支撑，基于聚类和复杂网络的视角对孵化网络中观结构和微观网络行为进行特征分析，推演并归纳这些特征所衍生出的负面影响，为后续孵化网络负效应理论分析与实证研究奠定基础。

第 4 章 变量界定与理论模型构建。在前三章关于孵化网络组织概念界定、文献分析和孵化网络特征解析的基础上，分别对孵化网络治理机制、网络绩效和网络负效应的内涵与外延做进一步分析与结构维度划分，通过变量间关系推演构建本研究理论模型。

第 5 章 变量间影响关系及假说提出。基于第 4 章提出的整体理论模型，通过对现有学者相关研究结论进行梳理归纳，提出变量间关系的假说命题。在此部分，本研究提出如下假说命题：孵化网络治理机制对网络绩效影响的研究假说；孵化网络治理机制对网络负效应影响的研究假说；孵化网络负效应对网络绩效影响的研究假说；孵化网络负效应对网络治理机制与网络绩效关系影响的研究假说，以此为后续实证研究奠定理论基础。

第 6 章 研究方法设计。本章在顺承第 5 章假说提出的基础上，为本文研究变量：孵化网络绩效、网络治理机制和网络负效应进行指标体系构建，以此设计调研问卷，拜请学术界专家与企业经营者对问卷做进一步修订和完善后得到最终调研问卷；同时，对本文实证研究调研过程进行详述；最后，对本文所采用的数学分析原理与统计方法以及数据分析工具进行说明。

第 7 章 模型假说检验。本章在利用统计软件对调研数据进行描述性统计分析的基础上，进一步对本文整体理论模型以及研究假说进行统计性检验。首先，利用调研数据对调研对象以及各研究变量进行描述性统计分析；其次，对调研所得样本数据进行质量评估，即对孵化网络绩效、网络治理机制和网络负效应相关量表进行信度与效度检验；最后，运用多元层级回归方法，利用统计软件对样本数据进行模型假说检验，并对模型整体检验结果进行总结性分析与讨论。

第 8 章 结论与展望。本章是对全文研究内容的总结，并将研究结论做进一步提炼。在此基础上，归纳本文研究的关键创新点。同时，针对本文理论分析与实证研究内容的不足与缺陷进行归纳分析，并以此对未来研究方向和立题进行展望。

☞ 1.3.2 研究思路

本文研究过程中，以网络治理与网络绩效相关理论为基础，借鉴跨层次研究思想，采用多种方法相结合的范式展开研究，如理论分析结合实地调查、定性分析结合定量研究的方法。基本研究思路如下（见图1-4）。

1）立足于孵化网络现状，在充分分析相关文献的基础上，采用规范研究方法探讨孵化网络的内涵。同时，中观层的解构与微观层的描述进一步拓展了孵化网络的外延。在此基础上，重点研究了孵化网络治理机制、网络绩效和网络负效应三个变量内涵及其维度划分，并构建变量关系间的概念模型。

2）在文献梳理与理论分析相结合的基础上，本研究采用演绎归纳和规范分析的研究范式对变量间关系的概念模型做进一步分析。通过对变量间关系：孵化网络治理机制对网络绩效的影响、孵化网络负效应对网络绩效的影响以及网络负效应对网络治理机制与网络绩效关系的传导效应，进行了深入剖析和逻辑论证，以此提出本文研究假说。

3）采用定性与定量相结合的分析方法，通过设计并利用调研工具进行样本调研，利用样本数据对上述研究所提出的研究假说进行统计检验。

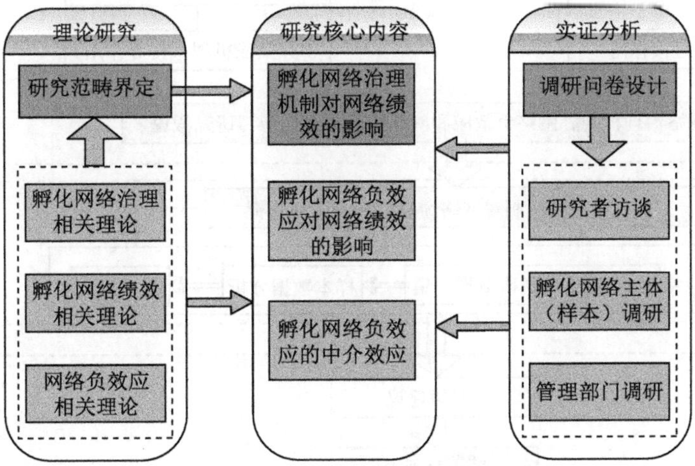

图1-4 本文研究思路

1.4 技术路线与研究方法

☞ 1.4.1 技术路线

技术路线如图 1-5 所示，设计仍然延续孵化网络“内涵—组织特征—负面影响—网络治理—网络绩效”间逻辑关系的探究与假设，以及通过实证技术验证关系的规范分析路径。

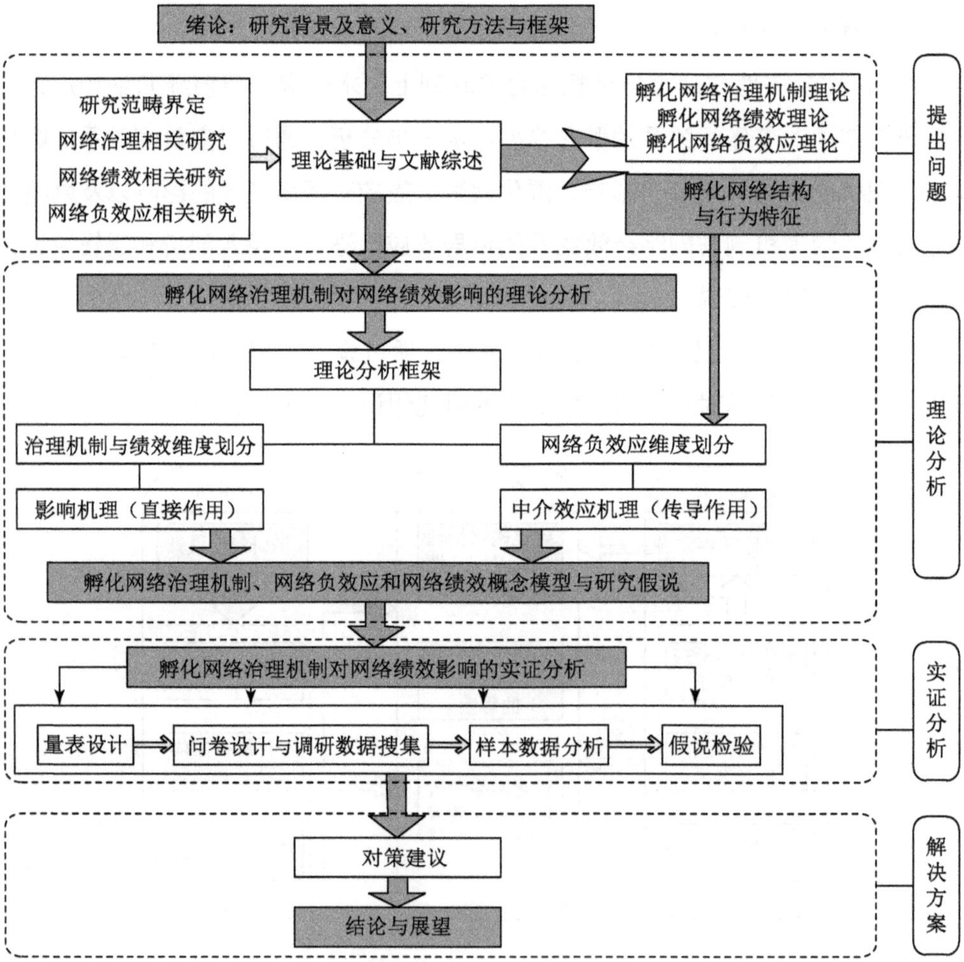

图 1–5 技术路线图

☞ 1.4.2 研究方法

鉴于孵化网络正处于实践起步阶段，理论研究更多是借鉴现有关于网络组织的研究结论和分析范式，成果主要集中在理论研究层面，而实证研究少有着墨。而研究体系与研究方法多借鉴较为成熟的网络研究范式，如社会网络、创新网络、网络联盟等。因此，本研究在广泛借鉴上述相关研究理论与方法的同时，将跨层次的研究思想引入研究体系，深入辨析各变量间相互作用的影响机理。采用规范分析与实证研究相结合的范式对孵化网络治理机制、网络绩效与网络负效应的关系展开深入剖析。本研究所采用的方法具体如下。

1. 规范分析

通过对国内外权威数据库（EBSCO、ABI、PODD、CNKI、清华同方、万方数据等）进行全方位关键词检索，积累大量参考文献。采用文献研究方法对相关研究现状进行分析与综述。这种方法无论是定性研究还是定量实证研究都非常重要，能够帮助研究者剖析研究现状，审视并总结研究不足，并以此寻求新的研究突破口。本研究通过积累大量文献采用规范分析法，在本体论的视角下对孵化网络内涵与外延相关研究进行文献梳理，锁定并总结现有研究缺陷，以此明确本文研究的视角与切入点，进而探讨孵化网络治理机制、网络绩效和网络负效应的内涵与维度划分。

2. 扎根研究

扎根研究是扎根理论应用到在实践研究过程中的一种定性研究方法，是对某一社会和经济问题或表象进行跟踪并展开一系列深入探求和挖掘现象本质的过程。通过对收集到的资料与信息进行持续、广泛和深入的数据剖析和逻辑辨析，深究问题和对象诸多表象背后所潜匿的诸种规律，并以此系统性构建新的逻辑思想与理论体系。综观现有理论，孵化网络研究仍停留在网络内涵与微观主体层面，对孵化网络整体结构与微观行为研究并未深入，其产生的影响如何作用于网络运行并未充分揭示。因此，本研究运用扎根研究方法，将网络结构与微观主体行为作为研究重点之一，对现有文献与孵化网络践行现状进行深入挖掘。由此，系统性地归纳总结孵化网络结构特征与网络行为特征所衍生出的网络负效应，为变量间关系模型的构建与研究假说的提出奠定逻辑基础。

3. 实证研究

实证研究是社会科学规范化深入研究必不可少的重要环节。本研究首先对孵化网络治理机制、网络绩效以及网络负效应相关研究进行梳理并构建测度量表，在此基础上征求专家与经营者意见，进行小范围预调研后对问卷进行修正和完善，最后进行总体样本正式调研和问卷回收与数据统计分析工作。受限于样本分散、统计口径差异较大等客观因素，孵化网络相关研究的客观数据难以获取，因此本研究对各要素变量的度量采用多维度主观指标测度方法，通过调研对象主观评价打分来获取相关有效数据。需要说明的是，尽管主观评价法通过问卷获取的相关数据与实际情况可能存在一定偏差，但从数据获取的便捷性和时效性来看，对于定量模型研究而言，这种方法仍具有较高的可行性[41]。

（1）访谈调研

本研究在文献梳理基础上，对西安高新区生产力促进中心负责人进行实地访谈，在对西安地区孵化网络情况做了总体把握的基础上，对高新区内孵化器负责人与在孵企业经理人进行了深度访谈，就目前西安地区孵化网络现状与特征以及运营情况进行了解，进而为初始问卷编写奠定基础。

（2）预调研

在文献研究基础上，本研究针对变量测度进行了调研问卷的初步设计，并形成孵化网络治理机制、网络绩效和网络负效应测度为主体的调研问卷。在此基础上，利用问卷对西安市高新区生产力促进中心的孵化器和在孵企业进行初步预调研，利用调研数据以及专家和经营者的反馈建议对问卷进行再次完善，并形成最终正式调研问卷。

（3）问卷调查

利用最终修订完成的问卷，对西安、京津、长三角和珠三角这几个地区的 5 个孵化网络中的企业进行实地调研。依托国家级课题，研究采用分类随机抽样的大规模调研问卷发放的方法。

（4）数理统计分析

针对问卷回收数据，本研究采用 SPSS 17.0 和 Amos 21.0 统计分析软件进行数据分析，进而验证研究假说。同时，利用检验结果对概念模型进行修正和对结论进行实践解释，并提出指导建议。

1.5 本章小结

本章首先介绍了本研究的实践背景与理论背景，由此凝练本文研究的问题，同时指出本研究的实践意义与理论意义；立足于研究目的，进一步提出研究思路，通过理论逻辑推演与实证安排，构建本研究技术路线，并提出研究方法支撑体系。

第 2 章

理论基础与文献综述

2.1 研究范畴界定

☞ 2.1.1 研究主体范畴

孵化网络顺应创业与创新企业发展需求，将网络化资源与服务模式作为孵育在孵企业的重要手段，是孵化器①不断演进的高阶形态。孵化网络组织作为孵育机制的高阶载体，能够将网络优势价值化为包括新创企业在内众多网络主体乃至网络整体绩效的提升。因此，学术界常常用网络化、资源集聚、创新孵化支持等概念诠释孵化网络。

随着孵化网络践行价值的不断凸显，其理论研究也成为众多学者竞相追逐的热点。其中，内涵研究成为学术界定位孵化网络，揭示其组织内涵与特征的最初领域。其中，Sean 和 David 以及 Soetanto 和 Jack 等学者主要从孵化网络结构视角对孵化网络主体进行聚类，将孵化网络解构为由孵化器、在孵企业、高校和科研机构以及包括金融服务机构在内的众多中介服务机构所积聚而成的区域性创新网络[42]，后续研究也主要从网络主体间的关系切入，发现并解释新的问题；而

① 孵化器是基于中小型初创企业发展的生命周期与成长规律，在高效整合与统筹创新资源的基础上为在孵企业营造良好的硬件与软件环境支持，从而帮助其健康、快速成长的综合性服务组织（体系）。其通过提供各项创业支持来缩短在孵企业创业周期，提升成功率，培养在孵企业在动态性不断增加的市场环境中的生存能力，进而实现创新型企业家及新型产业的培育和区域就业及财政收入增加等中、宏观功能。（参见本文参考文献 [2]）

对孵化网络功能和优势来源的挖掘和解释则成为另一重要研究视角，学者指出孵化网络的本质在于吸引、积聚外部资源并将其内化为网络内部可供孵化过程利用的网络共享资源，由此提升网络化孵育的成功率[43]。杨霞[44]、冉进财[45]、刘丙泉等[46]等为代表的我国学者，也从孵化网络对各类创新实体的资源共享和整合视角分析了孵化网络的内涵，结论仅是表述的一种差异。

与此同时，在围绕孵化过程所展开的研究中，唐丽艳等[47]提出的创新孵化引起学术界的广泛关注，其将创新孵化界定为由孵化器依靠自身专长及其网络资源，向在孵企业提供启动服务支持、资源共享、管理经验及部分运营资金[48]，目的在于提高新创企业的创新能力、成果转化水平及风险规避能力[49]，进而促使企业加速成长并顺利毕业。在此基础上，基于创新孵化过程视角下将创新孵化网络界定为围绕孵化器与在孵企业孵化互动过程而与其他外部创新主体形成的联动系统，通过建立网络关系实现网络资源共享、协作共赢和共担风险的创新网络组织，并将孵化过程描述为在孵企业与其他外部组织进行互动的过程，而创新孵化网络运行则被解释为网络成员社会资本形成与积累的过程。王国红等[50]则进一步强调孵化网络的演化伴随着网络社会资本的形成和积累，其实质是一种积聚在特定场域范围内的社会资本集。

鉴于此，本文在充分借鉴已有相关研究成果的基础上，结合研究目标，顺承前人研究成果兼容多元和集成网络特性，对本研究中孵化网络加以界定，具体如下：孵化网络指嵌入当地社会经济环境中，以孵化器和被孵企业为核心节点，围绕孵化过程与竞争企业、供应商、客户企业、政府、金融机构、大学或科研院所、中介服务机构等构成的超越节点的网络组织。孵化网络中的创新要素通过信息技术自发结合，创新主体则通过特定的混合契约机制实现互补而保持孵化网络的有效运转，并共同分享孵化带来的创新成果，模型见图 2-1。需要强调的是，在孵育机制载体网络化演进过程中，孵化器也从原有简单二元孵育机制的主体（另一主体为在孵企业）演变为孵化网络的核心组织，其功能也从为创业和创新提供硬件与软件支持演变为网络关系促建以及网络治理机制的设计。

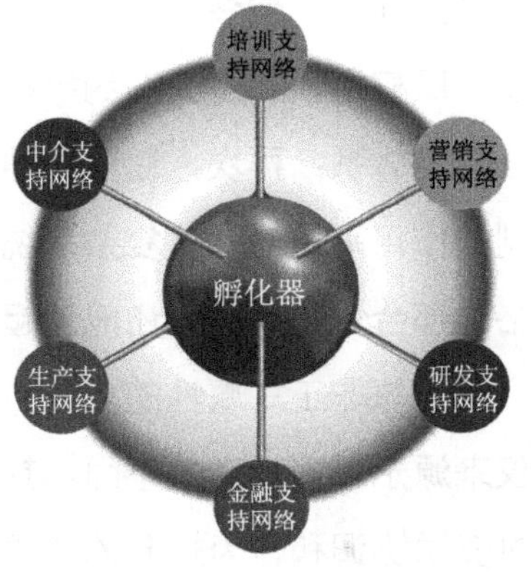

图 2-1 孵化网络模型图

2.1.2 研究要素范畴

1. 网络治理机制

治理机制作为网络绩效的关键前置因素，决定了网络组织的演进与序贯，是其网络优势价值化为组织效益的重要保障。有效的网络治理机制不但能够提升和优化网络结构，而且还能在提升网络主体活性的同时抑制网络复杂互动行为中的不利因素。相反，机制的不健全和失效，往往会导致网络合作的分歧甚至冲突，进而破坏网络合作。因此，治理机制的设计、选择和应用成为网络治理实践过程中的核心环节。基于此，本研究聚焦孵化网络治理，需要首先对网络治理机制加以界定。需要强调的是，本研究中网络治理机制是针对孵化网络组织的治理机制，这一点与现有网络治理机制内涵中针对网络组织得出的治理机制结论并未相悖。鉴于网络治理机制的重要性，本研究认为有必要对其予以明示，在此本研究借鉴 Lin 等 [50] 的研究结论将网络治理机制界定为基于正式与非正式关系下，为确保网络组织运行有序和网络成员合作守序有效而设计并起到规范、协调和制约作用的网络制度安排。相较于公司治理，网络治理机制具有更加显著的特点。

首先，网络治理机制作为网络绩效的关键前置因素，不仅是网络治理框架中的重要逻辑模块，更是网络治理的核心要素；其次，基于正式与非正式关系下制度安排的网络治理有别于传统公司治理的层级制度。一种更加灵活、丰富和多元化的治理机制将基于社会关系的连接、信任、声誉、社会规范、习俗等社会要素融入以往简单依赖法律法规、职权指令和正式契约等科层体系中，用以维持和促进网络有序高效运行的综合制度体系；再次，任何一种治理机制的作用目的都在于规制行为，网络治理机制的作用则是对网络复杂系统和行为的规制。而且，网络治理机制能够在推进网络内部合作的同时，还能够起到平衡网络组织短期利益与长期目标的作用；最后，正式与非正式属性的划分强调网络治理机制具有多维特性，作用机理的差异不仅来源于治理基础的不同。其中，正式治理机制依赖于一种类似于市场经济契约对资源协调和行为规制的范式，其作用衍生于正式契约强制性与规范性这样的外生要素。而非正式治理机制更加趋近于社会关系网络中一种成员共同遵守的社会规范，其作用衍生于主体间的社会关系、信任、声誉、社会规范等外生要素。尽管如此，不同维度下治理机制的目标仍是共通的。因此，二者间不存在机理层面的互斥关系。

2. 网络绩效

组织绩效不仅是组织过往活动与成果的积累，更是一种根植于组织特性的价值化过程的结果和战略实施的工具。对组织绩效的探究更多源于组织运营过程中协调、监控和诊断活动的诉求。换言之，基于理性视角下组织运行效果的优劣评判，将有助于组织为实现可持续性发展而进行的环境适应性调整，而这也正是研究组织绩效的价值所在。

组织绩效研究的必要性和迫切性同样体现在更为复杂的组织范畴——网络组织。然而，网络组织的复杂性决定了网络绩效研究的层次性和系统性，强调网络绩效是网络成员价值增率及网络整体表现[51]，是网络运行效率在节点组织与网络整体效率和效力层面的表现。而且，为了提升研究的实践价值，应将主体视角下网络组织绩效内涵与外延的研究拓展到前置因素及其影响机理的研究范畴。总结而言，网络（组织）绩效是本研究的出发点，但对绩效的影响机理研究则是本研究的落脚点。

3. 网络负效应

无论是社会、企业界还是学术界，对负面影响或问题的存在性和普遍性从未予以回避。这些不利因素的存在不仅蕴含很大的外显和潜在风险，而且其所产生的一系列连锁反应对网络节点乃至整个网络组织都更具破坏性和持久性，这也是对网络负效应一种较为深入的解释。而对网络负效应的聚焦同样可将其解释为一系列引致网络失衡、协同性与绩效降低的内生性“问题”和“病灶”。因此，如何规避、控制这些不利因素成为“治标更要治本”管理思想的重要体现。当然，本研究并不是要在积极因素提升和消极因素控制之间进行孰先评判，而是将这些不利因素外显的负面影响作为“问题”进行聚焦，借用管理学中“负激励”的管理思想展开研究，并将其置于上述两类研究要素（网络治理机制和网络绩效）关系框架内，深入探究三者间的逻辑关系与作用机理。

综上所述，以问题为导向的网络治理与网络效力研究需要以网络负效应作为切入点，将网络治理机制和网络绩效纳入同一研究框架，并将其嵌入本研究（对象）主体——孵化网络（组织）研究体系中，以此实证探究孵化网络治理机制对网络绩效作用机理的研究范式既是对研究主体范畴（孵化网络）践行价值的分析，又是对研究要素关系的创新性探索。

在此，由于本研究聚焦的核心问题是孵化网络（组织）的治理机制，其中孵化网络属于研究主体范畴，网络治理机制属于研究要素范畴。这里需要特别说明的是，孵化网络治理机制的作用对象是孵化网络（组织），而发挥治理机制作用的治理主体则是孵化网络中的核心节点组织——政府和孵化器，其中无论是以政策制定为导向的政府部门还是以规则执行、引导和规制为导向的孵化器，作为中间组织——网络的治理主体都应该是一种间接的治理主体。因为，经济学视角下的网络作为一种具有自组织特性的中间组织，并不完全适用于科层组织所强调的带有强制性干预的直线管理模式。同时，完全依赖市场机制作用下的自组织又无法保证孵化网络的高效运行和健康发展[52]。因此，正如张雷勇[53]在产学研创新网络治理研究过程中所强调的“异质性多主体创新网络治理过程中政府是一种间接的治理主体。”而且，李振华和赵黎明[52]在构建“政府—孵化器协会—孵化器”的多中心孵化网络模型过程中，同样对政府部门和孵化器网络治理的主体身份加以界定，同时指出作为孵化网络成员，政府部门和孵化器对孵化网络的影响并不是强制性的干预过程，而是通过有效的政策扶持和引导以及网络关系的梳理和构建加以影响和间接治理的过程。基于此，本研究延续上述学者的研究结论，将孵化网络治理机制发挥作用的治理主体界定为以间接治理为导向的政策制定者——政府，以及关系梳理和促建者——孵化器。换言之，政府作为引导者与政策的制定者，体现了一种“县官”的角色；而孵化器作为关系促建和政策执行者，体现了一种“现管”的角色。

2.2 孵化网络相关理论与文献综述

☞ 2.2.1 孵化网络理论与模型基础

2.2.1.1 孵化网络理论基础

1. 网络（组织）内涵

不同学科对网络的理解不尽相同。自然科学将网络等同于技术（计算机）网络，即计算机系统，由硬件、软件、数据资源和网络协议组成的通信网络。社会学则将不同主体互动所形成的交叉关系称为社会网络。而经济学与管理学则从宏观与中观视角对网络加以诠释。在宏观层，网络是介于市场与科层制度中间的一种资源配置方式，与此相对应的中观层则将网络解释为组织内部模块化与网络化或是组织间网络化连接形成的组织[15]。随着网络研究的不断深入，结构、保障和目标成为解释网络组织的不同维度。众多学者强调网络结构本身是由活性节点构成网络式连接的有机系统，资源流是驱动网络运作和激发节点主体活性的保障，而网络协议是保证网络运转的架构基础，旨在适应外部环境，协同创新实现网络目标[1]。这种源于学科分析视角不同而造成的理解差异足以说明网络内涵的复杂性，在探究网络内涵，特别是对其践行价值的分析过程中，三网融合的网络特性不仅为学者提供了完整的研究框架，同时能够更好地还原现实中网络的本质，即网络是以科技通信与数字技术为媒介，嵌入众多社会关系并且具有网络化结构特征的系统组织。

2. 孵化网络相关概念区分

随着组织网络化趋势的盛行与开放式创新的愈加活跃，孵化器也在这一浪潮中不断发展和演进。为了适应潮流和弥补自身缺陷，“网络化孵化器”践行价值的不断凸显引起国内外学术界的广泛关注，并将其在理论层面界定为“网络型孵化器”。其网络化特质常被学者解释为两个方面，即孵化器与内部在孵企业间围绕孵化支持展开的互动以及孵化器与众多外部创新主体围绕创新资源展开的合作，而网络目标则被概念化为“孵育增值”。

但是，围绕网络化孵化器的研究体现了不同国家孵化器实践的差异，同时鉴于学者对孵化器主体特征与研究范畴和视角的不同，针对网络化孵化器的理论研究与概念界定也各不相同。鉴于此，本研究在此对相关容易混淆的概念做出明确界定和区分。

首先，“孵化网络”或“网络型孵化器”是在众多外部创新主体的交互作用和互动情况下，围绕孵化器与在孵企业孵育过程展开的一系列网络互动与合作而形成的网络组织，作为孵育机制的高阶载体，孵化网络体现了网络化的孵育模式，相较以往依赖孵化器自身资源的孵化模式更具优势。其次，“孵化器网络”的概念源于网络主体是不同孵化器组成的网络组织，换言之，孵化器网络是孵化器区域内甚至跨区域与其他孵化器形成的网络化组织，其目的在于孵化器之间资源和功能的交流、互补和协同发展，进而强化自身孵育能力。也有部分学者将其界定为“孵化器集群”。最后，信息技术与互联网技术的革命，为孵化过程打破时间与地域限制奠定了基础。由此，“虚拟孵化器”或“无墙孵化器”的概念往往被用以形容依赖数字网络连接众多外部创新主体，通过建立互动和资源共享的数字化虚拟平台为在孵企业提供线上线下相结合的孵化服务。

需要再次强调的是，尽管以上不同概念所描述和强调的重点不同，但其研究范畴并不互斥，而且随着信息与互联网技术的运用，以上三种概念所强调的组织特性会同时出现在同一孵化器主体上，即通过互联网技术的应用在提供线下创新孵育支持的同时，提供更为灵活的线上服务，同时还可以与其他孵化器进行互动交流。但是，通过对问题的聚焦以及网络化运营模式主流趋势的把脉，本文研究主体范畴仅对第一种网络形态——孵化网络（组织）进行研究。鉴于本研究已在前文进行论述，所以此处不再赘述，在此将其统称为孵化网络。

3. 孵化网络生成理论

生成机理成为学术界本体视角下解释孵化网络存在的重要课题，同时也是回答“是什么”这一问题的重要基础，而经济学、资源观以及能力观等成为不同学科揭开孵化网络面纱的有效理论。

经济学视角下，交易成本与资源优势成为学者解释孵化网络衍生的重要视角，指出网络资源集聚能够为孵化网络成员带来资源交换、网络交易等互动方面的成本优势，进而吸引更多外部环境中的企业和组织嵌入孵化网络并且投入新的资源，通过网络资源共享实现经济学意义上的“规模效应”和“范围经济”[54][55]。

资源依赖视角下，部分学者将孵化网络描述为通向创新资源的网络通道，指出网络本身并不会成为创新资源的仓库，而是需要通过网络建立联系，进而实现互动与合作过程中搜寻、吸收和整合外部创新资源[37]。围绕资源展开的一系列互动与合作则成为维系网络关系和保证组织构架稳定的业务框架。

能力分工视角下，学者将组织能力界定为一种与组织特质相匹配的，来自整个价值链中且能够有助于企业能力提升的外部要素和组成部分，最终融入组织主体并外显出的价值化水平。而对组织结构与连接模式更为复杂的孵化网络衍生与发展而言，孵化网络则是众多基于价值链、产业链或创新链所形成的不同主体能力要素集聚的网络组织[39]。对网络成员而言，孵化网络则是跨组织边界下基于企业核心能力互动的场域。

2.2.1.2 孵化网络模型基础

1. 创新系统模型

创新系统既是创新组织与创新过程的外部环境，同时还是创新机制的载体。现有创新系统模型将创新系统构建为国家创新系统和区域创新系统。其中，国家创新系统是基于国家层面对战略产业的布局和资源的配置，并逐渐形成的产业集群。相较国家创新系统，区域创新系统更加灵活多样，依托实体组织（如高校、科研机构、创业园区、科技园、高新区、产业研究院、生产力促进中心）而形成的产学研协作网络、产业联盟、战略联盟、技术创新网络、虚拟科技网络都是创新系统的网络组织载体。因此，这种异质性多主体所形成的互动系统，为孵化网络研究提供了有效的模型参考。

2. N 重螺旋（N–Tuple Helices）

Etzkowitz 和 Zhou 最早提出了 N 重螺旋模型。在借鉴三重螺旋模型的基础上，在主体视角下通过加入新的创新互动主体，将学术界现有创新系统中的互动主体，如大学、企业和政府拓展并纳入科研机构、金融机构、中介机构等创新主体，形成多元主体互动的创新组织，而且这种模型更加接近于现实创新系统。更为重要的是，创新模式的网络化趋势催生了这种更为复杂和多主体参与的创新系统。鉴于新嵌入的创新主体在创新系统中的作用不断凸显，这一变化引起学术界一种现实主义的批判，认为现有三重螺旋模型对创新组织的诠释会忽忽其他外部创新主体的作用。因此，学者将这些新的主体加入原有三重螺旋模型中进而扩展为四重甚至多重螺旋模型[56]。虽然多重螺旋还存在一些争议，但在三重螺旋向多重螺旋修正的过程中，对创新系统多元化和异质性的还原，为我们描绘孵化网络提供了重要的模型基础，从而将现有基于经济学、社会学、生态学的从结果存在及其优势反推孵化网络生成机理的理论研究范式中，引入一种更加直观和易于解构的模型，将空泛的理论变得更富有现实主义精神，从而构成了理论分析与模型分析相结合的研究范式。更重要的是，相较于三重螺旋理论，多主体且异质性显著的 N 重螺旋模型能够更加准确地还原孵化网络形态。

3. 多中心治理网络模型

李振华和赵黎明[52]提出“政府—孵化器协会—孵化器”的多中心孵化网络模型，意味着许多形式上相互独立的决策中心，在平等竞争的关系中，尊重彼此地位，基于合约而从事合作性的活动并解决相互间的冲突[57]。具体指在地方政府主导下形成的，由特定区域内孵化器协会充分整合各类孵化器，大学、中介服务机构、投资与科研机构，基于平等合作关系，以会员性和非营利性等形式存在的自治系统，其目标是实现协同与放大效应。多中心治理模式下的孵化网络，是在三中心主体联合控制模式下，孵化器行业协会主体地位被强化和放大，而其会员性运营模式也说明了孵化网络的制度化演进，但这种制度化的倾向，将孵化器这一网络资源配置模式更趋向于公司治理的层级化模式。尽管如此，多核心主体共同参与的治理模型，从网络运营和控制视角揭示了模型运行机制，为后续网络治理研究提供了更具实践价值的孵化网络模型参考。

综上所述，在孵化网络研究体系中，无论是多视角下对孵化网络生成机理的解释，还是通过不同层次模型的构建和特征的初探，都试图通过科学的理论来回答“孵化网络是什么”这一问题。而且，在相关研究过程中对孵化网络治理的研究也初见端倪，以此希望在揭示“是什么”的基础上进一步探究“有什么用”和“如何用”的问题。

2.2.2 国内外研究现状与综述

新经济时代下市场竞争不断加剧，企业创新周期的缩短和压力的提升使得创新资源有限性与创业需求多样性间的矛盾愈发凸显，传统的孵化器已经无法适应环境的需要，孵化模式的创新成为孵化器发展的必经之途。作为孵化器网络演化的产物，孵化网络成为集聚创新资源、推动创新快速发展的组织模式与制度安排。因而，孵化网络实践的不断发展成为国内外众多学者竞相追逐的研究热点，研究成果的不断涌现也为孵化网络实践发展提供了重要的理论支撑与实践指导。

2.2.2.1 国外孵化网络研究现状

国外对孵化网络的研究相对较早，这一方面源于其在孵化器与孵化网络建设与实践的前瞻性；另一方面，对创新、创业以及网络组织研究的热衷持续高涨，孵化网络的出现成为这些研究有效融合的切入点而备受追捧。其中，欧洲、北美、东亚等发达地区成为研究成果较为集中的地区。其中，Hansen 最早研究了孵化器与在孵企业绩效间的相互关系，其他学者也从不同方面对孵化网络进行研究。综观国外研究，可以发现对孵化网络的研究主要集中在孵化网络的实践和运行机制两个方面。

1. 孵化网络实践研究

孵化网络实践研究的目的在于对孵化网络运行机制进行分析和寻找规律，

促使孵化网络可以更好地发展。最初的研究，学者选择以在孵企业的网络化发展作为切入点，分析孵化器主导下为在孵企业促建的，与其他在孵企业的内部网络关系以及与外部组织形成外部网络关系，并将这些关系归纳为孵化网络效力的基础要素。Chan 和 Lau[58] 聚焦于在孵企业孵育过程，并从资源、社会资本、网络、产业、协同以及政府职能等方面构建指标体系用以评价孵化网络运行效果。Damgaard[59] 在分析大学与产业发展之间的关系时发现，最初大学与产业是相互独立的两个系统，但由于孵化网络的发展，大学与产业之间形成了紧密的关系。Creso Sá 和 Lee[60] 将孵化网络解构为业务网络、衍生网络和战略网络三部分，并对三种网络进行了界定，指出不同网络会为网络成员发展从日常经营、资源需求和战略化发展提供不同的支持，而这三种网络在孵化网络内部存在边界的重合与交互影响。同时，将在孵企业网络化制约因素归结为利益冲突、同质性商业模式、资源约束、数据库访问权限、网络成员缺乏了解、官僚政治、与孵化器战略错位等。Tiago 和 Elsa[33] 则通过对葡萄牙孵化器运营展开研究，发现孵化器对网络节点的管理是孵化网络运行的关键。

2. 孵化网络运行机制研究

运行机制研究的目的在于管理孵化网络中的网络节点，促使孵化网络可以更为有效的运行。Leora 和 Asaf[61] 通过分析以色列孵化器，研究得出孵化网络内的资源共享应该基于社会关系嵌入，科层治理不适合孵化网络的管理。Stuart 和 Sorenson[62] 更加关注网络节点间的连接机制，指出网络运行是连接机制的逻辑延伸，网络驱动需要连接机制发挥基础作用。Rosa 和 A1essandro[63] 指出，为了适应创新模式的演变，孵化网络成员能够凭借自身现有资源与社会关系促建网络连接，这种连接可以促进在孵企业之间的知识共享与交流，并在跨区域之间产生协同效应。Löfsten 和 Lindelöf[64] 以及 Dettwiler 等 [65] 认为知识共享是孵化网络形成的根本原因，知识共享机制成为孵化网络运行的原动力。Creso Sá 和 Lee[60] 研究发现孵化网络促建行为以及在孵企业网络发展策略是影响孵化网络运行的关键要素，这一结论从一定层面强化了网络微观节点能动性对网络运行制约的理论，同时，研究者还发现孵化网络运行过程更多依赖于网络内部非正式的交流机制。

Somsuk 和 Laosirihongthong[24] 通过对大学孵化器的跟踪研究发现，社会资本与大学良好的声誉成为吸引外部风险投资并提升孵化网络建设能力的重要基础。Uno 等 [38] 的研究进一步支持了 Nisakorn 的研究结论，并强调社会资本已成为现代孵化网络资源优势的重要来源。

综观国外孵化及孵化网络相关研究，重要研究成果主要集中产生于 1996—2012 年。在这些研究成果中，学者大多选择宏观视角从不同方面对孵化网络内涵展开深入研究。这些研究主要集中在三个方面：首先，部分学者采用定性分析的研究范式，从孵化器功能及运营模式等视角对孵化网络进行解构和内涵研究 [66]；其次，孵化网络绩效与前置因素研究成为部分学者研究的重点，其目的在于通过探究前置因素，构建孵化器与孵化网络运行效果的评价指标体系，进而提出有针对性的对策建议 [67]；最后，在部分学者的研究范畴中更多突出了网络特色，强调孵化网络中社会资本在区域经济发展中的积极作用，对孵化网络的研究通常聚焦在网络环境下对企业间互动行为的描述 [68]。综上而言，围绕孵化网络展开的一系列研究，始终贯穿了对孵化网络“是什么”和“有什么用”问题的揭示。

2.2.2.2　国内孵化网络研究现状

我国在孵化器及孵化网络建设与成效方面所取得的成果有目共睹，但理论研究相对滞后，特别是对孵化网络的研究还未形成一套完整的理论。基于研究视角的差异，国内对孵化网络的研究主要集中在网络生成研究、网络运行机制研究以及网络的影响及评价研究等方面。

1. 孵化网络生成研究

孵化网络生成研究成为我国学者探索孵化网络最早的切入点。王卫东 [69] 首先对国外优秀孵化网络的生成进行纵向研究，指出国外孵化网络的生成已经从政府、社会团体创立转化为孵化器等私人部门发起。在此基础上，通过对比德国与以色列孵化网络演生过程发现，政府在其中的作用至关重要，不仅起到了催化作用，同时还具有约束效果。张锡宝 [70] 在分析国外成功经验的基础上，指出孵化网络可以整合网络中所需要的资源，强调在网络中，网络资源的活性对网络运行至关重要。王会龙和池仁勇[71]指出孵化网络将政府、科研院所等网络成员连接在一起，通过整合网络资源为在孵企业进行创新服务，在孵化网络发展过程中，孵化网络能够形成完整的孵化体系。邹伟进和郑凌云[72]分析了孵化网络的结构属性以及孵化网络的生成过程，指出孵化网络包括内层网络与外层网络，同时分析了内外层网络的生成机制以及演进规律。周建华[73]实证并构建了区域孵化网络体系，在此基础上进一步分析了孵化网络在演进过程中的动力机制。上述学者们从不同角度的分析，可以得到共识的是孵化网络在构建过程中，政府和孵化器作为主要倡导者在吸引和网罗创新主体并构建网络关系的过程中发挥着非常重要的催化和加速作用。

2. 孵化网络运行机制研究

我国学者对孵化网络运行机制的探索，同样为我们展示了丰富的研究视角。叶飞和徐学军[74]通过分析孵化网络中资源利用以及网络内信息获取方式，指出孵化网络具有集聚资源、降低在孵企业运营风险等各种优势。高天光[75]实证发现了孵化网络内知识资源的溢出效应，指出网络中的知识共享对孵化网络发展具有重要影响。张喜征和单泪源[76]分析了孵化网络内部网络主体在孵化器管理下网络知识的共享机制。蒋勤峰等[77]基于资源观视角的实证研究发现，资源集聚效应对在孵企业社会资本的形成具有显著积极作用，能够影响孵化网络的孵化绩效。曾鑫和赵黎明[78]分析了我国孵化器与其他组织如风投、科技型中小企业的合作机制，指出良好的合作关系有助于不同主体间开展深度创新合作。赵黎明和张玉洁[79]研究了我国孵化网络与单创投之间的互动机制。王荣[80]通过研究上海孵化网络发展现状，提出孵化网络管理的三重主体模型，分别是政府、社会团体以及孵化器，并且分析了孵化器在管理过程中的网络化运行机制。陈健[81]从区域特征视角，将孵化网络划分为城市型、地区型、国家以及国际型四种网络层次，强调在孵化网络发展过程中，应该处理好孵化网络主体间的沟通与交流，最好的情况是对其进行产业整合，形成集群效应并对其进行有效监管。王柏轩[82]认为孵化网络的管理与市场机制不同，孵化网络的运行需要彼此信任，网络成员还需要依靠关系契约稳定网络运行。

3. 孵化网络的影响及评价研究

创业创新成为学术界对孵化网络前置影响研究的重要领域。刘担[83]认为孵化网络的目标是孵育创业，网络成员间共享同一种积极的网络文化，这种网络文化允许具有创业精神的企业家创业，而且能够接受创业者在创业过程中所面临的失败，进而激励企业进行创业。张炜和邢潇[84]通过实证研究发现，在孵企业能否快速成长在很大程度上取决于网络文化以及孵化服务。还有部分学者重点关注了孵化网络对企业家的影响。李志能等[85]认为当新创企业嵌入孵化网络后，能够提高企业的网络能力，而实现在孵企业的成功孵育正是孵化网络的价值所在。常林朝和邵俊岗[86]认为孵化网络的运行可以使网络内成员得到资源共享，弥补企业自身资源的有限性。李恒光[87]从在孵企业视角构建了网络化运行效果的评价模式。葛宝山和王艺博[88]对孵化网络绩效内涵的分析与评价将现有孵化器评价理论框架扩展到网络层面，较以往微观层面的研究进一步完善了网络主体绩效与网络整体绩效相互作用的机理研究。在此基础上，王艺博[89]进一步将外部环境纳入孵化网络绩效研究体系中，通过实证研究发现孵化网络绩效是网络主体间及其与外部环境有效互动的结果，强调孵化网络的稳定高效需要首先提升网络对外部环境的适应能力。

2.2.2.3 孵化网络研究综述

1. 国内外研究比较

相较孵化器而言，孵化网络研究方兴未艾。不难发现，国外学者的研究维度不仅聚焦于理论层面上对孵化器组织与网络化发展进行研究，同时孵育机制与实践环节的研究同样得到众多学者的关注。对孵化网络的研究，国外学者更多聚焦于网络构建与网络管理方面。一方面，孵化网络生成成为国外学者探究网络构建的有效突破口，同时经济学、生物学、社会学和系统动力学等理论也被众多学者引入孵化网络生成的研究体系内，在丰富了研究视角的同时进一步形成较为系统的关于孵化网络生成的理论基础；另一方面，对孵化网络建设与管理的研究，国外学者同样凝练出许多具有实践性的研究结论，指出孵化网络主体效力的发挥与整合是构建孵化网络的关键。与此同时，对孵化网络运行机制研究的关注，使得网络主体间的连接关系成为新的研究热点。由此，网络主体连接模式、互动行为成为孵化网络运行绩效的重要前置因素而备受学者与管理者的关注。更为重要的是，孵化网络并不仅以因变量的角色嵌入研究模型来探究孵化网络的内涵与外延。将孵化网络作为自变量，来探究其对网络主体的影响机理成为孵化网络优势来源最有利的佐证，同时也成为孵化网络实践研究的重要范式。统观而言，孵化网络较传统孵化器的优势研究，成为国外学者研究的另一落脚点，强调资源整合、技术扩散、协同效应等是孵化网络优势的关键，并总结出孵化网络运行与演化的一般规律。但是，鉴于研究背景的差异，以上国外研究成果虽然具有很强的借鉴性，但网络主体属性的差异和外部环境的不同都要求我国学者在参考、借鉴和利用国外研究结论时，需要充分考虑我国国情以及孵化器与孵化网络建设和运营现状，进而才能提高我国学者研究的针对性与实践指导性。

我国孵化器实践起步较晚，相关研究更是对国外学者研究成果的本土化分析与验证，研究仍处于探索阶段。造成我国孵化网络研究现状的一个直接原因就在于，我国学者更加热衷于孵化网络实践方面的探索。虽然，在孵化网络运行机制、孵化器绩效以及在孵企业绩效方面的实证研究取得了一定研究成果，然而其研究方法的选择、理论推演与模型的构建并未深入，孵化网络优势及其孵育机制的“黑箱”并未被充分揭示。更为重要的是，基于我国国情视角的研究相对匮乏，研究成果的逻辑延伸与实践指导性仍有待提高。在围绕孵化网络前置要素和运行效果评价所展开的研究领域中，我国学者更多将研究视角聚焦于网络资源与网络文化两个方面，而网络结构与网络主体连接关系与互动行为并未成为我国学术界的研究主流，以定性分析为主的研究方法并不能给予研究结论有效的支撑，而且研究视角的狭窄也制约着我国学者研究的创新性。所以，未来我国学者在研究孵化网络时，应拓展研究视角，增加对孵化网络特征属性与微观主体间相互影响及其互动对网络运行效果影响的研究，进而在揭开孵育机制的“黑箱”同时，分析孵化网络效力的动力机制。

2. 研究热点与趋势

通过对现有研究进行关键词图谱分析发现（详见图2-2），创新与网络化创新、网络与创新网络、绩效与网络绩效成为孵化网络相关研究中的热点与学者关注的焦点。其中，技术扩散、知识网络和创新商业化成为创新与网络化创新研究的重要视角；集群化、风险控制、网络建设与管理、社会资本等要素成为网络与创新网络相关研究的重要变量；而竞争优势、禀赋资源和关系等则成为绩效与网络绩效研究新的突破口。

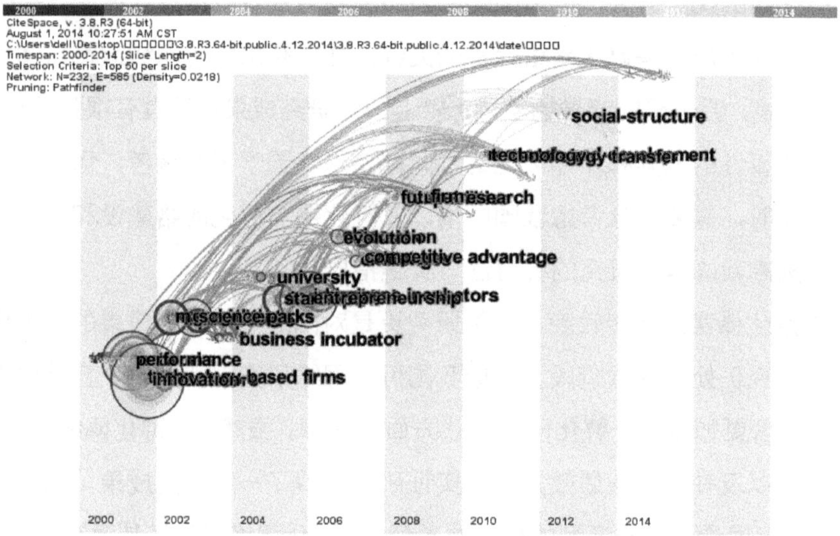

图 2-2　孵化网络研究关键词时区视图

基于上述分析，绩效作为孵化网络研究的热点，如何在现有研究基础上取得新的突破成为这一研究领域的重要趋势，对孵化网络绩效的研究不能仅停留在通过微观节点绩效加以诠释的微观层面，新的视角和研究要素的引入成为探究和诠释孵化网络绩效的有效途径。

2.3　网络治理相关理论与文献综述

网络治理作为本文研究的关键要素，已成为企业与学术界的焦点。相较于网络治理研究的广泛性而言，关于网络治理问题的研究仍缺乏系统性的理论体系和明确的研究边界。总结而言，一方面，为了追求理论的实践指导性，众多学者开始采用“网络治理”这一概念尝试对网络组中的技术创新、合作关系、机会主义行为、恶性竞争、网络演化等实践性命题展开研究；另一方面，为了寻求理论支撑，学术界不断将经济学与社会学相关理论纳入网络治理研究体系中，并形成一定的研究成果。通过将交易经济学、成本经济学、资产专用性、社会交换等理论的引入，网络治理的理论基础逐渐被夯实。同时，网络治理理论的不断发展也带动了许多学者对网络治理机制的研究。通过对网络组织运作机制的探究和对网络治理实践指导性的追求，契约治理与关系治理成为网络治理中重要的研究议题。鉴于此，本研究分别从不同领域治理理论出发，旨在为孵化网络治理机制研究寻找理论基石。最后，对现有网络治理理论加以总结性梳理和辨析，并厘清发展脉络。

☞ 2.3.1 网络治理理论基础

2.3.1.1 治理的内涵

治理（Governance）最早出现在古希腊语和拉丁语中，译为“掌舵”，援引词面解释为操控、控制、操纵等。学术界最早将这一概念用于公共管理方面的研究，用来指代政府和公共事业部门对社会公共事务的管理活动。随着社会学理论与经济学理论的不断交叉融合与新制度经济学的兴起，治理这一概念被赋予了更为丰富的含义和语境，而不仅限于政府和公共事业所专属的概念范畴，并逐渐成为用来诠释和涵盖多种复杂社会与经济活动的独立概念。随着外部环境的不断变化和组织模式复杂化趋势的加剧，治理对象范畴不断扩大和多样化，由此治理成为学术界研究的核心概念之一。

但是，治理概念的提出并没有在理论界很快形成一致性的共识，部分学者对治理对象的研究和对治理概念的解释具有一定的随意性，正如 Rosenau 对当时研究现状的评价中所言“每一位对这一领域感兴趣的学者都会对治理做出不同的界定”。造成这一研究问题的根本原因在于治理对象的非限定性以及相关理论基础缺乏一定的系统性。鉴于此，从 20 世纪末开始，国外学者开始致力于对治理内涵做出明确的界定，并逐步形成了较为成熟的界定方式与系统化的研究体系。在这一过程中 Ostrom、 Williamson、Diamond 等为代表的经济学派以及以 Essop 和 Rosenau 等为代表的社会学派都对治理概念做出了规范化的解释 [16]。这也使得众多学者围绕治理展开的无序争鸣逐渐发展为系统分析、多学派并存的阶段。随着治理概念的完善与统一，新的研究领域不断延伸，如公共治理、集群治理、供应链治理和网络治理等。

综上所述，治理是资源所有者合作的制度设计，合作既可以是双边也可以是多边的，即用规则和制度来约束和重塑利益相关者关系，利用各种治理机制使相互冲突的差异化个体的利益得以调和并采取联合行动的持续过程，目的在于激励和约束组织与个人行为，促使其实现目标，也有学者将治理解释为一种给定组织运行的基础和责任体系框架 [90]。

2.3.1.2 网络、网络治理及孵化网络治理的关系

在经济层面，治理这一概念的出现源自微观主体（企业）践行管理过程，是一种为了提高组织运营效率的协调和控制过程。所以，公司治理成为学术界将治理理论最先展开系统化实践研究的领域，并形成以制度理论、利益相关理论和决策理论为基础的不同分支。随着组织模式复杂化、网络化的演变，公司治理这种聚焦于微观主体的治理理论成为治理理论体系不断完善的重要基石。如今，企业环境呈现出显著的网络化与动态化特征，传统的契约治理机制与关系治理机制也逐渐从二元商业关系的研究框架拓展到网络层面组织治理的研究范畴中 [91]。

基于对公司治理论的研究，李维安等 [11] 指出网络治理仍是公司治理理论的延伸，是企业组织与运营模式不断创新以及信息处理与管理技术支持下，规则制订、合则匹配以及问责处理等治理要素从公司向复杂网络组织的延续和发展。而且，强调公司治理要求通过正式与非正式制度协调利益相关者与公司关系的研究结论仍适用于网络治理研究，即通过对拥有关键资源的网络节点间合作制度与互动规则的设计，针对网络组织结构、关系和行为开展治理，提升网络成员群体决策效率，进而达到组织协同、创新与环境适应性的网络组织目标。Mever[92] 等认为网络治理的重要性源于其对网络资源流的合理规划和有效配置，进而提升网络

成员的竞争力与环境适应能力。对网络治理概念的界定具有代表性的是国外学者 Jones 以及我国学者李维安、林润辉、孙国强等。以 Jones[93] 为代表的国外学者将社会性视角作为研究切入点，将网络治理的界定融入网络组织内涵分析的过程中，指出网络是一个需要筛选实现结构化与存续性的企业（组织）集合，并依据隐性契约（Implicit）或开放式契约（Open-ended）为准则和标定开展复杂合作，在协调与维护网络合作与交易的同时适应外部复杂动态环境，同时强调上述契约是基于社会性的连接而非单一法律与政治制度为基础的关联。我国学者对网络治理的界定则更加明确，将网络治理直接解释为施加于网络资源所有者结构优化与制度设计所需要的手段与工具，以此通过自组织与他组织实现网络目标的过程[94]。国内外学者基于不同视角对网络治理的界定具有各自明显的逻辑重点，国外学者对网络治理的研究强调网络嵌入是一个取得合法化身份的过程，网络本身具有稳定性和组织结构特征，基础来源于网络关系的影响，目的则是为了协同和交易合作的开展。我国学者则将目标作为网络治理内涵分析的侧重点，强调网络是治理网络组织的有效工具，是社会关系与法律关系的集合体，合规性成为网络治理的重要依据。网络作为一个跨学科的概念，三网融合是现代网络组织的重要特性。对网络治理的研究需要我们对网络与治理间关系再次加以明示。首先，经济学家将网络界定为治理的工具，认为网络是一种资源配置的方式，网络治理发挥着如同市场与企业科层的效力。同时，网络还是治理的对象，需要说明的是作为治理对象的网络是一种网络组织，学术界的表达除了“Network Organization”外，还存在“Inter-firm”“Inter-organization”及“Intermediate”等表述形式。网络治理强调对网络系统与组织、关系进行治理的过程。

基于上述分析，正如本文研究主体范畴孵化网络一样，网络组织是网络化发展和组织架构连接机制的载体和结果，是一种静态与动态相结合的组织模式标签。网络治理则是针对网络组织所开展的一系列运用开放或隐含、明示或暗含的契约关系安排活动和治理的过程，是一种动态化网络结构与主体关系的协调与控制。延续这一逻辑，本研究所聚焦的孵化网络治理正是将孵化网络作为一种网络组织加以治理的研究。

2.3.1.3 网络治理框架与网络治理机制

1. 网络治理层次与框架

网络结构成为网络治理层次划分的理论依据，将网络治理划分为节点治理（主体行为及合作互动治理等）、节点关系治理（关系强度、亲密度、关系匹配性、互动协调性等）以及网络整体治理（网络环境适应性、组织模式、区域产业化影响等），由此形成微观节点、中观节点关系以及网络整体相互独立的研究层次。

需要强调的是，上述网络治理的三个层面分别是基于整体视角下对网络组织整体的规划、基于关系视角下网络关系集的治理以及基于网络节点视角下对网络节点组织的管理[95]。不同范畴在宏观、中观以及微观三个层次间既相互独立又存在密切的耦合关系。在实证研究领域中，为了探究网络治理效力问题，众多学者如 Larson[96]、Newbert 和 Tornikoski[97] 以及 Granovetter[98] 都将中观层下的关系系统作为关键要素探究网络组织治理对网络绩效和网络效率的影响，不同的是 Grannovetter 将这一要素称为“动态关系集”，Newbert 和 Tornikoski 将其界定为事件关系集，而 Larson 则更加关注网络组织中的社会关系系统。与此同时，我国学者党兴华和肖瑶[95] 在延续 Capaldo 和 Messeni[99] 网络治理研究框架中对核心要素界定的基础上，进一步强调网络治理研究的突破口就在于中观层的网络组织关系系统。

延续上述研究范式，作为宏观整体视角下的经济系统，对网络组织的整体治理无论主体还是手段在其面前都显得无从下手。机制做手段解释而被学术界所认可时意味着标的和路径的逻辑图谱，特别是在我国国情下，网络治理机制的适应性和可操作性是确保网络有效性的核心价值标准。因此，虽然本研究是对网络整体运行效果的探索，但网络治理特别是治理机制对孵化网络效力与运行效果作用的分析，还需要将网络治理机制的研究对象从宏观层的整体网络进一步聚焦于中观层的多元网络关系集，这样才能解决上述“无从下手”的困境。因为，关系视角下对网络组织的解释让我们有理由相信，关系既是网络宏观整体属性的脉络及其运行机制的基础，同时还是微观节点主体网络化行动决策及与利益相关者展开网络互动效果的前置要素。所以，将孵化网络整体绩效的分析跨层次解构为对中观层孵化网络关系集的治理，进而构建网络整体视角下治理目标层与网络关系视角下治理操作层间的跨层次分析框架，以此为孵化网络治理机制可操作性和适配性问题的解决提供理论依据。上述研究范式既是研究要素规范化标定逻辑的理论延伸，又是确保研究结论实践价值的重要抓手。正如 Teece[100] 所指出的，关系层是实现网络治理目标的路径要素，是一种介于微观网络成员与网络组织整体之间一种起到承上启下作用的治理层级。

相较于上述对网络治理对象纵向层次化的强调，理论分析基础框架的横向层次化说明则是对系统性研究不断完善和深入的重要逻辑前提，有助于研究要素的细化和提升研究问题的针对性，是一种研究成果外部效度的重要保证，从而成为网络研究的主流范式。换言之，不同横向研究层次间的相互影响以及不同治理有效性都会受到其他研究层次的影响，需要综合考量和集成研究。因此，学术界对网络治理研究更多遵循李维安等提出的理论分析框架，将目标、结构、机制、模式与绩效作为网络治理研究整体框架。其中，目标是导向，结构是网络外显形态，机制则是网络治理的核心，模式是实现机制的途径，绩效是网络治理的目标和结果。

基于此，本研究选择治理机制作为孵化网络研究的关键要素，聚焦中观网络关系集，以孵化网络目标为导向进一步研究孵化网络治理机制对网络绩效的影响。同时，将网络结构与网络行为作为孵化网络特征研究的理论基础，研究其衍生出的网络消极作用即网络负效应。由此，将孵化网络目标、结构、机制和绩效纳入同一框架研究孵化网络治理，既符合网络治理研究框架的范式，又满足综合考量和集成研究的要求，同时还能将各要素间的关系置于统一研究框架内探究各要素间的关系与作用机理。需要说明的是，网络治理模式是网络治理机制实现的标准化样式，是治理机制的逻辑延伸，因此并未将后续网络治理模式纳入本研究中。

2. 网络治理机制理论

（1）网络治理机制内涵

系统性的治理机制研究最早始于 Larson[96] 将社会学理念融入经济学视角，

对网络治理机制展开研究，指出原有公司治理所强调的，基于经济学视角的治理机制是企业在网络合作过程中依赖于充分的交流和相互协同的管理架构相匹配，进而得以对企业间的关系以及互动行为进行协调。然而，社会学理念则强调社会关系、信任、社会身份、声誉等要素在企业间合作协同性方面发挥更大的作用。在此基础上，Greve 和 Salaff[101] 聚焦于技术创新网络，指出凭借契约来规制、引导和协调网络合作是依靠经济手段进行网络治理的有效方式。相较而言，社会学逻辑得到进一步延续，强调基于社会关系的信任和利益互惠对网络合作协同性的积极影响，同时指出网络成员互动反馈机制作用过程中网络成员的道德约束是网络治理的重要社会手段。综上所述，网络（组织）治理机制是一系列用于保证网络有序、高效运作的各种规范以及协调网络成员的正式与非正式的宏观制度与微观准则的集合。随着组织模式复杂化趋势的加剧，网络治理机制内涵也在不断丰富和系统化。Ness[102] 将网络组织不同阶段作为调节变量研究网络治理机制，强调网络治理机制是一种动态化的过程。Lin 等 [50] 则将网络治理机制界定为从正式治理机制到非正式治理机制的一系列组织措施。

综观现有研究不难发现，网络治理机制仍是为网络绩效而设计的。一方面说明治理机制是网络运行整体绩效的重要前置因素；另一方面说明绩效是研究治理机制有效性、规范性的切入点。治理机制指向网络节点关系，目的在于保证和提升网络效力与效率，即绩效，并由此形成对行为和资源影响的系统性规则综合。但此处所强调的规则并不是一种单一强制性的协议，同样还包括自组织过程中非正式的隐性关系规则。这种对规则二分法的维度划分，同样符合广大学者在网络演化研究中对网络结构形成所强调的在契约式结构与非正式结构假设情境上的设计。对网络治理机制的界定则是一种手段与结果间的逻辑关系，正如本文研究范畴中对网络治理机制的描述，即网络治理机制指基于正式与非正式关系下为确保网络组织运行有序和网络成员合作规范有效而设计并起到规范、协调和制约作用的多维网络制度安排。

（2）网络治理机制维度划分

治理机制的维度划分研究始于组织机会主义行为治理研究。一些学者认为合同能够有效降低机会主义；但是另外一些学者认为合同是无效的，并不能降低机会主义。还有部分学者认为，对机会主义作用的研究需要从契约的不同维度分别切入，或者应当具体区分不同性质的机会主义。而以 Heide 和 John[103] 为代表的学者则强调组织价值观在合作关系建立、协调和规制互动行为方面的重要作用，指出逐渐相互融合的价值观能够营造共享和共赢的网络合作氛围，从而能够有效抑制机会主义。但一些研究也表明，关系规范在治理机会主义时也并不总是积极的 [104]。

随着复杂网络组织的出现，网络主体间的互动与合作要求节点企业必须拥有较强的执行能力和自制力，并且能够对外界进行广泛的扫描，与外界保持互动，同时能够培养出科学技术守门员和跨疆界者。在这一过程中网络合作是一种基于专用性投资的互利经济行为，其有别于竞争所强调的自利行为，但这并不能否认合作过程中的自利动机 [105]。其中，专用性投资是企业通过合作、互动获得网络资源的必要投入，是维系网络关系的关键要素。而这种要素投入的途径与价值化方式不仅可以通过契约关系的确立得以实现，同样可以社会关系为基础的非正式关系建立而实现。因此，基于专用性资产投入模式多样化视角分析网络合作的研究结论说明，正式与非正式关系是维系网络合作、实现协同效力，并以此设计网络治理机制的重要依据，其中包括正式治理和非正式治理，前者主要采用具有法律效力的正式契约，后者典型表现为以信任为基础的社会关系 [106]。延续这一逻辑，众多学者展开了进一步深入研究。曾德明 [107] 从行为动机视角解释了合作，将态度解释为合作的要素，并将这种影响合作顺利开展的变量划分为基于理性制度和感性两类。曾德明的研究从网络互动的源头为我们解释了合作开展与维护的动机诱因，同样为网络治理机制的设计提供了有效的脚本。黄劲松 [108] 在研究产学研创新网络治理的过程中，从交易视角下分析了产学研合作行为特征，并在此基础上将制度经济学视角下的契约治理以及社会学理论视角下的关系治理作为构建产学研创新网络多边治理的重要维度。Kogut[109] 将契约与社会关系界定为网络能力要素的组成，实证发现信息与知识成为这些要素发挥效力，促进网络协同性的中介要素，这一观点同样得到了我国学者王斌 [110] 的支持，并构建了治理对协同效应影响传导机制的研究范式。这一研究范式的构建为揭示治理机制的作用机理提供了有效的参考。

网络关系视角下，Schreiner 等 [111] 将关系视为联盟网络成员间知识与技能溢出产生作用的重要因素，能够提升网络成员相似度与资源共享效率，并在降低 AMP（联盟网络管理实践）成本的同时，减轻网络面临的外部环境压力。Liu 等 [112] 将优质关系界定为一种关系团结，并将其来源归结为两个方面：首先，是基于经济利益方面，正式合作所拥有的共同目标，需要通过商业交易实现；其次，是基于社会关系下通过建立信任和承诺的非正式互动行为，致力于维持长期稳定的互动关系，是网络成员情感上的一种默契联系 [113]。在对关系价值的讨论过程中，国外学者做了向上延伸，对关系来源做了进一步探讨。这种经典二分法的研究结论，有助于学者构建网络治理研究的系统视角，提升治理研究的靶向性和对现实问题解释的外部效度。马永红和江旭 [114] 则指出，正规且具有法律保障的商业关系有利于成员间管理办法、流程、技术的正式交流和沟通，而紧密的社会关系意味着成员间存在频繁的非正式互动，这同样会促进网络联盟成员能力的提升。与此同时，以王伟光等 [115] 为代表的学者进一步从网络知识资源与知识创造的视角，将创新网络解释为一种源于正式与非正式互动关系的制度性安排。在强调知识资源在网络创新价值链中核心价值的基础上，从资源基础观与网络合法性的理论视角为网络治理机制的设计提供了重要的理论依据。

知识观视角下对网络核心业务与关系框架的解读，为我们揭示网络运行机制奠定了重要的研究基础和分析视角。围绕知识互动展开的研究指出，互补性创新资源的获得依赖于网络组织中基于正式与非正式的制度安排。由此，网络中的资源得以共享和扩散，在为企业提供创新资源的同时，创造更多的网络互动机会。围绕知识所展开的互动成为网络组织价值所在，而价值化过程则被解释为知识流的价值化过程，并将网络组织中知识流类分为契约性的知识转移和非正式、非补偿的知识溢出 [116]。因此，正式与非正式的二元视角同样为以提升网络组织中知识流价值化效率为出发点的网络治理机制维度划分提供了有效的研究基础。

上述不同学者的研究结论，更多是对 Larson 和 Starr[117] 所构建的经济与社会双元网络治理机制分析框架的延续和实证。这一研究范式强调，从经济过程的背景来看网络治理，具有强制性约束的契约治理机制成为网络治理机制的核心；而从社会化过程审视网络治理，其治理机制表现为与契约治理机制相悖的非强制性和社会关系主导性。

不仅如此，上述研究成果在将正式契约与社会关系视为网络治理机制划分依据的同时，研究的落脚点更多选择治理机制所起到的积极作用。与此相对，部分学者将研究视角聚焦于网络风险和一些负面影响，并以此对网络治理机制展开研究，相关结论同样为孵化网络治理机制维度划分提供了重要的参考依据，同时也为本文提供了重要的研究视角——网络负效应。

不同于通过网络经济效应和社会效应对网络正效应（网络优势效应）的解释，对网络微观主体甚至整个网络组织的负面影响探究，使得网络负效应成为部分学者研究网络治理的蹊径。Olson[118] 早期研究发现联盟规模的扩张会增强企业合作的自利动机，除非存在强力正式机制的约束。而契约治理机制显性强制力成为抑制互动过程中自利动机的有效手段。但仅仅援引契约治理机制维系网络合作的信念，很难作为单一规范、系统的制度约束被长期坚持，需要额外引入有效的、合乎网络情境的规范机制，以保证网络效力与效率的存续。为此，网络节点属性多元化的微观特征和三网融合的中观特性，在帮助学者还原网络互动情景的同时，为治理机制在网络领域的实践与理论研究提供了完整而又简洁的视角。虽然，网络合作是一种有别于竞争所强调自利性的互利经济行为，但这并不能否认合作过程中的自利动机。丁绒等 [105] 对网络和联盟合作的界定强调“自利动机”这种网络负效应诱发因素的普遍性和潜在危机，认为搭便车、道德风险等机会主义行为所造成的“集体行动困境”是影响联盟网络绩效的主要原因。强调合作规范机制是一种有效的网络治理机制，并将这种机制解释为一种明文规定或约定俗成的标准和规范的总和。可见，众多学者在网络连接、网络治理、联盟网络绩效方面的探索，不约而同选择了从正式与非正式两个维度展开研究。

高洁等 [119] 通过分析技术创新网络组织结构与特征，发现网络中存在道德风险与机会主义行为，基于此问题导向将网络负面影响作为治理机制研究的标靶，提出了一系列组合治理机制。Das 和 Teng[120] 等同样指出，网络成员的不匹配是导致网络关系紧张的重要原因之一，能够导致信息流失真和组织目标共通性减弱，进而影响合作成员间对合作目标、计划、任务与权责的领会和默契，为此需要通过正式与非正式的交流互动提升成员间协作与共同处理问题的效率。因此，设计并建立网络成员间正式与非正式互动的治理机制，对提升网络协同效应很有必要。

综上所述，无论是对积极作用的聚焦还是对负面影响的靶指，正式契约与非正式关系对 Li 等 [121] 所强调的正式控制机制与社会控制机制在网络治理过程中关键要素的解释，都成为网络治理机制维度划分的重要依据。

2.3.1.4 交易成本理论与契约治理机制

交易成本理论作为新制度经济学发展过程中的内核理论，在由经济学家 Coase 提出后，得到了众多学者的追捧，并由 Williamson 等学者将研究命题进一步完善，最终形成完整的研究体系。在这一理论研究体系中，另一个非常重要的概念就是治理，而交易成本理论则成为诠释治理过程的最佳理论工具。制度经济学理论中的交易成本被界定为交易过程产生的费用，即利用价格机制的费用或是选择利用市场作为交易手段而进行交易过程的费用，主要包括询价费用、议价费用、签订并执行合约的费用、市场监管的费用等。正是由于这些费用的存在，Coase 研究发现企业可以作为市场机制的一种有效替代完成经济交换活动，只要企业内部管理协调费用低于市场交易过程的费用。而且，交易成本不仅解释了企业存在的必要性，更重要的还在于能够从组织层面确定其规模的阈值。

在 Coase 定理不断受到推崇的同时，有学者开始对其研究结论所基于的假设前提提出质疑，认为这一研究结论是建立在一种脱离现实的理想化假设基础上，是一种过渡抽象的前提。面对这些不可回避的质疑之声，Coase 并没有在其研究过程中有意回避这一问题，并对假说做了针对性的进一步说明，指出现有观点建立在交易过程不存在成本这一前提下是一个非现实性假设。为了实现和维持市场交易，在交易对象寻找、交易意向协商、交易价格确定、交易过程监督等过程中都会生成交易成本，进而强调如果能有一种替代性的经济组织模式和制度安排形式更具交易成本优势时，如企业和政府，新的组织模式与制度安排就会成为交易成本最优化的选择结果而成为现实。

Coase 对交易成本经济学的重要贡献在于提出了择优的思想和选择的标准。这一启示性的结论为后继学者进一步研究奠定了逻辑基础。在这些学者中，Williamson 将交易成本理论与新制度经济学有效融合并形成了系统化的理论，即交易成本经济学和治理经济学理论体系。完整的交易成本经济学理论，其对市场行为特别是合作行为解释的核心思想在于将组织关系与经济行为概念化为由个人主体和企业，以及非经济组织组成的系统内部行动者间的二元甚至多元正式契约关系所积聚而成的经济体系与组织架构，这些正式契约的履约效果直接影响系统整体的运行效率。由此，Williamson 将交易成本的思想通过“契约”在经济系统中得以实现。然而，契约并不是解决经济系统运行的完美机制。Williamson 同样强调，外部环境和自身结构为经济系统创造差异性和多样化优势的同时还带来诸多不确定性，加之系统内部行动者不仅存在有限理性决策，而且还存在机会主义行为倾向，这会使得交易契约无法穷尽各种可能。虽然有学者指出，完备的契约是在无法准确预知未来的情况下通过协商而订立的，而且机会主义行为倾向会利用这些突发性的事件谋求利益回报，因此提高了违约风险。同时，合作关系维系所必需的专用性资产投资会在强化合作依赖关系的同时，进一步价值化为交易成本。因此，不确定性、资产专用性和交易频率成为交易成本的决定性因素和影响维度，而契约关系就成为降低交易成本，提高经济系统运行效率，实现治理目标的关键。

Williamson 在 Coase 交易成本思想基础上所提出的交易成本理论是经济学领域中关于治理问题的先验性奠基研究，其关键在于明确了治理问题分析的切入点，同样也是治理机制研究的起点——契约，较为完整的理论模型与分析框架为后继学者围绕治理问题展开研究提供了充分的研究范式和理论框架。正如 Williamson 所强调，当交易环境被设定为一种信息充分、对称并且不存在机会主义的计划性交易行为，只要交易各方依照事先签订的契约协议进行交易的有效性市场约束得以满足，交易行为便可以缔约为自我实施的履约行为持续交易；而对于交易行为范围和内容较为分散，暗藏机会主义行为并且交易者受制于有限理性的交易环境，则需要签订更加严格和详尽的正式性交易协议和明确规范的执行程序，以此对交易行为进行监管[122]。无论是以自我实施的履约行为为基础的契约机制，还是依靠执行与监管程序的契约机制，以契约作为网络治理机制，能够将交易各方的责任和义务以及各方在契约关系中的角色以可识别的规范性条约明示，更为重要的是，契约治理还包含对履约过程的监督以及出现违约行为后的处理规定，即惩罚和制裁的标准范畴和例行程序。同时，对不确定性事件的处理方法与解决流程达成共识并拟订方案[123]。由此明确履约协定的目标、结果以及收益和产出，从而实现对事前、事中与事后交易成本的控制，进而提升协约效果与合作效率。尽管如此，Williamson将治理问题的研究范围局限在市场、科层和中间三种典型治理机制的横向综合对比，但其中对中间治理机制的研究较为宽泛，并未深入研究和揭示这种治理机制的作用机理，进而对中间组织的治理效力无法做出解释。因此，对集群、联盟和网络组织治理的研究并未就此深入和得出系统的结论。除此之外，交易成本理论研究对影响因素的限定，使得关系、信任、文化、声誉等非正式制度和社会因素同样未纳入治理的研究框架。

综上分析，契约本身是一种治理机制，通过制订和实施详细的合同规则，包括责任、义务、权利、角色的明示以及实施程序和水平的说明。随着环境的快速变化，越来越多的企业开始通过签订正式契约的形式适应环境的变化。现有研究表明，契约治理机制能够在促进交易的同时，抑制合作伙伴的机会主义行为[124]。一方面，契约协议所明示的交易者角色、义务、权利以及发生冲突的处理程序和情境的设定，能够促成交易关系的建立和行为的持续性；另一方面由于契约执行具有强制性，对违约行为和机会主义行为的处罚和制裁同样具有强制性，特别是将违规处罚详定于合同内。尽管如此，仍有学者对此提出异议，强调契约治理机制反而会诱发机会主义行为，例如，过分强调和依赖契约协议执行交易会导致合作伙伴间的不信任甚至反感和排斥，特别是在经常合作的企业间这种情况会更加显著，从而为机会主义提供温床[125]。虽然存在不同的研究偏好，但契约治理机制作为交易成本理论实践性的逻辑延伸，已成为组织间合作以及网络组织治理的重要机制而倍受学术界的推崇。

2.3.1.5 社会资本理论与关系治理机制

对社会资本（Social Capital）的界定学术界尚未形成统一的概念。不同学科与视角的多元化研究态势赋予了社会资本以更为丰富的内涵。在 Coleman、Bourdieu、林南、Granovetter 和 Putnam 等学者所建立的基本研究框架中，社会资本被解释为一种蕴含明示或暗含关系资源的集聚系统，这些实际或潜在的资源所表现出的多样化外显形态和模式是基于其所嵌入或占据某些稳定的组织所衍生出来的，特别是网络组织所蕴含的社会资本更加丰富。需要强调的是，这些网络关系之所以能够价值化为资本正是源于所嵌入和占据的网络中其主体身份的合法性。而且，网络组织本身是基于体制化作用下被行动者和利益相关者所公认和熟知的关系集，并且凭借系统资源优势向具有关系的行动者提供资本支持，同时以一种外显的标签赋予这些成员信誉、声望和信任。在关系主义方法论的基础上，Bourdieu 提出了资本与场域的概念。其中，场域是多种社会关系连接形成的复杂而且多样的社会领域和社会场合。场域同样可以解释为客观关系所形成的网络。社会要素通过占据不同场域或网络中的位置而存在和形成关系网络，并发挥不同作用。要素所占据的网络位置成为场域中的节点，这些节点是网络关系的基础和前提。为了获得更多蕴藏于社会中的资本和权力，行动者需要通过嵌入或占据不同关系节点或场域节点，而这些是由社会要素在一定制度框架内有机连接而成的，其衍生与发展是一个动态演化循环共进的过程，社会资本成为促进其演化的重要动力要素而被众多学者与管理者所标定。社会资本的重要性激起了众多学者对其内涵研究的热情，随着研究不断系统和深入，资本的属性被进一步挖掘，并将资本细分为社会性资本、经济性资本以及文化性资本，而不同资本间的差异与相互之间的影响成为以 Yu[126] 以及 Andrews[127] 为代表的学者研究的焦点，强调社会资本就是潜在或实际的资源集合体，是一种基于网络位置衍生出的持久的网络资源。由此所形成的网络是一种政治化的，被网络成员和社会成员所熟悉和公认的制度化网络；从另一个侧面，这一网络是与某种团体会员制度相联系的，将集体化的社会资本转化为每一个成员的个体优势，并为他们提供赢得竞争与声誉的凭证。

在此基础上，Coleman 进一步强调社会结构与社会网络在社会资本中的重要作用，通过细化对象进一步扩展了社会资本的概念范畴，融汇了对社会资本更加广泛的解释，指出社会资本的界定需要立足于其所实现的功能，是一种多元化的结果，彼此间共同之处是它们都包含社会结构的某些属性，而且有利于处于结构中主体（无论是个人还是集体行动者）的行动。Coleman 同样继承了 Bourdieu 的社会资本要素说，并将社会资本明确界定为蕴藏于人际关系和社会组织系统结构中，能够为行动者和利益相关者带来权益和便利的一种社会结构性要素，进而将社会资本理论从微观层面研究向中观层面研究拓展奠定了重要基础。

资源学说强调企业成功在于关键战略资源的积累，资源是企业竞争能力的决定性因素。然而网络联盟大量失败的案例无法通过资源学说进行解释，虽然能够通过资源互补获得企业发展所需要的资源，但经济效益并未因此体现。如今，在复杂多变的现实环境中，资源基础理论对企业发展优势的解释变得愈发无力[128]。为了探究这一问题，Kem 和 Willcocks 首先提出了社会资源理论，将资源基础理论与网络理论相结合，指出资源是通过共同创造并被社会成员所共识的，蕴藏于组织群体和社会系统中能够为占有者创造利益和机遇的有价值的东西，并将其类分为社会资源与个体资源[129]。其中，根植于社会关系网络中的社会资源蕴藏于网络关系间的非物质价值要素，如信任、声誉和权威等，必须在发生联系的情况下才能显现和发挥作用。因此，对社会资本的追逐隐含着社会关系对网络行为与组织结构的重要影响。同时，个体资源对社会资源的影响也说明了主体行为的能动性。因此，个体能够利用主体资源撬动更多的社会资源并以此获得先动优势。美国学者 Granovetter 进一步完善和发展了上述个体社会网络与其所嵌入的社会网络资源关系的理论体系，指出无论是结构性嵌入还是关系性嵌入都能为嵌入社会网络中的行动主体创造资源优势。

随着经济学与社会学等多学科的不断交叉融合，社会资本理论研究不断完善和深入，成为提升企业竞争力和推动社会经济的关键动力要素，并被学术界誉为社会发展的第四种资本，同时作为关键解释变量用于组织绩效与创新能力等领域的研究。众多研究表明，作为一种重要的资本，社会资本蕴藏于企业与企业之间的关系中，通过与外部环境互动，从外界获取自身发展所需要的信息与资源，并将自身所希望外界了解的信息通过这一互动过程传递出去。因此，拥有丰富的网络关系能够为企业带来更多发展所需要的社会资本，由此所带来的对外界环境适应能力与运营能力的提高能够为企业创造更好的绩效。

对社会资源内涵与前置因素的研究，为后续关于社会资本效力特别是其对社会网络规范性的研究提供了逻辑延伸的理论支持。研究发现，社会资本与人力资本和物质资本一样，能够通过不断积累而产生规模效应。但社会资本所具有的时效性特征要求企业持续更新，以维持社会资本的效力，由此社会资本所具有的生产性特征，能够帮助企业获得外部资源，促进企业发展。同时，社会资本差异性所演化出的不可复制性与独特性，使得社会资本更多地表现出制度与关系的沉淀，是群体共同遵守的制度化的行为准则、规范以及基于关系的情感等，是社会层面获得认可的文化资源与价值观体系[130]。

随之，社会资本价值在理论研究与实践过程中被不断挖掘，基于社会资本的关系治理机制成为众多学者研究社会资本实践价值的延伸性视角。相较于契约治理，关系治理机制是一种非正式制度的治理机制，其研究始于关系契约理论的提出，Macneil[131] 将关系契约界定为行动者为了确保交易行为顺利开展而构建的社会关系。与正式契约不同，关系契约是一种非正式的，更多依赖于对合作关系质量本身的预期及对契约规划的长效机制，并非像正式契约那样完全依靠合同协议对行为进行明示和规制。更为重要的是，在现实市场经济活动中很难将经济关系与社会关系从交易与合作过程中剥离开来，关系契约普遍存在于市场交易活动中，差别仅在于表现形式与程度不同。为此，Macneil 进一步提出关系型交易的概念，强调交易的复杂性会受到关系契约的影响，而且这种影响是建立在长期互动合作过程中的关系积累和质量的提升之上的，其重点不是对未来各自收益的精确博弈和讨价还价，而是更加看重和希望建立一种长期的合作关系。这一结论同样得到 Williamson 的支持，其认为出于对合作有限理性与机会主义行为的考虑，关系契约是对正式契约的有效补充，特别是对存在专有资产投入的交易行为更具优势。

随着关系契约理论的不断拓展，关系治理成为这一理论用于企业管理实践的重要领域，特别是在网络化合作日趋明显的开放式创新过程中。Jones[93] 最先在理论层面将关系契约理论与治理理论相结合，并提出关系治理这一概念，将其界定为一种基于非正式关系下的治理机制，还有学者将其解释为一种基于关系性契约而建立的交易关系的治理结构[132]。学术界将关系治理机制的优势解释为，环境、任务与资产专用性共同作用下复杂交易行为所表现出的解决问题、确保并协调交易与合作的多样化、灵活性与长效性。不可否认，关系治理机制有别于正式契约治理机制对法律和法规以及契约协议的依赖，关系治理机制还体现出在成本方面的巨大优势。在此基础上，Jeltje 和 Vosselman[133]、Claro 等 [134]、 Poppo 等 [135] 和 Mesquita 等 [136] 从网络化关系治理机制、关系治理机制的维度划分、不同治理机制差异性及作用机理的实证研究展开深入分析，取得了一定的研究成果，而网络组织和开放式创新的兴起则为关系治理机制的研究提供了更多素材和研究视角。

我国的社会学研究相对滞后，对社会资本的研究大多是对国外学者理论和观点的本土化改进。尽管如此，关系治理机制研究仍然得到众多学者的关注，并在网络、集群、联盟等组织研究过程中不断深入和积累。众多学者在继承国外研究学者部分研究结论与分析范式的基础上，将研究视角更多聚焦于网络组织，来探究关系治理（机制）对集群优势、合作激励、机会主义行为、价值链结构等方面的影响以及其与正式契约治理机制间的关系。虽然很多研究仍停留在理论层面，但针对网络组织研究的范式和研究结论为后续实证研究，特别是作用机理和要素结构的定量化分析奠定了重要的理论基础。

综上分析，关系治理机制顺承社会资本理论对关系价值的理解，更多强调非正式关系所产生的影响，如规范、认知、信任和目标一致性。围绕关系治理机制展开研究的学者主要持两类观点，一类观点主张关系治理机制是特殊关系的治理活动，如团队建设 [137]、共享决策 [138] 和直接沟通等 [139]，在这些过程中关系是活动的环境背景，是一种合作氛围的营造，但并不针对具体活动进行治理；另一类观点则认为，关系治理机制本质是通过关系的规范化来监督和管理交易行为，强调关系的规范化来自共享的规范、社会价值观，如灵活性、团结、互助、共赢等思想。虽然两类观点未能获得一种殊途同归的研究结果，但结论都从正面肯定了关系治理机制在复杂环境中的积极作用。现有研究将这些积极作用解释为频繁的互动和交易有助于建立非正式的沟通和协调机制，进而促进隐性知识的交流，激发并促成信任合作，同时减少对政策强制执行的依赖。在这种作用方式下，关系治理机制可以在抑制机会主义行为的同时提高成员间的协同性。郝斌等 [140] 则将这种基于关系的良性自增强机制解释为规模效应、累计学习效应、协同效应和适应性效应共同作用的结果。需要说明的是，本研究中关系治理机制所强调的“关系”，并不严格区分 Guo 和 Miller[141] 在研究创业网络时提出的创业者或经营者形成的核心强关系和企业之间形成的外围关系。而且，本文所研究的关系治理机制是上述研究体系中后一类观点在网络环境中的应用性研究。

☞ 2.3.2 网络治理研究综述

学术界对网络治理的研究是在解释了为什么网络需要治理这一问题的基础上展开的。创新资源分布的分散性，创新主体行为的补偿性，以及基于历史或惯例形式的社会结构等因素促发网络形成的过程并不是简单自发和自治的。因此，网络治理研究是网络衍生与发展过程中关键的逻辑主线。

现有研究中，网络治理理论上承科斯、威廉姆森等大师的交易成本经济学思想，兼收社会科学和生态学精华，它不满足于新古典经济学均衡范式和数学形式主义下的模型演绎，而是主张经济属性与社会属性全面均衡的研究观点，强调行为和结构的力量，试图为组织管理和经济学发展提供新的框架，因而成为学术界的研究焦点。网络治理理论为区域经济、协同发展、开放式创新及创新政策等领域提供了新的理论工具和思辨方法，以关系集的视角理解复杂社会经济过程和创新行为，已成为探究和描述复杂经济现象的重要方法。

经济学、社会学以及管理学成为学术界搭建创新网络研究框架的多元化理论基础，网络成为解释创业、创新乃至网络组织演化新的透镜。现有研究中一些启发性较强的结论，使得解释一些看似简单却极具挑战的深层次问题变得迫在眉睫，为此众多学者聚焦于网络要素、结构等对微观节点组织行为与绩效影响的实证研究，线性关系的研究论断成为学者揭示上述问题的突破口。然而，网络要素价值化为网络组织的绩效并非易事，其优势的存续更是诸多因素作用的综合体现，关键在于如何运用网络组织的治理逻辑提高网络交换的规范性与可靠性、关系的有效性与灵活性以及获取资源的便捷性，特别是在网络化合作成为企业交易与合作行为主流的新经济时代。为了有效解决上述实践问题，网络治理机制成为部分学者完善网络治理理论的重要拼图。

针对网络治理机制的探讨，源于学者们关于网络的形成是一个嵌入社会环境中的经济过程的认知。从经济过程审视网络的形成，网络蕴含丰富的知识和技术资源，使得网络组织中权力随资源的不同而散置于不同的节点中，简单规范化的治理是网络治理的必然特征，因此治理机制主要表现为具有强制性的正式治理机制。然而，从社会背景来审视网络的形成，关系的发展是一个重要的内生要素，是确保网络成员获得收益的重要制度安排[142]。然而对于关系治理机制如何随着网络的形成而衍生并成为价值化工具，如何控制创业网络的有效形成和运行过程等方面的研究，并没有取得实质性的进展。主要原因在于部分学者认为关系治理机制是以网络中多边关系型嵌入为治理对象，还有研究认为关系型嵌入是同质的，因此未对关系机制进行深入的细分，也就难以发现其变化的网络性特征。总而言之，正如白鸥等[143]学者所强调，创新网络研究的完整图景中契约治理机制和关系治理机制缺一不可。

随着创新与创业研究浪潮的到来，网络治理机制成为学术界对网络组织可控研究及其管理规律认知的重要途径，而经济过程与社会化过程也在经济学与社会学的辩证过程中演化为网络治理机制研究的轨辙。对网络治理机制的探究不断深入，交易成本理论认为，契约是治理机制的最佳选择，原因在于市场仍是一种标准化交易模式下有效的资源配置治理结构[144]。社会资本理论则强调，基于信任和声誉以及社会规范性下关系的重要性，认为经济学过分强调和夸大基于经济人机会主义行为的假设，指出自我约束性的非正式治理机制对交换行为的影响更具显著性[145]。

总结而言，网络组织的治理问题是交易成本理论与社会理论所共同关注的焦点。交易成本理论强调以正式契约为治理工具和手段，在其看来网络治理机制从古典契约到新古典契约再到关系契约的演化过程中，始终没有脱离依约办事的准则，认为网络治理是一系列契约搜索、订立和履约的过程；而社会理论则认为，治理机制是维系和强化网络有效性和促进网络整合与资源价值化的重要手段，在社会理论看来，网络治理机制是依赖隐性或开放式的合约或规范的激励机制，往往受到社会机制的支持而非依赖法律强制性得以保证。尽管交易成本理论和社会资本理论在各自领域均取得了巨大的成功，但鉴于网络组织结构和关系以及主体行为的多样性和复杂性，依赖单一理论展开研究很难解释这些组织现象和组织行为。如何整合上述两种理论，成为经济学和社会学在探究网络和网络治理问题中所关心的重要命题[146]。孵化网络在充分诠释网络复杂性的基础上，为学术界在同一理论框架中探究契约治理机制和关系治理机制提供了重要的素材。而治理机制的逻辑延续——网络绩效，成为在同一维度下探究两种治理机制影响机理，打通和融合了交易成本理论和社会资本的重要通道。

与此同时，现有研究追求一种模式化的契约治理与关系治理的替代或互补性研究，并希望以此构建完整的网络治理框架。而悖论性的研究结果显示：一方面，部分学者强调契约与关系都是治理机制，它们之间能够相互补充，进而可以提高总的影响效力[147]；另一方面，有学者认为这两种治理机制的功能重叠甚至彼此相斥，因此会破坏整体效果[148]。但抛开哲学观点对替代关系的辩证，即任何一种体系或机制的存在，并不能或简单地被另一种体系或机制所替代。当然，对二者互补关系的探究成为部分学者引领学术的法柄，但不同治理机制作用研究的断档与空泛，都使这种机制替代或是互补的观点变得“想当然”。因此，为了构建完整、有效的治理模式而对不同治理机制关系的分析应建立在不同治理机制作用先验性研究的基础上，才具有更为合理的逻辑支持。因此，不同孵化网络治理机制对网络目标导向下网络绩效复杂影响的研究，成为以上研究范式的重要实证性支撑。

为此，经济学视角下的交易成本理论和社会学视角下的社会资本理论为网络治理机制二元维度体系架构提供了重要的理论基础，而网络绩效则最终成为不同网络治理机制效力研究的重要范畴和落脚点。

2.4 网络绩效相关理论与文献综述

☞ 2.4.1 绩效与网络绩效

2.4.1.1 绩效的内涵

学术界对绩效概念的界定并未形成统一的范式，究其原因在于研究对象本体属性的不同以及研究视角的差异，呈现出争论多、涉及学科多和标准多的研究现状。现有研究对绩效内涵的分析依据研究目的、研究对象与研究方法不同而结论有所差异，并形成结果绩效、行为绩效及结果与行为绩效等主流学派。

首先，结果绩效理论主要强调从结果和产出来评价组织运营与行动而备受学者，特别是管理者青睐。作为一种典型的目标导向性评价，在理论层面的研究最早始于 Hatry 对公共管理绩效内涵与评价的研究。Bemardin 延续了结果导向的思想，并将其界定为在一定决算周期内组织运营所创造的价值产出或行动结果。在此基础上，部分学者延续了"结果即绩效"的理念，将绩效评价和测度作为理论延续展开深入研究。一方面，以数量、质量为主要维度的实物性测度指标对于生产型企业而言是一种简洁有效的绩效测度指标；另一方面，对于服务型和综合型企业或非经济组织而言，单一实物性指标则难以综合评价组织绩效。因此，以 Flynn、Hatry 为代表的学者进一步完善了结果绩效的外延，主张从节约（Economy）、效率（Efficiency）、效果（Effectiveness）和公平（Equlty）四个维度解构组织绩效，并得到学术界的广泛认可。客观性、时效性与便捷性成为结果导向用于组织绩效实践的最大优势，但"以成败论英雄"的价值观引起众多其他学科的挑战和质疑，认为结果绩效理论过分倚重结果导向往往会忽略组织运营与行动过程，进而造成组织绩效与外生影响因素间的研究脱节。随着市场环境与组织交易模式的愈发复杂，结果绩效理论的弊端不断凸显。而相关实证研究也主要集中在企业属性与禀赋的前置因素研究层面，企业动态性以及与环境的交互作用并未体现，进而造成理论研究的滞后和缺乏指导性。

其次，对结果绩效的质疑引起部分学者开始从过程视角下寻求组织绩效研究的突破口。以 Murphy 等为代表的行为绩效研究学者强调绩效的逻辑起点在于组织目标，而行为则是与组织目标规划相关联的外显性活动和评判依据。为了进一步强调组织绩效行为过程的重要性，Borman 等学者将组织绩效类分为任务绩效与关联绩效两个维度，其中任务绩效是目标导向下对组织运营过程效率与效果的评价，而关联绩效则更加关注和突出组织行为过程中构建的关系和使用非生产性技能效果的评价，是一种对目标结果以及过程中协作行为效果的综合衡量。这一绩效维度划分的范式，为后续复杂组织，特别是网络、集群、种群和供应链组织绩效的研究提供了有效的理论支持，即对组织绩效的研究首先需要明确组织目标，进而从组织运营与活动过程这一多主体参与的复杂过程入手综合考量组织运行效率与效果。因此，环境特征、组织战略导向、组织文化、组织结构与协同性等都成了这一研究流派中用于实证研究组织绩效的重要变量。随着更多反映组织践行情境要素纳入研究框架，研究范式与研究方法也在不断创新，原有结果绩效研究领域中的简单前置因素的实证研究范式也拓展纳入调节效应、中介效应等研究模式，进一步提升了理论研究的实践价值。

最后，随着上述结果绩效与行为绩效不同理论的深入研究，二者观点的对立反而为部分学者综合其各自理论优势创造了契机。顺承二者研究的核心思想，“行为—结果”绩效这一概念的提出不仅在同一理论框架内融合了行为过程和结果两种视角，而且，新的研究范式更加系统和全面。正如 Brumbrach、Mohrman 以及我国学者杨杰、方俐洛和凌文铨等都在理论层面对这一概念加以界定，强调目标、时间、方式、行为和结果是“行为—结果”绩效内涵的关键要素，在一定时间内以何种目标为导向、采用何种方式的行为、取得怎样的结果是评价组织绩效的重要内容。

组织绩效理论研究伴随着组织结构复杂性与运营模式多样化的提升而不断丰富，无论是静态化标准还是动态化标准，每一种绩效理论都有自身在实践层面的优势。对网络组织而言，组织绩效需要体现目标明确且过程复杂多变与多主体参与的过程特性。因此，对网络组织目标的明确以及组织运营过程内部互动行为效果的探究是解释网络组织绩效的关键问题。而这也是 Hatry“目标—结果”绩效和 Borman“过程—行为”绩效理论在实践过程得以融合的最佳契机。

2.4.1.2 网络绩效的内涵与层次

随着绩效内涵研究的不断深入与网络组织的兴起，网络绩效成为学术界与管理者关注的焦点。最初，对微观组织公司绩效的“成本—收益”分析范式被延续到网络绩效的研究范畴，对其层次的划分仅是对收益增加和成本减少的理论性解释，缺乏实证性的量化分析。更为关键的是，这一分析范式并未在中观层体现网络组织特征[149]。随着研究的不断深入，不同于学者对绩效内涵的解释呈现多样化，对网络绩效内涵的研究则较为统一和明确。虽然对网络绩效描述和表征不同学者的侧重点不同，如李维安[11]提出的网络运作绩效以及孙国强[94]所界定的网络治理绩效，但这种对网络绩效内涵界定的殊途同归，体现了不同学者对网络绩效的理解，都是对网络效力与效率的综合评价，即网络组织成员共同遵守约定和协议，并在此基础上进行的网络组织运作，为了实现共生互助、资源共享、通过协同互动降低风险的同时，多主体在网络化协作框架内实现联合价值创造的效果，有学者直接将网络组织所创造的价值综合界定为网络（组织）协同绩效。因此，本研究中并不对网络绩效、网络运作绩效以及网络治理绩效等概念做进一步区分。

以上一般化的网络治理或运作绩效概念的表述，强调网络成员遵守约定或协议是行为与关系的基础，而对绩效的解读则是基于网络组织运营效率与价值增值的判断。但这一结论缺乏对网络治理体系中目标导向的诠释，原因可能在于一般网络目标都可以用协同效应或价值增值来解释，而孵化网络的目标更加细化和明确，不仅需要通过网络增值对网络运作结果和过程加以诠释和评价，还需要从微观层面对在孵企业的孵育效果以及从网络主体孵育能力提升的角度全面分析孵化网络绩效，从而才能体现目标导向下，通过治理机制作用而创造的孵化网络绩效。

而且，李维安与孙国强对治理绩效或运作绩效的趋同化解释，虽然将治理与运作概念在网络层面不做严格区分，但仍可能因此产生对网络绩效概念表述的干扰。然而，两位学者在网络绩效实现要素与基础层面达成了共识，即网络组织成员需要共同遵守约定或协议，说明正式的契约或协议与非正式的约定是网络运作过程中重要的治理基础。

综观现有研究，网络绩效层次划分延续了“宏观—中观—微观”的逻辑路径，将网络绩效划分为网络节点创新能力、互动范围和程度以及产业基础影响效果三个层次 [150]，强调网络绩效并不是简单网络主体微观绩效的线性组合。值得注意的是，对网络绩效纵向的层次划分能够充分适配和展现网络治理对象层次划分的范式，从而实现基于组织目标导向下的绩效与治理对象系统性跨层次融合。除此之外，基于后效评价视角对网络绩效的研究则更加明确，指标化的研究结论为网络绩效定量研究提供了重要的理论基础和实践依据。在这些研究当中，众多学者都提出自己的观点，如战略联盟过程满意度 [151]，三层网络联盟绩效评价指标 [152]，动态虚拟网络组织绩效考核——协同模糊监控系统 [74]，虚拟网络组织绩效主观与客观综合评价 [153]，网络能力评价指标 [154]，集团网络治理评价指标体系 [155]，目标、结构、机制、环境的前置影响 [156]，创新任务绩效与学习成长绩效 [157]，创新合作绩效 [158] 等，还有部分学者指出财务、运营和效率是联盟网络绩效的关键指标 [159]。

然而，现有网络绩效研究过程中并未就李维安、林润辉和孙国强提出的治理绩效和运作绩效加以辨析和重新归纳，而是将网络模式作为一种外生变量，对网络绩效进行分析。研究主要集中在网络组织绩效评价指标体系的构建和前置因素分析两个方面。虽然实证研究能够保证指标体系的理论性与外部效度，但研究对象的离散，以及缺乏从网络整体视角出发进行研究，使得网络绩效研究成果缺乏系统性和指标建立的规则范式。造成这一研究瓶颈的原因可以解释为网络系统本身就存在一定的差异性，而刻意回避这种差异，反而会造成研究情境与研究对象之间逻辑关系的模糊断档。因此，对孵化网络绩效的研究必须建立在孵化网络特征的基础上，从不同层次加以综合性、系统性的评价。

☞ 2.4.2 网络治理对网络绩效影响研究综述

网络组织复杂性的不断凸显，要求网络绩效的提升需要建立在合理的结构安排，特别是有效的治理体系设计基础上 [160]，这一结论进一步明确了网络治理对网络组织绩效的重要影响。在围绕网络治理的研究中，对网络治理机制的研究文献很多，但以治理机制对网络绩效影响为题的研究很少，实证研究更是鲜有。更为关键的是，在众多学者纷纷强调网络治理在网络稳定高效运行和网络功能方面重要性的同时，对其构成及其影响路径方面的研究相对缺乏，并且未能对“在何种情境下选择适宜的治理机制”做出解释[161]。而上述问题归根结底是网络治理机制适配性问题。回答这一问题，需要在对情境要素进行分析甚至是假设性研究的基础上，进一步揭示治理机制的适配性机理。在这其中，不同治理机制的作用机理分析在这一问题研究框架中的先在意义与指导价值就变得更为凸显。

虽然，部分学者并未直接将网络绩效作为因变量展开研究，但仍是对“目标—结果”研究范式的延续，往往采用网络成功、网络运行效果、网络稳定性等作为网络治理效果和绩效的一个侧面研究网络治理机制的影响。其中，Hakansson 和 Sharma[162] 在对战略联盟网络的实证研究中发现信任关系是影响网络成功的重要前置因素。芮鸿程[163] 在研究联盟网络时得到了同样的结论，指出信任和声誉是一种有别于正式契约治理机制，但同样能够显著优化网络组织连接与运营，进而影响网络整体效率的重要治理机制。彭正银[164] 则将研究聚焦于过程绩效视角，指出网络互动与整合机制及其共同作用是提升网络互动效果的重要治理机制。孙国强[165] 是为数不多的就网络治理机制对绩效影响展开系统深入研究的学者之一，他用典型相关分析的实证方法对影响网络组织绩效的 8 个机制进行了研究，认为治理机制对网络绩效具有较强的解释力，二者之间存在密切的相关关系。

网络治理机制对组织绩效影响的研究，同样延续了契约治理机制与关系治理机制维度划分的研究结论，并且围绕这两种机制对绩效的影响开展了进一步研究。契约治理机制能够依据正式契约协议规制和引导网络运作，进而影响网络组织运行效率与影响效力。契约治理机制对网络组织的影响不仅得到学术界的支持，众多网络组织践行成功案例中同样能够发现契约治理机制的积极效力。与此同时，网络治理中关系治理机制的建立和完善能够影响网络中各节点企业间的关系资本，进而通过社会资本的强弱对网络绩效产生影响。一般而言，各节点企业的合作时间越长，关系质量越高，社会资本就越容易建立，随之网络绩效就越容易获得和提高。在实证研究方面，以 Mesquita、Dyer 和我国学者徐和平为代表的中外学者，对关系治理机制做了向下延伸，从信任、承诺和互惠等不同维度探究关系治理机制对供应链网络以及创新网络的积极影响[166][167]，同时强调关系治理机制的优势来源于自我实施的约束效力，其具有明显的成本优势，特别是对于创新网络而言能够将有限的资源用于创新合作，进而提升网络整体绩效。

对网络组织绩效影响机理的不同，再一次说明契约治理机制与关系治理机制的差异，前者强调通过正式契约协议来约束网络组织行为，是一种权责义务明确相互配合的过程；关系治理机制则旨在通过充分的交流互动，建立长期的共生互惠关系进而实现网络组织协同的运行状态。随着网络治理机制研究的不断深入，新的机制不断融入。其中，声誉机制随着信息技术的发展被学者普遍认为是具有重要影响力的网络关系治理机制的组成内容，正如 Gotsi 和 Wilson[168] 所强调，声誉作为一种通过积累而获得的身份标签，有利于企业社会关系的识别和建立。由于网络组织中信息传递比独立企业之间的信息传递更为透明和顺畅，因此合作节点都清楚地知道自己的投机行为会很快被网络组织内部其他企业所知晓，这有利于网络组织内部成员企业间关系资本的建立，进而提高交易双方的交易所得。而且，其作为网络组织内部各节点企业可以共享的重要无形资产，能够提升网络组织及其内部企业的竞争优势。

综观现有研究，包括契约和关系治理机制在内，针对不同网络治理机制在网络绩效前置性的实证研究与理论分析中所表现出的积极作用，已经得到众多学者的认可。尽管如此，现有相关研究结论仍存在以下两方面的不足：一方面，单要素（单一治理机制）与网络绩效的二元关系研究范式，并不能反映多种治理机制共存的治理框架与现实本质；另一方面，积极线性关系的研究结论，并不能深入揭示网络治理机制的影响机理，要素关系“黑箱”并未打开，尽管邓渝和邵云飞[169]试图通过知识创造和价值化收益解释网络治理机制对网络绩效影响的传导机理。因此，将不同网络治理机制纳入同一研究框架探究其对网络绩效的影响机理，既有研究必要又是自然逻辑的延伸。

2.5 网络负效应相关理论与文献综述

辩证唯物主义哲学观对事物“两面性”的笃定，成为学术界探究新实物、新现象以及揭示新问题的双元路径。虽然，众多学者并未将“正面”与“反面”的辩证作为研究主题同时纳入并构建研究框架，但随着对正效应积极作用挖掘的不断深入，负效应成为完善研究体系、还原践行情境新的突破口。

学术界对负效应的解释并未形成系统范式，但对其内涵的揭示并未超出一般人对其理解的范畴，如营销学中的“恶意行为”、产业经济学中的“连锁反应”、组织行为学中的“惰性与乏力”，以及管理者口中的“漏洞”等。不仅如此，全球范围内不同层面创业创新实践过程都存在上述不可回避的问题。具体而言，美国 128 公路以及波士顿微电子集群的衰落都一定程度上说明和证实了负效应的普适性与破坏性。因此，为了避免上述问题的重蹈覆辙，提升组织效力与效率，负效应等相关研究亟待完善和深入，特别是对孵化网络等新兴组织而言更是迫切。

尽管名词不同，学术界对负效应的界定也同样体现出一种殊途同归的研究结果，如消极效应（能够产生一系列消极后果的因素与现状）、负面影响（由于某种因素而对组织产生的不利影响）等都是对消极作用的强调。鉴于本研究前文已经对研究范畴中的负效应加以说明，在此基础上，借鉴现有学术界对负效应内涵的解释，将其界定为由于良性协调关系的破裂而导致运行机制效力的内生性弱化，是一种有别于正效应（积极作用）的消极影响。

随着对负效应概念理解的深入，不同组织层面对负效应形成机理与作用机理的纵深研究为进一步构建基于负效应的靶向治理框架奠定了重要的理论支撑。特别是对孵化网络这样的新兴组织负效应的研究，更需要从解构的视角进一步分析和解释负效应的外延。而这，同样需要从不同视角下梳理负效应的内涵与外延。

☞ 2.5.1 负效应理论基础——基于不同视角下的理解

2.5.1.1 和谐理论视角下的系统负效应

我们相信“天人合一”是一种追求万物和谐的古老思想，但真正将这一思想凝练成系统性的理论并践行于实践管理活动之中的学科却是现代经济学。特别是对人与人互动和谐关系的探索，在 Smith 所著《国富论》中对所有经济现象与经济活动都源自主体利益追求这一观点的解释中不难发现，个体在追求利益回报的过程中，都会受到外界环境以及其他主体的影响甚至是制约。因此，随着对合作重要性理解的不断深入，主体间基于相互制约的互动合作成为确保各自利益的重要手段，进而在现代经济行为过程中孕育并催生了追求和谐的管理思想。

在相关理论研究领域，众多学者对和谐思想从不同视角下展开研究。Bastiat 从社会经济稳定视角的研究指出，和谐协调不仅是社会经济所表现出的一种稳定高效的态势，更是经济与社会运行的重要机制，同样是一种追求不断改善和越来越好的自组织与他组织交互过程。上述学者从宏观视角系统归纳了经济社会系统的和谐机制及其重要性，并为后续学者从中观及微观层面探究组织和谐机制奠定了重要的理论基础和研究范式。以 Quinn、Hart、Banbury、Teece、Fiegenbaum、Atamisqui 等为代表的国外学者分别聚焦于组织稳定性与柔性 [170]、动态能力与组织目标平衡 [171]、组织“和谐图谱”与和谐作业等 [172] 领域展开理论分析与定量研究，尽管不同学者研究方向比较零散，并未形成系统的理论框架，但不同视角的研究结论同样指出和谐是组织系统的重要保障和动力机制。

相较国外学者研究的多元化，和谐思想对中国人的影响早已根深蒂固，和谐、协调等管理理念已成为我国企业管理乃至社会经济系统运行的重要法则。为此，学术界将这一思想和法则与现有管理学理论相融合，逐渐形成较为完整和系统的和谐管理理论体系。在这其中，以席酉民为代表的学者，为这一理论体系的构建做出了重要的理论贡献。作为我国最早提出和谐管理理论并应用于经济管理和组织运营过程的学者，在系统性提出和谐理论的基础上进一步分析了这一理论对组织结构、运行机制和绩效的影响，而这也成为该理论在实践层面的最佳解释。问题导向为和谐理论注入了更多实践精神，并且强调对组织绩效的追求需要从组织优化和主体能动性两个维度同时切入。席酉民 [173] 对和谐理论的诠释最终落脚于“问题”“结构优化”和“主体能动”三个方面，其中问题是思考和解决问题以及“结构优化”和“主体能动”的基础，强调以问题、不足和瓶颈等不利因素或负面影响为研究出发点的重要性，这既是组织不可回避的现状和特性，又是组织优化和主体能动性的突破口，因此需要在判断内外部环境的约束下，明确组织目标与行动规划中需要完成的任务和解决的问题。然而，组织运作是一个动态发展的过程，而问题导向下的组织目标和任务需要进一步掌握组织与事物演化规律，这需要在顺承这些规律的同时对复杂组织活动加以治理，因此治理机制的设计是对组织结构与行动所进行的优化。而主体的能动性并非与生俱来和顺理成章，组织目标的实现与行动的规划必须由具体的主体完成，因此需要在制度、结构和行为等不同方面进行规范、引导和制约，进而通过确保和提升组织能动性得以实现组织目标、提升行动效率和实现“优化”。随着和谐理论研究的不断深入，其在管理实践中的应用也逐渐形成以“谐则”与“和则”为指导思想的管理办法，前者代表了一种对组织结构与运营机制的优化设计，而后者是对主体行为的影响，这两方面既相互独立又存在一定的内在联系以确保组织稳定与运行效果，旨在通过优化设计与外部引导和规范实现组织发展的治理过程。

我国学者除席酉民外，还有汪应洛、李垣、刘益、乌杰、海峰、李必强、向佐春等在延续国外学者研究结论和顺承“谐则”与“和则”思想的基础上，提出组织柔性管理、整体管理、复杂系统治理等理论，这些研究结论之间具有较为紧密的延续性，从组织运营和治理与环境匹配性研究开始，进一步探究了整体管理思想下的组织决策与控制，最后复杂组织系统的治理成为部分学者和谐管理理论研究的落脚点，旨在通过和谐管理思想的引导，以及系统观和知识资源观理论的融入，构建复杂组织系统治理的综合体系。

不同学者研究结论的殊途同归表明，和谐理论融合了系统理论与系统分析的思想，其理论核心落脚于系统内部以及系统间要素的相关性，并且通过和谐机制得以维持。因此，效率和绩效往往成为学者衡量和谐程度的重要维度。需要强调的是，和谐理论对组织理论研究的贡献并不仅限于研究思想以及“和则”“谐则”研究范式的提出，更重要的是，和谐理论是对社会、经济和组织现实活动的全面考虑，强调不和谐态势是绝对的，而和谐是相对的[174]，和谐机制是引导、控制和规制组织由不和谐向和谐趋近的动力机制。

在此基础上，以席酉民[175]和刘鹏[176]为代表的我国学者，选择从系统负效应视角诠释和谐理论的必要性和落脚点，并将组织负效应类分为要素性、组织性、机构性、精神性、内外失调性以及总体性六个维度。基于和谐理论所提出的系统负效应将组织视作一个有机系统，并且在要素、结构、组织、精神、内外协调和总体结构等方面存在和谐问题，为了达到和谐目的，必须有效解决各子系统内部及其之间所存在的上述各方面系统负效应问题，进而形成了包括测度、优化程序和预警系统等一系列方法在内的完整体系。而负效应理论也随着和谐理论的发展逐渐引起学者的关注，问题导向成为提升理论实践价值的重要法柄。

2.5.1.2 协同理论视角下的组织负效应

协同理论最早始于物理学中对系统结构演化的研究，即通过对诸多子系统及其交互作用影响整个系统，稳定、有序的变化趋势成为解释自组织理论的关键特性。在管理学领域中，Ansoff最先提出协同概念[177]，指出协同是两个组织（企业）通过资源共享实现共生互长，强调共同价值创造是组织（企业）间协同的根本动机，跨组织边界的资源互补成为实现协同的关键机制。随着企业创新模式与竞争环境的变化，网络组织的出现为协同理论的应用创造了更大契机。在网络环境下，具有显著系统性的复杂组织，根据对自组织现象和规律中非线性开放组织控制变量的研究和探讨说明，当这些因素的影响达到一定限定条件就会触发阈值，而进化过程中的突变便正是达到阈值后在随机波动影响下所产生的有助于组织有序性优化的自组织行为[178]。基于上述演化机理，协同理论被应用到包括经济管理在内的众多学科领域中，用以研究系统的协同效应。

因此，协同理论对开放系统的聚焦关键在于探究组织从无序到有序、从一种有序到另一种有序的循环演进过程。哈肯[179]指出子系统的连接关系与互动机制的混乱是造成组织混乱和无序的关键因素，无论此时系统相变是否属于平衡相变，系统整体性都存在严重缺失。但是随着相变的持续和深入，特别是在组织与外界影响因素共同作用下，子系统会朝着一种有序的态势优化连接和互动机制，最终形成一种协同状态并在组织整体层面实现协同效应。需要强调的是，组织协同效应的实现并不是一种组织结构优化后的静态结果，而是需要通过子系统间的协同分工与合作，即协作得以实现。在此基础上，哈肯[179]进一步将不稳定原理作为解释协同相变的动力机制，强调随机因素在系统演化过程中的重要性来源于其能够作为组织识别和判断有序状态，没有这些不稳定因素，就不会诱发子系统打破原有系统惯性并实现非线性交互作用，进而制约组织的演化。需要说明的是，在组织演化过程中不可能同时表现出两种或是多种组织模式，演化本身就是组织选择最优模式的过程，这一过程中被反复强调的随机因素或不稳定因素既可以是一种内生因素，也可以是一种外生因素。然而，其所发挥出的催化剂作用充当了一种有利于演化的动力要素。

不可否认的是，在创新网络组织中创新的不确定性使得这些不稳定因素变得更加活跃，如内生性结构、网络成员间互动以及外生性环境因素的变化，都会导致组织形成新的能够适应环境变化的创新体系。因此，对这些不稳定因素的关注将有助于创新网络稳定性与效率的研究。而且，协同理论的实践价值随着创新与创新网络组织研究的兴起被再次提升，作为协同理论应用研究最广泛的领域，协同性常被用以解释开放式创新和网络创新的演化逻辑，强调创新的复杂性和融合性，指出资源整合程度以及主体间关系是组织协同效应的动力机制[180]。因此，协同效应成为影响微观企业甚至网络组织绩效的重要前置因素。而如何提升网络组织协同效应成为众多学者的研究焦点。资源基础观、交易成本、系统论和知识基础观都成为学者解释协同效应对绩效影响的理论工具，而合作模式、网络关系结构、微观主体行为，以及治理等前置因素的实证研究更加关注外生要素的作用机理，其中协作关系成为众多学者评价协同绩效的重要维度[181]。

与此同时，在协同不稳定性和竞争性视角下的分析都说明，要素的整合、关系的协调、协作行为的规制都需要外部影响，因为从非协同向协同演化是一个复杂过程，而要实现协同效应也并非一蹴而就。因此，协同治理研究成为协同理论研究的重要逻辑延续，其研究目的仍是对协同效应和组织绩效的提升。从公共事业到公司再到网络组织，协同治理的概念被译汇为“合作治理”[182]“协作治理”等[183]，甚至有学者将其直译为“网络治理”[184]。法学、公共学以及政治学等领域的交叉融合，为后续网络治理研究提供了重要的理论支持，同时丰富了协同效应和组织绩效追求等治理目标的解释。在这些研究中，对“为什么要进行协同治理”的探讨值得关注，特别是对消极因素的聚焦成为部分学者协同治理研究的初衷，如裙带、冲突以及风险等要素[185]。综上所述，协同理论在组织层面的研究从二元互动关系扩展到了多元协作过程。在此过程中，能够诱发消极因素并抑制协同效应的研究成为协同理论研究新的领域，逐渐被学者关注。

随着研究的不断深入和辩证思想的融合，负协同效应的提出很好地诠释了上述消极因素的作用机理。对非协同要素治理的研究同时强调，组织不仅能够产生协同效应，同时也会带来负协同效应，即组织负效应。这一概念的提出很好地解释了组织，特别是网络型组织存在禀赋优势无法发挥的现实困境。孙国强和石海瑞[186]最先提出网络组织负效应，强调协同效应普遍存在但“1+1 ＜ 2”的系统产出会抵消协同效应的优势，指出组织负效应是整体效益小于部分之和的结果，对网络组织而言则指网络节点之间功能耦合所形成的网络整体效力弱于各节点功能的简单线性组合。在此基础上，宋泾溧[187]则将研究聚焦于网络负效应的作用机理层面，指出网络成员互动合作过程中由于过度依赖和信任或关系松散、文化冲突、信任缺失、认知不足以及所处经济与政治环境的影响，造成组织边际效益递减和竞争力下降，以致出现市场行为混乱等现象。然而，在内涵研究不断深入的同时，对组织负效应影响机理的实证研究仍停留在微观企业绩效层面，而对复杂网络组织影响的实证分析并未就此展开。

2.5.1.3 经济学视角下的机会主义行为

众多学者常在同一研究框架中讨论博弈论和信息经济学方面的问题。这种俱骈见之的研究范式，一方面源于二者研究内容的相通性，另一方面则是由于信息作为一种重要的经济社会资源，本身就是博弈论分析的重要内容，而且博弈论作为一种常用于分析动态关系的理论工具，对分析基于信息的互动过程具有显著的优势。二者的区别仅仅可以从导向加以区分，前者来自方法，是对限定性信息结构的一种均衡效果的研究；而后者始于问题，是对限定性信息结构的一种最优契约安排的设计。

无论是合作博弈还是非合作博弈，都是一种行动者之间基于限定性信息结构和交易环境下的交互决策。两种博弈的区别在于参与博弈的行动者的价值取向，合作博弈是行动者为了达到整体效率和公平所展开的一种集体理性决策，而非合作博弈则是基于个人理性为了追求自身利益最大化并且可能产生无效结果的决策行为。需要说明的是，在现实环境中单一主体行动决策的理性是基于组织整体还是自身难以严格区分，随着组织结构与行为复杂化的日益显著，这种夹杂着合作与非合作的博弈行为更为普遍。因此，出于行动者主体利益的考虑就会出现非合作博弈所衍生出的无效行为，甚至是损害组织整体利益的行为。这一现象引起Kreps、Wilson、Roberts在内诸多学者的关注，分别从声誉在非合作博弈过程的作用、信息不完全性等视角探究复杂组织合作过程中出现的“问题”和“无效行为”，虽然切入视角不同，但利己主义和机会主义等无效行为成为众多研究的落脚点，指出这些行为的存在不可避免，其对组织整体的影响再一次强调了对这些行为规制和引导的必要性。

信息不对称条件下博弈论成为信息经济学理论价值的重要支撑。当出现信息落差或不平衡的情况时，交易过程就可能滋生利己主义与机会主义倾向。更为关键的是，这种情况及其衍生出的倾向和行为很难被察觉和跟踪，即使可以，往往需要行动者付出巨大的成本，而这却是一种具有很大风险和无效率的投资行为。随着信息不对称理论研究的不断深入，其所诱发的机会主义行为被进一步从时间维度下划分为基于事前信息不对称的逆向选择与道德风险，而且这都会成为诱发组织间合作行为的“阴暗面”，为了追求个体利益的最大化而牺牲集体利益会成为某种情况下网络成员的短期行为。

新制度经济学下博弈论与信息经济学对现实的最佳解释被用于分析组织机会主义行为。Williamson指出，机会主义是通过披露错误或缺失信息，以达到对其他行动者和利益相关者行为和获取信息的误导、歪曲、掩盖、搅乱或混淆的损人利己行为。而这一理论的提出，则是建立在理性经济人存在机会主义倾向的假设基础上，机会主义增加了交易的复杂性，影响了交易的效率。因为，信息的不对称会造成合作者间行动决策的偏差和信息成本溢出，使得获利方的隐性机会主义行为不易被察觉，进而催生机会主义倾向在合作成员间蔓延。博弈模型作为定量分析合作企业间机会主义行为决策的研究工具，通过设计不同背景（单一博弈或重复博弈）以及附加参数设定来模拟不同合作情景，用以判断机会主义行为收益。杨得前等[188]将研究聚焦于产学研网络中的机会主义行为，强调创新网络中机会主义的普遍性以及治理的必要性。徐二明和徐凯[189]同样强调联盟网络中的竞争关系会催生机会主义倾向，并且影响联盟整体绩效。随着机会主义行为消极影响被不断挖掘，机会主义治理成为顺承实践诉求的理论热点。现有机会主义治理研究呈现出脉络清晰但结论存在相悖的态势。一类是，基于交易费用理论的正式的、线性的治理机制；另一类是基于社会交换理论的非正式的、隐性的治理机制，合同成为前者的代表，后者则以关系规范为代表。尽管不同治理机制作用效果的研究结论存在分歧[190]，但机会主义行为对企业或网络组织的破坏性影响却得到学术界的广泛认可。

综上分析，无论是博弈论在方法层面的支撑还是信息经济学在理论层面的解释，机会主义行为研究都成为组织研究，尤其是特征分析方面的重要维度。尽管学术界对机会主义的研究仍聚焦和停留在微观层面，但跨层次的分析范式将这一研究内容拓展到了更为复杂的研究主体范畴，并在网络化的研究情境中演化出更为丰富的“角色”。

☞ 2.5.2 网络治理对网络负效应影响研究综述

在自治制度理论备受质疑之际，对网络组织优势的聚焦以及以此作为研究假设的经验研究同样被批判为一种“糟糕的功能主义”[40]。因此，对“组织存在问题”的正视不仅是一种严谨的治学态度，更是一种构建规范研究范式和完整分析框架的重要理论基础。为此，国内外学者从不同视角对此展开了深入的研究，并积累了一定的研究成果。

和谐理论的演化，始于经济学视角下的社会理论，对社会和谐协调法则的推崇，强调和谐是人类社会不断进步的原动力[191]。随着浸透了东方文化元素的系统理论的融合，“和”“谐”成为审视组织效力新的透镜，强调系统内部结构匹配性、联通性以及内外部适应性对复杂组织绩效与发展的积极影响。组织和谐性正向传导机制的研究，为学术界构建了基于组织结构视角的“谐则”理论与基于内部主体间关系与行为视角下“和则”理论相结合的跨层次分析框架。同时，以连远强[192]、井然哲和覃正[193]为代表的少数学者则将研究聚焦于非和谐负反馈机制研究，认为“谐而不和”或“和而不谐”都无法充分发挥系统的和谐效用。然而，基于非和谐负反馈机制的研究并未得以深入，相关实证的缺乏进一步造成和谐理论对组织成长影响机理研究的创新乏力和缺乏系统实践的解释力。但是，对非“和谐”思想的洞见，逐渐引起学者对网络“缺陷”的关注。系统负效应作为和谐理论的出发点，同样成为和谐机制设计的落脚点。

而协同理论对组织系统性的诠释，同样强调了协同效应的优势。但网络组织中不协同或负协同现象的普遍性，需要学术界予以重视。孙国强[194]通过路径依赖观、嵌入理论观与生态系统观视角的分析将这一“缺陷”引致的组织负协同界定为网络负效应，并将锁定效应、多米诺效应与创新乏力归纳为网络负效应的表现。在此基础上，孙国强等[194]通过模拟网络风险传导路径发现，网络组织存在显著协同效应的同时也存在巨大的自身缺陷和问题，控制不当会给网络组织带来极大的负面影响，而且这种负面影响扩散和传导所造成的破坏更具威胁。较孙国强中观视角下的理论研究不同，孟庆红等[195]将研究下延聚焦于网络价值创造过程中的关系锁定，提出网络负面锁定效应概念，指出锁定效应是网络与竞争优势间关键的权变中介，同时强调关系治理机制不当是造成网络负面锁定效应和网络效率降低的直接原因。上述研究开启了网络负效应传导机制研究的先河，但其研究结论仍然停留在理论层面。与此同时，围绕网络负效应前置因素的实证研究指出，过度关系嵌入与网络结构特征能够诱发网络负效应，进而成为网络治理研究的标靶[196]。综观现有研究，学者更多关注网络组织伙伴选择、合作关系的管理、知识共享机制等问题，而对网络治理效率和效果的测度与评价，以及网络治理与网络负效应的研究相对匮乏。在这其中，网络负效应在丰富网络治理以及网络绩效理论研究体系的同时，更为理论研究提供了严谨的逻辑支撑和特有的实践研究工具，从而使网络治理机制研究不仅停留在简单正向传导的惯性思维，还要考虑网络运行过程中那些固有缺陷所造成的消极影响，以及网络治理靶向作用的体现，从而以辩证的理论内涵和更为充分的现实解释效果为孵化网络治理机制作用机理的揭示提供了更全面和新颖的研究视角。

博弈论和信息经济学对机会主义行为的分析，为实证研究机会主义行为决策和影响提供了重要的范式。更为重要的是，围绕机会主义治理机制的研究，同样为网络治理机制研究提供了重要的理论基础和维度划分依据。

统观上述研究，无论是和谐理论中的系统负效应还是协同理论中的组织负效应，抑或是组织活动中的机会主义行为，都是对多元合作过程中存在的某种经济现象的解释，视角的不同以及理论工具的差异并没有掩盖这些负效应的存在以及对其治理的必要性。

2.6 本章小结

本章在提出研究主体与要素范畴的基础上，梳理了研究所涉及的主要理论，以及目前学术界关于孵化网络的相关研究成果，并对孵化网络形成从理论与模型两个维度展开分析，在此基础上对本文关键研究要素网络治理机制、网络绩效以概念延伸的逻辑思路进行综述性分析，同时从不同理论视角对网络负效应概念进行理论梳理和归纳。最后，基于不同要素间关系的综述性分析对本研究展开进一步思考与可行性论证，目的在于基于现有理论分析，寻找出现有研究的不足，并提出解决这些不足的思路。

第 3 章

孵化网络特征研究与负效应分析

为了解释本研究核心问题，即孵化网络治理机制对网络绩效的复杂作用机理，在聚焦研究对象和明确研究要素的基础上，首先需要对孵化网络组织展开扎根研究，通过特征挖掘为本研究关键变量——孵化网络负效应奠定理论依据与模型支撑。

现有研究指出，网络作为一种开放式互动机制的载体，价值化的体现在于资源整合、共享、网络成员的互动协同以及网络组织增值目标的实现。但为了实现价值化的目标，适应快速变化的外部环境，网络组织模式可以通过不同连接方式和途径得以实现。现实中，通过对众多网络组织的界定和描绘，都可以判断出不同组织模式所表现和隐含的组织特征，如战略联盟网络、产学研网络、集群网络、产业联盟网络和集团网络等。而孵化网络作为一种新兴的创新网络同样具有显著的组织特征。

3.1 孵化网络结构特征与负效应

☞ 3.1.1 双层网络结构特征与负效应

基于中观层视角下的孵化网络研究中，部分学者开始关注孵化网络的特征研究，希望以此进一步扩展孵化网络内涵的研究层次。在这其中，Carayannis 等[197]、Hoang 和 Antoncic[198] 指出孵化网络作为异质性的创新网络表现出双层网络（Double-layer Network）的独特结构。这样的网络组织具有内外双层结构，内外层之间既相互独立又相互联系（见图 3-1）。其中，内层网络是由孵化器与在孵企业构成，外层网络是围绕孵化过程由提供创新支持的异质性多元外部创新主体构成，其中包括科研技术、金融、人力和营销服务等中介机构和政府部门。Elisa[31] 在双层结构理论的基础上着重研究了企业孵化网络内层网络成员间的交互模式，指出基于正式与非正式关系下的资源共享是内层孵化网络成员间跨组织协作的基础。Von Zedtwitz 和 Grimaldi [28] 利用 Burt 提出的“结构洞”理论揭示出外层孵化网络生成的演化机制，指出孵化器占据了孵化网络中最重要的结构洞，获得并进一步促建与外层网络组织主体的连接，进而打通外部创新资源引入孵化网络并用于孵化过程的资源流通道。Von Zedtwitz 的理论一方面验证了结构洞理论在孵化网络中的适用性，另一方面也解释了孵化器从原来单向支持向创新服务性质的中介功能转变。Soetanto [43] 以孵化器作为网络中心，将在孵企业界定为内层网络，外层网络并未延续前人的研究思路，而是将在孵企业与外部机构界定为外层网络。这一研究范式虽然同样将孵化网络结构描述为一种双层结构，但分层的依据并非是以往学者关注的网络微观节点的主体类型，而是聚焦于互动关系内容所进行的分层设计。在这方面，我国学者虽然选择以合作类型作为划分依据，但分层式网络结构的结论仍继承了国外学者的研究范式。其中，李振华和赵黎明 [52] 通过对异质性网络主体进行归类，将不同类型主体组合关系作为孵化网络结构分层的依据，即内层是孵化器与在孵企业以及在孵企业之间关系组成，中间层是孵化器与外部创新机构间的关系组成，外层是协会之间以及协会与政府之间的关系组成。

综上可见，尽管分层依据存在差异，但分层式的网络结构已经成为国内外学者所共识的孵化网络结构特征，并且这种类型的创新网络是由异质性的网络利益相关者构成的多重、多层次嵌套网络关系的聚合体，其特征是隐匿于网络组织中结构与行为的复杂性。

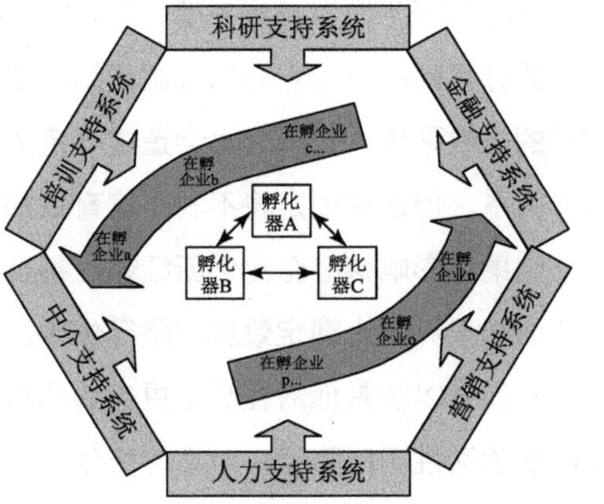

图 3-1　双层孵化网络结构图

双层网络结构的提出为学术界探究孵化网络内部运行机制，特别是微观节点间的互动机制奠定了重要的模型基础。然而，这种基于网络微观节点主体属性“二分法”下的网络特征并不是严格意义上的网络结构特征，而是一种网络聚类的层次化描述。但是，这种融合了集团网络结构分析逻辑的网络特征分析范式，仍然是对孵化网络特征研究的一种突破性尝试。因此，对于孵化网络双层结构特征的研究可以借鉴企业集团网络研究中结构特征的研究结论和分析范式。

孙国强和朱艳玲[199]最先将企业集团网络描绘成一种模块化的网络组织，指出这一组织结构由核心层与外层网络两部分组成。其中，核心层网络由核心企业及其紧密联系的模块企业组成；外层网络由与内层企业特别是与核心企业连接较为松散的模块企业组成，是一种外围支持网络组织。该组织结构强调核心层网络中的企业连接紧密，互动频繁，呈现出一种强关系连接模式；而外层网络中的模块企业则相互独立，互动并不频繁且连接松散，表现为一种镶嵌程度不高的弱连接模式。通过将集团网络与 Elisa[31] 所界定的孵化网络进行结构与联系的比较，不难发现二者具有相似的网络结构特征。

基于上述逻辑分析，孵化网络同样存在来自结构和关系两方面的负面影响。需要说明的是，由于本研究聚焦孵化网络组织运行过程中内源性的负面影响，因此来自市场风险和政治风险的外源性负面影响并不在本研究范畴内。

首先，依据孙国强和朱艳玲[199]以及蔡宁等[200]的研究结论推演得出，同样具有双层网络结构特征的孵化网络也会容易出现组织结构僵化的问题，这是双层网络结构下不同网络层的自我强化，但同时也会造成一定的负面结果。虽然锁定有助于一种稳定的合作关系，但这种锁定将不利于培育更加具有持续创新动力和竞争力的中小企业，其结果将影响核心企业创新绩效，甚至影响创新网络的整体发展。学术界将这一负面结果界定为锁定效应和路径依赖，这使得网络组织沿着一贯的路径发展演进，从而难以被其他潜在甚至更优的体系所取代，组织僵化，变得失去弹性，网络组织的活性因此降低，对环境变化的反应能力和执行应变的能力随之弱化，甚至最终导致孵化网络走向衰亡。

其次，来自网络成员行为方面的影响同样是孵化网络中重要的内源性负面影响。其存在于网络互动企业之间，主要来自合作成员潜在的机会主义行为以及知识共享方面的影响[201]。孵化网络具有明确的网络目标，但同时网络中的每一个节点企业都可能在追求自身主体利益最大化的过程中，产生违背网络整体目标和利益的可能性，进而导致网络成员间利益冲突的机会主义行为，这些都会对孵化网络运作效率产生不利影响。孵化网络如果不能有效平衡网络中的各方力量，还会导致网络节点成员间的不信任，在此情况下更多的网络成员会采取隐瞒真实情况或采取短视的机会主义行为，进而导致孵化网络整体利益受到损失。这一情况对于外层松散并对内层网络具有一定支持作用且具有双层结构的网络而言，机会主义风险及其负面影响更大。

作为一种集聚新创企业的创新网络，合作创新需要网络成员间分享资源，特别是隐性知识和信息，合作模式体现出一种背靠背的协作竞争关系，特别是在内层网络中尤为凸显。但资源的相对有限和长期不足的态势都会由于网络成员独占或是分享创新成果和资源引发潜在的利益冲突。为了获得组织发展的要素，网络成员需要通过多次复合博弈开展网络互动与合作，而这种基于博弈的互动机制会逐渐弱化成员间相互信任对互动与合作的影响，由此所诱发的消极情绪会抑制网络成员间的高技术创新合作，进而降低网络资源共享和资源流的价值化效率[202]，这一情况在积聚大量在孵企业的内层网络中更为显著。不仅如此，网络共享资源特别是技术和知识被视作维持网络组织存续和发展的重要网络资源，但共享知识的社会化公共属性，会出现任志安[203]所强调的“社会困境”。因为，对互动合作未来不确定性的担忧，使得网络成员更加注重自身知识和能力的保护，而不是通过活动交流所产生的知识和能力的增值。

综上分析，与集团网络组织所同属的双层网络结构特征，使得孵化网络同样无法逃脱网络诸多消极因素的负面影响，进而基于双层结构所衍生出的网络负效应表现为锁定效应、组织僵化以及内层竞争与外层松散性支持所诱发的机会主义行为等。

3.1.2 复杂网络特征与负效应

随着网络模式的兴起和研究方法的不断改进，在 20 世纪末到 21 世纪初，*Science*、*Nature* 及 *Physical* 将复杂网络研究成果视为新世纪初最重要的研究成果。在这些研究成果中，小世界网络模型与无标度网络模型备受关注。其中，小世界网络模型指出少量的随机捷径能够改变网络现有的拓扑结构，进而涌现出小世界网络特征[204]；无标度网络模型则进一步揭示出增长性和择优选择在复杂网络演化过程中的普遍性[205]。两种结论从静态与动态的角度分别研究了网络的静态特征与动态特征，为复杂网络研究体系的建立提供了重要的理论与模型基础[206]。因此，复杂网络始终是网络研究的热点领域。拓扑结构是网络拓扑性质的外显特质，学者们常常将拓扑性质解释为网络不需要从节点具体位置以及边的具体形态所描述出的网络特性[207]。复杂网络拓扑结构的不确定性是复杂网络研究的基本问题，现实中许多网络，如生物网络和流言传播网络等都是具有小世界特征的网络，而且同时表现出显著的节点关联性。在生物网络和生态网络以及生态种群的研究领域中，这些复杂的节点关联性常常被学者勾画为一种无标度的网络特征而加以诠释。流言传播网络也是一种同时兼具小世界和无标度特征的典型网络[208]。由此，兼具小世界和无标度特征的网络标识成为众多学者研究和描述某些社会网络和企业网络的重要组织特质。Gay 和 Dousset[209]最早将这一研究范式应用到社会科学研究领域中，通过对技术产业联盟网络进行拓扑结构和动态系统演化分析，发现网络成员为了构建网络核心竞争力和获得先动优势所展开的网络互动与合作过程中，网络拓扑结构在表现出显著无标度特征的同时还兼具小世界特征。朱海燕和韦忠善[210]通过对断边重连概率参数研究，构建出小世界与无标度网络的统一演化模型，即混合模型。这一模型的构建再一次将复杂网络小世界与无标度特征纳入同一网络主体范畴内，通过与单一小世界网络和无标度网络进行比较，强调混合模型是一种“适应型”和“调整型”复杂网络模型。这一观点同样受到杜海峰等[211]人的关注，强调现实社会中的网络组织可能同时兼具小世界与无标度特征，现有的网络拓扑结构模型还难以全面揭示所有的网络特征。因此，需要将研究对象进一步聚焦并且纳入新的研究视角重新解构和构建模型。值得注意的是，在构建新模型的过程中杜海峰等将“社区”（子网络）结构纳入研究范畴，再次强调 Guimerà 和 Amaral[212]提出的“在这种社区内节点联系密切而社区间节点联系并不密集的现象在社会网络中尤为凸显，而且社区的存在并不只是有益于网络的运行和发展”的研究结论。

发轫于创新网络和产学研网络的研究，为小世界网络与无标度网络纳入同一维度下展开网络特征研究提供了重要素材。我国学者冯锋等[213][214]最先从小世界与无标度网络视角对创新网络进行研究，并以此提出了网络优化机制理论。Amaral 等[215]甚至认为，无标度网络是小世界网络的一种，在一个复杂网络中小世界与无标度网络特征往往是并存的。因此，小世界与无标度网络特征成为学者分析网络的重要视角和研究工具。我国学者王国红等[216][217]最先将复杂理论用于孵化网络研究，利用网络工具和动态仿真的方法对孵化网络结构特征展开研究，发现孵化网络是一种兼具小世界与无标度特征的创新网络组织。因此，其网络运行更加复杂。

3.1.2.1 小世界网络特征与负效应

发轫于“小世界”的网络化研究范式，在解决信息传播、资源扩散以及网络结构特征方面的问题具有简洁而独特的视角优势。随着网络化拓扑结构研究的不断深入，随机性与连接模式成为学术界解释小世界网络特征内涵的重要维度，指出现实中的网络多表现出一种既不是完全随机又不是完全规则的非极端网络结构特征，是一种介于二者之间的组织形态。其不仅能够表现出规则网络所特有的较大的集聚系数，而且较小的平均路径长度也说明其具有随机网络的特征。Newman[218]的研究证实了具有上述复杂拓扑结构特征网络组织的存在，通过对科学技术联盟进行跟踪研究发现，技术创新网络具有显著的小世界特征。理论研究成果的不断积累提升了管理实践问题解决的效率，小世界理论逐渐成为互联网控制[219]、艾滋病传播预测[220]、生物网络动力学研究[221]以及企业创新和知识转移[222][223]等多个领域的重要理论支撑和实践指导依据，同时进一步在实践研究过程中刻画出规则网络向随机网络演化过程中清晰的小世界区域，最终形成了以W-S为代表的定量分析模型，并成为网络研究的重要工具。

复杂性理论强调，网络中一块重要的研究领域就是网络的小世界特征。依据复杂性理论，孵化网络结构在一定层面决定了网络功能与效力，进而影响孵化网络动力学行为的结果。W-S模型所具有较短平均路径长度和较高集聚系数的小世界网络结构特征，表现出网络中的节点一方面和自己周围的节点紧密联系，另一方面其达到网络中任何其他节点都只需要经过少数几个节点。换言之，节点聚簇程度较高，有利于彼此间紧密合作，较短的平均路径长度可以降低互动及远距离合作获取非冗余资源的成本。借鉴上述研究成果，吴文清等[224]通过动态仿真研究证实发现，孵化网络涌现出小世界特征的网络结构。类似的结论同样出现在王国红等[217]的研究中，指出孵化网络具有显著小世界特征，强调高聚簇性是孵化网络重要的小世界网络结构特征。

小世界模型同样为孵化网络结构特征分析提供了有效的研究范式与图示模板，并且能够有效地为孵化网络成员互动与合作提供分析视角。其中，“节点”是孵化器、在孵企业以及其他外部创新主体，“连接”是各节点之间的互动交流。因此，网络交流频率和集聚程度成为描绘孵化网络小世界结构特征的重要维度。

1. 孵化网络交流频率分析

将小世界网络连通图设定为G。依据小世界网络模型定义得出，网络连通图G的特征路径长度$L(G)$（各节点最短距离的平均数）与图中任意两节点i和j的最短路径长度d_{ij}关系可以用式（3-1）表示：

$$L(G)=\frac{1}{N(N-1)}\sum_{i\in G}d_{ij} \tag{3-1}$$

从以上公式分析得出，将 G 设定为孵化网络的连通图，N 为网络节点数（孵化网络成员数），d_{ij} 代表孵化网络模型中随机两个节点 i 和 j 的最短路径长度。需要强调的是，d_{ij} 并非只是孵化网络成员空间距离的量化数值，同时还表示网络成员间的社会关系距离。部分学者将这种关系距离解释为合作关系的紧密性或成员间的相似程度。

在不断完善对 d_{ij} 量化解释说明的过程中，众多学者选择用交流频率这一参数进行分析。在分析交流频率和网络路径长度时，邓丹等[225]对此做了针对性研究，网络节点间的最短距离与交流频率呈显著反比关系，即最短路径长度 d_{ij} 与交流频率 ε_{ij} 成反比，用式（3-2）表示：

$$\varepsilon_{ij}=\frac{k}{d_{ij}} \tag{3-2}$$

不仅如此，孵化网络成员间具有显著主体差异性，网络微观主体相似性所造成的实际交流状况差别较大，成员间交流的难易程度不同，因此连接边能够赋予不同的权重值，用式（3-3）表示：

$$L(G)=\frac{1}{N(N-1)}\sum_{i\neq j\in G}\frac{k}{\varepsilon_{ij}} \tag{3-3}$$

以上公式说明，k 值越大，孵化网络成员合作越容易；k 值越小，则说明成员间的交流互动越少；当该值为零，则代表网络不存在活性主体。总而言之，孵化网络成员间的合作与互动频率与网络特征路径长度成反比关系。

实践过程中，具有相同或类似主体属性的孵化网络成员间的交流互动也更加频繁和深入，如在孵企业之间、外部创新主体之间都会更加容易建立起趋于常态的交流互动关系，而不同类型主体之间的交流难度则会较大。因此，在小世界网络中节点间的最短路径长度自然会大于相似程度更高的网络成员间的节点距离。由此，具有相似性的孵化网络主体间交流频率越高，最短路径长度也就越小，从而呈现出一种短路径长度 d_{ij} 与交流频率 ε_{ij} 成反比关系。这一结论同样符合小世界网络模型的假设，即交流频率 ε_{ij} 与特征路径长度 $L(G)$ 之间存在同样的倒数关系。因此，可以证实主体异质性显著的孵化网络存在小世界网络特征。

2. 孵化网络集群程度分析

集聚性是一般创新网络的共性结构特征，是网络成员交流互动的结构性基础，表现出邻近节点间联系的紧密程度。孵化网络作为一种新兴的创新网络同样兼具以上结构特征。随着孵化网络规模的不断增大，网络稳定性相对提升，在一定层面有利于网络成员间交流互动以及创新成果的商业化。本研究将小世界网络模型中集聚系数设定为 G，用以表示孵化网络节点的平均集聚程度。同时，假设 G 的连接边数为 m，连接边数极值为 M，节点 i 的局部集聚系数为 $C(G_i)$ 用式（3-4）表示：

$$C(G_i)=\frac{m}{M}=\frac{m}{k_i(k_i-1)/2} \tag{3-4}$$

式中，G 表示孵化网络连通图，i 为网络中的随机节点，i 的连接边数为 m，而 G 的总连接数为 M。G_i 中最多有 $k_i(k_i-1)/2$ 条连接边，且 i 点的每一个相邻点均与 i 的另一个相邻点连接，k_i 表示节点 i 相邻节点的数目。因此，G_i 反映了节点 i 与相邻节点间的局部图谱。

由于 G_i 是网络实际存在边的数目与理论上允许存边数间的比值，集聚系数 $C(G_i)$ 则表示 G 中所有节点 i 的 G_i 值的平均数，N 为网络节点数，则用式（3-5）表示：

$$C(G)=\frac{1}{N}\sum_{i\in G}C(G_i) \tag{3-5}$$

由式（3-4）与式（3-5）推导得出式（3-6）：

$$C(G)=\frac{1}{N}\sum_{i\in G}\frac{m}{k_i(k_i-1)/2} \tag{3-6}$$

各节点相对位置所呈现出的网络节点间的集中趋势可以利用各节点的集聚程度来刻画，进而能够判断每一个节点在网络中连接程度的差异。一旦出现较大的差异，就会出现连接比率高的节点，而这些节点便会占据网络的中心位置。在孵化网络中，作为网络关键节点的孵化器，无疑具有较高的集聚系数，而区域中更具创新能力的科研机构以及更具实力的在孵企业同样能够占据网络中心性位置，从而被赋予更大的网络权利和行为优势。基于上述围绕孵化网络小世界特征的分析不难发现，孵化网络同样具有小世界网络所存在的合作收敛快和信息反应迅速的特性，并以一种长程与短程相结合的频繁而密切深入的互动方式来处理网络信息共享和问题探索等网络价值活动。

不可否认，小世界网络的上述优势成为众多学者解释其存在性和优势的重要支撑。但更为关键的是，小世界网络特征所衍生出的负面影响同样成为部分学者辩证审视小世界网络，全面深入探究小世界网络特征的重要视角。胡静和刘红丽在研究网络知识传播过程中发现，小世界网络存在并且会放大知识落差所造成的“一部分成员很快达到了较高的平均知识水平，而另一部分成员却被排除在外”的网络失衡。在此基础上，黄萍等[208]将网络成员间的关联强度通过边的赋值加以标度，通过模拟网络成员间的合作，实证发现小世界网络中普遍存在聚类和排他的特征行为，这种特征对于病毒网络而言具有重要的价值，但对于创新网络而言，却成为抑制网络创新资源均衡扩散以及外部资源渗透进入网络的结构性缺陷[226]。

综上所述，小世界网络特征优势明显，但高聚簇程度成为派系行为，局部不平衡等网络负效应的温床，主要表现为局部不平衡[227]、派系或小团体（扩散边界的存在）[228]、长程捷径派系与小团系衍生属性[229]、跨边界互动效率低下[230]、网络规模与资源配置效率存在区间效应[231]等能够影响孵化网络高效运行的不利因素。

3.1.2.2 无标度网络特征与负效应

Barabási 和 Albert 最先提出了复杂网络理论研究领域中重要的 BA 无标度网络模型，并将这一研究成果应用到人际关系网络和技术合作网络的研究领域中。不仅如此，网络拓扑、社区结构和社会关系都成为无标度网络所聚焦的研究领域[232]。其中，张瑜等[233]对无标度网络特征的描述聚焦于网络节点所拥有的边的数量，指出无标度网络节点所连接边的数量不尽相同，呈现出部分节点拥有较大数量的连接，而更多的节点则是一种活跃度相对较低，连接数量并不多的态势，而且网络节点同样呈现出一种幂率分布的网络特征。无标度网络的幂律性质意味着无标度网络具备这种“中心—边缘”网络结构。许多学者的理论或实证分析表明，无标度网络是分析经济现象的有效方法[234]。因此，无标度网络的拓扑结构较为适合创新网络研究。而增长性和择优性成为依据网络幂率分布进而判断网络无标度特征的重要依据[235]。其中，增长性指在有限的初始节点下，每经过一段时间系统会增加新的节点，在网络化的连接作用下与原有节点发生连接。增长性是网络规模不断扩大的重要机制，无论这种增长性来源于网络外生动力还是网络演化的内生结果，都说明网络边界不断拓展的网络系统具有无标度网络特征；而择优连接性指节点，特别是新增节点与被连接节点 i 的连接概率并不是随机行为的结果，这取决于节点 i 的度值 k^i，即 $\Pi(k_i)=k_i\Big/\sum_j k_i$，经过 t 时期后，网络节点数 $N=m_0+t$，边数增加为 m_t，而度分布概率为 $P(k):k^{-\gamma},\gamma=3$。

综上所述，无标度网络增长性和连接择优性特征在网络演化与运行过程中具有如下特点：首先，无标度网络遵循一种幂率分布形态，有别于简单随机网络的泊松分布和规则网络的钟形分布，节点连接具有显著的差异；其次，网络中的节点并不是不变的，网络边界随着网络规模的增大不断外扩，这也从一个侧面说明了网络发展的动力机制；最后，由于规模变化而新嵌入的节点会有意识地与某些原有网络节点发生联系，这种网络增长呈现出一种非随机性的连接，而能否发生连接则完全取决于原网络节点的度值。因为，原有网络节点的度值越大，其连接边数就越多，因而被新加入节点选择连接的概率也就越高。换言之，这种节点度值是网络节点一种外显的“磁力”或是“吸引力”。因此，这种更具吸引力的原网络节点自然会成为新加入节点的“优选对象”。

本文所研究的孵化网络是一种孵化器、在孵企业、高校、科研机构、中介机构以及政府部门之间异质性主体围绕创新孵化展开互动的系统。作为一种创新孵育机制的载体，全球范围内孵化网络发展都表现出一种显著增长性，不仅是在孵企业的不断加入，新的外部创新主体如科研机构、中介服务机构等为了寻求新的商机也在不断加入孵化网络，成为孵化网络的成员。这种显著增长性，在孵化网络生成机理研究过程中，众多学者已经从经济学视角（如范围经济、规模经济、极增长、网络租金）和生态学视角诠释了孵化网络快速发展的现象，相关理论已在本文第 2 章介绍。不仅是孵化网络，现有研究对于一般创新网络所表现出的增长性也已成为学术界的共识。所以，基于增长性来判断无标度网络特征的逻辑原则同样适用于孵化网络。另外，为了实现企业目标，识别并充分利用网络资源，孵化网络成员会在孵化器直接或间接帮助下，抑或是自己完成合作伙伴的搜寻，目的只为寻找更具实力的合作伙伴。与此同时，更具竞争优势的网络主体，能够通过孵化器直接或间接，抑或是自己通过网络渠道将企业资源和优势通过价值化工具，外显并扩散到网络环境中以求吸引更多的合作伙伴。随着网络资源不断整合与价值化的提升，新的节点不断增加，这种微观网络成员所表现出择优选择的合作战略将更加凸显。因此，孵化网络同样符合无标度网络特征中的第二种，择优选择性。不仅如此，张瑜等 [233] 从网络结构视角将无标度网络界定为网络中少数节点拥有大量的连接，而大部分节点的连接数量相对较少，强调无标度网络的幂律性质意味着无标度网络具备这种“中心—边缘”结构。而以孵化器为关键节点的孵化网络具有显著的“中心—边缘”结构。因此，孵化网络具有无标度网络特征。这一结论同样得到王国红等 [217] 学者的支持，基于复杂网络视角下对孵化网络演化过程的动态仿真研究证实孵化网络同样具有无标度特征。

需要强调的是，孵化网络形成与演化遵循无标度网络的基本特征。在这个网络系统中各成员节点间的相互作用以及系统与外部环境之间的交互，会在系统内部衍生出一定的组织行为，进而形成系统层次结构和功能结构，并由此推动系统向一定方向演化。这对于保持孵化网络无标度特征，防止系统向随机网络演化具有重要意义。不仅如此，Dorogovtsev[236] 以及我国学者贾秀丽等 [237] 在研究创新网络无标度特征的过程中发现，现有算法以及对网络演化的描述是基于理想化的假设前提，认为无标度网络的增长是一个连续性不间断的过程，并且新加入的节点始终嵌入在网络当中。但网络发展过程表现出一种非线性的增长模式，甚至会出现加速增长的高速发展期或是停滞的休眠期，至于新加入的节点出于自身网络能力以及网络整体新陈代谢的影响，退出网络也是一种常态。而这些现象对于孵化网络这样一个快速发展，以创新为网络价值化依据的网络组织而言，网络非线性的发展已经成为一种新常态，新节点的加入伴随着原有节点的删除或退出，原有节点之间择优再生连接以及反择优的产出连接成为孵化网络新陈代谢的重要表现。为此，几位学者对上述问题做了针对性研究，虽然最终的结论并未颠覆创新网络无标度特征的研究结论，但在研究情境中纳入了新的要素，提升了无标度网络研究对现实网络的解释力度，并最终将无标度特征作为创新网络的重要特征。

无标度网络在创新网络发展过程中所表现出的优势效应已经得到学术界认可，网络增长性带来的规模优势以及网络资源存量的提升能够有效降低网络交易成本，节点异质性能够促进网络资源流价值化的效率，并且无标度网络更具健壮性，度值较小的网络成员行为，特别是负面行为更具抗毁能力。尽管如此，无标度网络优势在不断加速孵化网络高效快速发展的同时，由此衍生出的网络负面影响仍是践行过程与学术界不可回避的现象。在这些现象中由于择优连接行为使得网络具有较高集聚性所衍生出的集散节点（Hub Node）使得网络脆性提高[238]。此外，孵化网络成员仍是基于自身利益需求展开合作，从长远来看异质性的无标度网络特征会放大利益机制现有的合作风险。为此，创新网络研究学者将无标度网络特征作为研究视角，发现具有无标度特征的创新网络存在一定的网络负面影响，并将其归纳为“规模—资源”矛盾、锁定、网络局部性以及结构脆性[194][239][240]，具体如下。

首先，动态增长性在网络规模快速扩张以及网络创新能力增长所带来网络效力提升的同时，可能会加剧网络节点之间的竞争，有限的网络资源与创新网络资源需求间平衡被打破，反而会增加网络成本，甚至诱发网络恶性竞争；而无标度网络的另一特征——连接择优性，会造成网络互动关系分布不均，形成网络“局部团结”，强调网络内成员的这种局部高度团结使得网络成员过度嵌入特征关系中，减缓网络组织新陈代谢速度，导致网络局部僵化，进而形成路径依赖和锁定现象。

其次，创新结构兼具健壮性和脆性，网络的稳定过度依赖集散节点。集散节点受到蓄意攻击的时候会导致创新网络面临解体的威胁。

最后，作为开放系统，创新网络运行和发展需要新的资源节点，如果没有新且具有创新关键资源禀赋节点的加入，而是网络节点存量上简单机械式的动态增长，只会加速网络规模增长所带来的负面影响。

对无标度网络中观层负面影响的分析并不能回避这一结构特征对微观网络节点的影响。Oldroyd 和 Morris[241] 通过研究网络节点集散性是否具有治理效应时发现，对集散节点这样具有较高中心性的网络主体，中心化位置意味着高维护成本。更糟的是，集散性太高可能会破坏组织能力，造成网络主体信息过载，组织活性衰退[242]，以及控制能力下降等[243]。

以上组织负效应是一种基于无标度网络结构特征的负效应，差异化主体是一种有益于网络资源丰富化和多样性的微观特征，能够提升资源流价值化效率的优势。但节点幂率分布说明，少数节点具有高活性并吸引和控制了大部分网络节点和资源，从而诱发点权度正相关以及点度度负相关的隐患。换言之，点权度正相关造成的点权集中即网络优先配置导致网络集聚的不平衡和集散节点抗毁能力弱化，资源、信息和网络权利过度集中于孵化器、政府和科研机构会抑制网络拓扑动力以及网络合作创新交流的广泛性，均是网络组织创新乏力的重要表现。与此同时，点度度负相关还会造成强强联手实践的困境。虽然存在区域性地理限制，但资源位势差带来的高回报可能会影响网络合作的可持续性，资源的简单开发和短期高回报是以牺牲网络资源整合和支撑网络变态存续能力为代价的。因此，无标度网络所存在的网络负效应能够影响网络运行，是网络绩效的重要前置因素。所以如何通过孵化网络治理机制降低甚至规避网络结构负效应，对提升网络绩效既是逻辑的延伸又是网络治理机制践行过程中工具性的体现。

综上分析，基于小世界与无标度网络特征研究所构建的网络结构负效应分析范式，为理论层面探究“和谐理论系统负效应”和“协同理论组织负效应”提供了重要的补充性分析工具，更重要的是将网络负效应外显化为不同现象和特性加以研究，从而为后续实证分析奠定了变量可操作化的基础。而且，基于不同视角下对孵化网络结构特征的刻画，能够支撑双层结构与复杂网络结构间的兼容性。因为，主体视角下的双层结构是对网络节点属性的聚类，而复杂网络结构则是对节点主体相对位置和连接结构的描绘。

3.2 孵化网络行为特征与负效应

孵化网络常被描述为一种具备研发、转化及应用的开放性与综合性，技术的引领性与支撑性，科学的交叉性，创新与创业人才的符合性，科技中介多元主体服务的集成性以及跨组织知识集成性的网络组织。这种基于中观层的网络特征描述从一种综合的外部视角将孵化网络运行机制概念化为跨组织信息流和资源流的价值化过程。因此，“流质”的载体，即网络节点为了实现信息和资源的流动，需要通过互动合作进行信息和资源的传递。然而，网络主体行为（下称“网络行为”）能够直接影响互动合作的效果，进而影响孵化网络运行。所以，网络行为能够从一个侧面反映网络的某些特征。需要说明的是，网络行为的存在隐含了一个潜在的假设，即交易租金对双方甚至多方具有吸引力，合作方才具有合作动机。通过对现有文献相关内容进行梳理，在此将孵化网络行为特征归纳如下。

1. 不确定性

韩炜等[161]在研究创新网络时发现，创业创新网络具有高不确定及资源不对称的特征。学术界强调创新行为所表现出的不确定性，是外部环境随机性在网络化创新过程中的一种延续，这些创新行为的不确定性正是源于外部技术不确定、创新前景不确定以及市场不确定的影响。为了适应这些来自环境的压力，企业的创新行为看上去也变得似乎难寻轨迹。在网络化创新过程中，技术交易成为众多企业创新的首选模式，但由于创新绩效以及创新成果的前景难以预测，为了促成和确保交易的顺利开展，需要资源或技术持有企业事先披露相关信息，否则创新真实价值无法被一种商业化工具所描述并被合作双方甚至多方所解码为决策依据。然而，关键信息的披露意味着有能力的企业可以独自开展创新，并且不用支付相关合作费用。而从创新合作角度分析，随着市场信息扩散速度的加快，为了快速搜寻和匹配合作对象而向市场中发布的有关企业需求的相关信息，可能成为竞争对手察觉和判断本企业发展战略的重要依据，这些信息可能暴露企业的战略意图，从而不利于企业先动优势的获得。特别是在创新合作频繁的孵化网络中，由于信息资源的高扩散性和非排他性，所以网络成员在互动初期并不愿意披露更多相关信息，进而导致网络互动双方信息不对称程度较高。正是这种处于自我保护的行为动机所造成的信息不对称使得孵化网络成员互动过程中面临合作对象行为不确定的困境[39]。此外，市场不确定性与竞争不确定性等宏观经济不确定性所导致的创新收益不确定，很难实现制订合理的利益分配方案，加之网络主体能力差异所造成的能力不确定以及合作结果不确定都会进一步放大孵化网络主体行为的不确定性。因此，面对孵化网络行为特征之一——行为高不确定性，有效治理成为降低信息不对称所造成不确定性风险并保障互动与合作过程顺利的关键所在。这一结论在 McAdam 和 Marlow[244] 研究中同样被强调，其研究发现孵化网络中的成员有时会怀疑和谨慎，而他们的行为正是源于保护自己的商业机密以及与投资者建立的宝贵关系。更为关键的是，网络组织中的不确定性会投射到不同网络成员对于投入产出期望的比较过程中，进而直接导致对网络治理机制敏感性的差异。

因此，诸多不确定因素共同作用下，理性经济人会试图通过多种自利行为规避这些不利影响，在将信息不对称情况下的复合博弈还原为孵化网络主体行为时，会呈现出缺乏相互信任的机会主义行为。因为，相较于无法预知的长期受益回报，对新创企业而言，短期收益更具吸引力。因为，网络共享为机会主义行为窃取和挪用其他网络成员知识资源提供了温床，但并不能因此停止关于网络知识的互动业务，而且在知识落差较大的网络环境中这一负面影响会更加显著[158]。

2. 协调成本高

为了避免商业模式重叠，孵化网络成员，特别是在孵企业会选择敏捷市场战略超过网络内其他成员或采用差异化战略作为本企业的商业模式。为了获取充分的创新资源和足够的研发时间，差异化战略往往成为首选，从而造成网络主体及其行为的异质性。在此情况下，孵化网络主体间的合作并非一次性交易，由于网络主体间差异的存在，创新互动过程中相互适应与调整的难度随之增大[60]。价值不确定性的存在，双方相互沟通与不断协调的成本仍很高。而且在高不确定性环境下，事前专用性投资以及高协调成本的网络行为特征更为突出，即使合作能够带来交易租金或其他回报，但有限理性与经济人动机为了避免专用性投资损失等风险可能倾向于铤而走险的机会主义行为甚至是不进行交易。

3. 保守倾向

对机会主义行为结果的预判和衡量，能够有效影响网络成员间的行为动机，由于机会主义行为会损害组织形象，为了防止暴露真实意图，网络成员可能并不愿意透露真实信息，这样的结果使得网络成员会采取一种“明哲保身”的消极态度和保守倾向。不仅如此，Polidoro 等[245]从资源互补性视角分析了网络成员间互动的保守倾向，指出孵化网络成员倾向于和自己已有或熟悉的伙伴进行互动。网络关系理论同样支持这一观点，认为企业更倾向于和现有或熟悉的交易伙伴建立进一步的附加合作关系和业务联系[146]，研究发现这一企业价值取向会诱发网络派系行为。

4. 合作与竞争并存

合作不仅是孵化网络优势价值化的重要途径，同样是网络成员提升创新效率与组织竞争力的有效方式。因此，合作是孵化网络恒久不变的主题。尽管如此，孵化网络主体间仍然存在竞争关系，毕竟网络资源有限，在此情况下极有可能引发利益冲突，进而抑制孵化网络的运行。特别是在有限的科研创新基金和经费的刺激下，网络成员间特别是内层孵化网络中，在孵企业之间的利益关系变得更加微妙和复杂。在新创缺陷的制约下，企业首要任务是生存，因此短视行为在所难免，由此引发的一系列网络行为将对网络主体自身甚至孵化网络整体产生直接的影响。

综上分析，不确定性、高协调成本和保守倾向以及竞争关系的存在是一系列非独立的网络行为特征，这些特征不仅从事前、事中和事后描绘出孵化网络复杂行为特征，更重要的是，这些特征所衍生出和潜在的负面影响，如机会主义行为以及派系行为等都是网络合作和创新互动过程中不可避免的问题，特别是对孵化网络这样异质性显著的创新网络组织尤为凸显。这一研究结论将有助于实证研究网络行为负效应的影响及其治理研究，对于提升孵化网络绩效至关重要。

3.3 本章小结

本章借鉴王铜安[246]网络分析范式中维度划分的原则，从网络结构和网络行为两个维度对孵化网络特征进行分析：一方面在不同视角下对孵化网络进行解构性描述，另一方面挖掘和归纳网络主体间的行为特点。这种中观结构特征与微观行为特征的分析能够更为充分地对孵化网络特征做出诠释，同时为后续孵化网络治理和网络负效应实证研究奠定基础。

第4章

变量界定与理论模型构建

上一章通过分析孵化网络结构与行为特征，进一步丰富了孵化网络内涵研究，在为后续定量分析奠定基础的同时，力求以此在孵化网络“是什么”的问题上寻求突破。延续本研究问题提出的思路，在治理逻辑下“孵化网络效力”的问题成为接下来的研究重点。为此，本章将从变量界定入手，对本研究要素孵化网络治理机制、网络绩效与网络负效应做定量化分析预处理，即内涵界定与维度划分。在此基础上，构建本研究变量的概念模型，为后续实证分析奠定理论基础与可操作化要素。

4.1 变量内涵界定及维度划分

☞ 4.1.1 孵化网络治理机制内涵及维度划分

现有网络治理机制研究，更多从网络生成、演化、运作过程视角下分析网络节点间的互动方式与关系模式，更加注重对“理”的分析和归纳，相对缺乏从“治”的视角下研究治理机制的核心要素，即关系对网络整体绩效的影响。而且，研究大多局限于理论和规范性分析与描述，研究方法更多延续一种做比成样的过程，对网络治理机制探索性的实证分析却鲜有涉及。而且，网络治理机制、治理结构和治理绩效也并未纳入同一研究框架中，相互间的逻辑脉络并未被揭示。为此，对孵化网络治理机制的内涵与外延的研究将有助于探索并构建本研究要素间关系的概念模型，同时为揭示上述问题所展开的实证研究奠定理论基础。

4.1.1.1 孵化网络治理机制内涵

创业活动在推动我国经济社会发展和改革开放进程中发挥了至关重要的作用。当前随着全球科技革命的蓬勃发展，创业创新正在成为我国经济从外生性增长向内生性增长转变的核心力量，与我国经济转型、产业升级、战略新兴产业发展，以及创新型国家建设等重大现实问题密切相关，势必在我国新的关键历史时期发挥愈发重要的作用。但现阶段我国创新创业高失败率，高成长企业比重偏低仍是当前创业与创新活动不容忽视的事实[247]。为了解释和解决这一创新乏力的问题，孵化网络成为集聚创新资源，支持企业成长与发展，提升企业创新能力，发挥孵育机制的重要载体，正逐渐成为新型创新模式下的组织形式。作为孵化器的高阶形态，孵化网络在提高创业成功率，提升科技成果产业化方面发挥了重要作用，但是丰富的网络资源与硬件优势，以及良好的创业氛围，并未在孵化过程中被充分释放和发挥功效。虽然，唐丽艳等[47]从吸收能力和嵌入性理论将这一现象归结为微观主体自身能力与禀赋的缺陷。然而，不同孵化网络所表现出运行效果的差异同样说明，孵化网络存在性的逻辑延伸并非是一种完全的网络效力，有效的孵化网络治理机制是确保这一线性逻辑关系的重要基础。

网络治理是正式或非正式的组织和个体通过经济合约的连接与社会关系的嵌入所构成，以网络合法性为核心的参与者间的关系安排。Elke Schüβler 等[248]指出，对成员间关系的聚焦强调网络治理机制是通过对网络成员关系建立、维护与动态发展的规制，来不断协调、引导、激励网络中利益相关者的行动，以保持网络的稳定性和持续创新能力。然而，交易行为的多样化与环境动态性的加剧，使得网络治理机制愈发复杂。现有研究指出，网络价值创造过程表现出非平衡性、动态性和惯性三大特征[195]，其中网络参与者关系以及投入产出间不一致所形成的非平衡性会诱发网络机会主义倾向[249]；而由于不确定性所导致的动态性在为网络价值化过程创造丰富机会的同时，会给网络运行带来更多风险和不利影响；

最后，经济学理论将惯性解释为路径依赖，并由此强化网络主体对变革的厌恶程度，进而表现出网络创新乏力的疲态[250]。因此，网络自主演化的假设并不能成为网络效力的保障机制，治理在价值创造过程中的作用也正体现于此。

治理作为一个系统框架，包含目标、结构、机制、模式与绩效[11]，对孵化网络治理机制的研究首先需要厘清孵化网络治理框架。孵化网络治理是基于网络组织关系特征和网络治理结构定位下（正式契约结构与非正式关系结构）对孵化网络效力与效率的研究。其中，节点关系治理是基础，节点主体行为治理是途径，提升网络整体孵化效力并创造更多市场价值是目标，由此将孵化网络置于网络治理系统框架内，将治理的不同层次纳入同一研究框架中。McAdam 等[251]指出，制度化网络的形成是促进商业孵化过程的重要因素，制度网络的嵌入对孵化过程的支持十分关键，正如 Pálmai[252]所强调的“应将孵化网络解释为由异质性主体组成的制度化合作系统，合理的制度框架成为系统动力的重要保障”。而其中制度框架的构成与保障性需要从治理层面进行设计，而治理机制与治理模式成为这一框架的逻辑主轴与结构程序。在这其中，中观层的孵化网络治理思想始于赵黎明和张玉洁[79]关于孵化网络主体（孵化器与外部创投企业）间互动关系的治理，更重要的是从中观与微观层提出了一整套治理机制。虽然在这种二元互动关系治理机制研究过程中，孵化网络仍被设计为一种情境要素，却为孵化网络治理机制研究提供了有效的突破口。

与其他创新网络一样，孵化网络治理机制作为网络治理的核心，其内涵在于揭示通过何种手段达到何种目的，为此应遵循一种手段与结果间的因果关系。基于此，本研究借鉴网络治理机制相关研究结论，将孵化网络治理机制界定为维护孵化网络节点成员间的有效连接，以促进孵化网络高效、有序运作，对网络关系和行为进行制约，调节网络资源有效配置、激励约束和引导网络协作，以及实现网络优化等一系列规则综合。其作用旨在维护和协调孵化网络成员互动合作，通过网络成员间协作与共享提升网络整体运作效果。

4.1.1.2 孵化网络治理机制维度划分

孵化网络作为一种新兴网络组织，仍具有一般网络所表现出的三网融合以及资源所有者协同互动等属性。因此，对孵化网络治理的迫切性仍来源于网络双边与多边契约关系及其对网络效力持续性的影响，这都需要通过治理以达到协同效果。需要强调的是，网络治理研究中将这些契约关系解释为明示和隐性两类[145]。因此，作为网络治理核心——网络治理机制的设计应该将这两类关系导向研究框架内展开分析，保证治理逻辑的连续性。

1. 孵化网络治理机制维度划分依据

现有研究主要将网络治理机制归纳为网络形成与维护机制、互动机制和共享机制三个维度[253]。其中，网络形成与维护机制是基于信任、决策平衡、利益分配、声誉、联合制裁所形成的关系规则；互动机制需要通过沟通和学习得以实现；共享机制则是为了资源配置和知识共享而形成的网络治理机制。上述研究范式，更多从网络生成、演化、运作过程透镜下分析网络节点间的互动方式与关系模式。另一具有代表性的理论是 Jones 等[93]提出的网络治理机制理论，指出网络治理机制是维护网络节点间连接关系以促进网络高效、有序运作规则的综合。在此基础上，基于创新网络演化的研究视角，部分学者通过纵向研究网络化机制对协作创新的影响，将网络治理机制类分为网络形成与维护机制以及互动与整合机制，而 Das 和 Teng[120]以及我国学者王斌[110]在研究知识网络共生时，则将契约与社会关系界定为网络联盟生成的关键要素。在此基础上，对网络关系的聚焦引起学者对网络治理机制新的思考，并将交易成本理论、社会资本理论以及关系契约理论引入网络治理机制研究。其中，交易成本理论强调网络成员是先天具有投机倾向和追求利益最大化的主体，因而强调正式契约机制在网络治理中的优势；与之相反，社会资本与关系契约理论则认为网络成员具有遵循社会行为规范和网络惯例的积极性，因而强调信任与互惠性社会行为规范为基础的网络治理的有效性，强调关系本身是一种治理机制[254]。还有学者将网络治理机制作为前因变量，研究其对产学研网络知识互动效果的影响，研究发现在网络中存在“障碍”的情境下，网络治理应从正式契约和非正式关系两个维度进行自变量设计和分析[106]。这一研究结论的创新不仅在于将网络治理机制作为自变量，探讨其影响的作用机理，更为重要的是将研究背景还原为更加真实的一种具有“障碍”的网络环境展开研究。由此，为了追求“治”的效果，契约治理机制和关系治理机制成为学者们从机制层面探究网络治理的重要维度。

赵炎与孟庆时 [255] 将创新网络界定为由参与创新合作的各主体间正式和非正式合约形成的网络化创新组织。基于本体论视角来透视创新网络，其本质上仍是围绕创新所形成的集约关系。孵化网络作为一种新兴的创新网络同样具备上述组织属性，但有别于一般创新网络和创新联盟的是，孵化网络架构需要较为明确的全员参与，即包括孵化器、在孵企业以及外部创新主体所形成的联动机制，是为了实现网络孵育目标的一种孵育机制载体，其核心仍是围绕创新形成的多元主体价值化互动。因此，创新网络中对主体间关系正式和非正式视角下的聚焦和描述，成为孵化网络治理机制设计的关键法柄。李振华和赵黎明 [52] 在构建多中心孵化网络治理模式过程中强调，主体间关系的形成与发展需要市场契约规范和孵化网络安排，而这也是网络组织制度化的重要机制。其在对多中心治理下区域科技孵化网络界定的同时，指出该模式目的在于充分发挥网络平台功能和网络规则制度的影响，并将其落脚点聚焦于建立更多正式与非正式关系上。虽然仅是在模式层面将关系的多样化作为一种诉求，但是这一结论从侧面为孵化网络治理机制设计提供了简单而有效的脚本。值得借鉴的是，从中观与微观两个层面所提出的治理机制的作用是具有“关系—互动—协同”的逻辑程序，而且关系的正式与非正式属性能够直接影响网络互动与网络协同。因此，从关系构建入手，研究契约治理机制与关系治理机制对孵化网络绩效的影响具有显著的内容效度。更为关键的是，Hansen 等 [256] 以及 Cooper 等 [39] 都将孵化网络的成功归结为网络正式与非正式的连接。因此，有理由相信促建不同连接的前置逻辑要素正是契约治理机制下形成的网络正式关系以及关系治理机制下形成的非正式网络关系。这些关系正是 Lin 等 [50] 所强调的从正式治理机制到非正式治理机制形成的一系列网络连接架构。张宝建等 [257] 则将网络解释为混合契约的安排集，正式与非正式契约的强调同样体现了上述学者的逻辑范式。

延续上述逻辑，在继承 Larson 和 Starr[117] 双元治理机制研究范式的基础上，本研究借鉴制度经济学对网络治理机制外延的研究范式，即网络被看作是约束、规范扩散的一种媒介，并以此形成共同实践上的共识。而制度机制作用过程则被解释为压力释放的过程，并将这种压力解释为正式规则，即通过强制过程被传递和执行的程序和正式制度，以及作为可内化的群体共识。基于此，本研究将孵化网络治理机制划分为基于正式市场关系的契约治理机制及基于社会网络的关系治理机制。

2. 孵化网络契约治理机制

根据交易成本理论，契约源于经济理性，是交易方之间签订，用以作为合作与利益分配且具有法律约束效应的协议，是合作双方甚至多方对未来特定行动的承诺或责任以及对合作过程中行为范围和内容以及违约措施形成的正式书面协定。正式契约是一种表示将来采用特定行为的可置信承诺，它能够被法庭等第三方所观测和实施。契约治理是组织在集体行动中坚持具有法律约束力协议的行为准则，其目的在于减少或规避交易风险，明晰合作各方的关系结构以及行为角色与责任，减少不协调风险，提高合作效率[143]。基于双边或多边合作与利益差异以及主体网络认知局限的研究情境，契约成为一种简单而又有效的治理机制。因为，企业相信契约的签订意味着合作关系的建立和经济利益的回报，以签订契约的合作方式所构建的治理形式，旨在充分认识和探究网络环境下记忆过程中潜在诱致冲突的因素，通过运用契约治理机制降低网络不和谐因素的影响、降低交易成本，进而促进正式合作关系建立和发展。

契约治理机制认为，网络的稳定高效来源于网络规范性。强调主体关系及其行为具有明确的制度性依据，并以此规制网络主体间的互动与合作，持这种价值观的网络组织倾向于以正式的契约协议建立网络主体间的连接，通过监督与违约惩罚实现网络主体间正式关系的维持与发展。因此，学者们往往从关系基础、互动依据与行为规制三个维度对其测度[258]。还有学者将契约直接类分为控制契约和协调契约。然而契约治理机制作用机理的复杂性源于其多维度特性，出于不同目的而设计的契约机制，虽然可以通过控制不同研究情境来分析不同维度下的契约治理机制对多边合作创新行为的影响，但是，契约治理机制在践行过程中是否能够有效区分不同维度却值得深虑。因为，利益相关者理论和博弈论都能够说明合作过程中，单边主体为了防范风险和追求协同的合作动机无法分割，而契约治理机制在理论层的多维特性无法在践行过程中被有效观测。因此，这种简单二分法的维度划分能够将契约治理理论向上延伸，但在践行过程以及本研究中所涉及的契约范畴并不做区分。

基于此，本研究将孵化网络契约治理机制界定为通过协商制订具有法律效应的正式合同，以书面协定的方式，作为孵化网络成员互动、合作、交易过程中对未来特定行为的承诺和对网络行为范围和内容的明示及违约实施程序的规制，进而形成和规范网络正式关系，提升网络互动效率，确保孵化网络孵育增值目标的实现，并将孵化网络契约治理机制的措施与结果间的逻辑关系概念化为规则制订、合规和违规制裁这三个要素。

3. 孵化网络关系治理机制

关系指代不同主体间的联系，这种联系隐含地规定了主体有责任确保持续的利益交换，行动者通过建立关系来获得通向所有资源的途径。社会学视角下，众多学者将关系视为社会运作的核心机制，家人、熟人、陌生人等这些关系来源于血缘、自然形成、偶然或是有目的结成的，并将其特征归纳为工具性、互惠性以及作用的双面性[259]。其中，关系作用的双面性成为众多学者，特别是我国学者关注的焦点。认为关系既表现出促进交换的积极作用，还表现出潜在互相勾结、创业精神流失、社会正义与信任水平下降、创新动力缺失、网络开放性限制、回馈义务过载等消极作用。

随着社会网络研究的不断深入，关系被解释为对互动主体联系状态的描述，同时又是一种社会规范。其中，社会规范是一种广泛认定的标准，隐性地规定了在特定情况下主体的行为准则，并成为行动主体通过自建或嵌入网络并以此构建外部网络关系过程中的重要影响因素[260]。但无论如何界定，关系与社会规范在研究范畴的交叉重合，均体现出一种隐性规范的约束作用，并成为网络治理的重要依据。围绕关系概念与内涵的研究，虽然融入了中国式“关系”所特有的情境与内容，但其多重特征表明，关系是一种隐性社会规范影响下的治理机制，但更重要的是不能忽略其作用两面性的存在。顺承这一逻辑，上述研究结论的提出为后继学者提供了丰富的关系治理研究视角，同时也为相关研究范式注入了更加谨慎的治学思想。

“关系”尤其是在我国已经演绎为一种不可替代的社会要素和资本，是一种蕴含于社会网络中个体与组织间并内化于无形的连接，本质上是一种基于情感、便捷和信任等而不是简单经济利益博弈和计算过程的治理机制[261]。社会网络组织理论在借鉴社会交换理论的基础上指出，社会关系的建立有助于复杂合作和特殊的交易，并且在提升合作效率，增进交易关系发展等方面均具有显著促进作用[262]。为了还原复杂交易的环境，Williamson[15]在提出交易多样性的同时还指出，在具有良好社会关系的交易中，虽然仍存在交易者有限理性和信息不充分对称的情况，但交易双方被描述为善良、没有投机动机，具有较高行为自律和言行一致且值得信赖的主体角色，因此能够确保复杂交易的顺利进行与合作效率的不断提升。虽然，后继学者将信任关系的形成机理类化为理性信任和感性信任的作用过程，但不可否认的是“关系”成为这种信任机制最好的价值工具和维系网络持续交易的重要手段。所以，关系治理机制强调网络的稳定高效来源于网络弹性。不同于“有据可依”的契约治理机制，关系治理机制崇尚“有理可依”，强调以信任、声誉等社会资本为基础的主体间非正式关系，因此重要的特征被归纳为主体间的信任、积极性、声誉和互惠性及联合制裁[181][263]。关系治理机制在网络关系建立并实现持久的互动，以及多边合作不断稳定并最终实现网络整体协同过程中的效力显而易见。

社会交换理论将关系治理解释为社会性互动和社会性嵌入在经济行为中的作用发挥，而关系治理机制利用嵌入性的社会关联提供了组织共享的期望行为标准。这种对社会网络关系效力的信念，使得越来越多的学者开始关注并深入研究关系治理机制对网络运行效率的影响。Standifird等[264]以及我国学者汪鸿昌等[265]都将关系本身视为一种网络治理机制，认为其能够有效影响网络。还有部分学者将这一研究结论进一步延伸，指出关系治理机制的核心是信任，社会规模是基础，是网络环境下主体身份合法性压力的驱动下发挥出的作用。其他学者对关系型交易模式、信任、承诺等独立的关系治理机制展开单一维度下的理论研究[266]。其中，

Meng[267] 和我国学者陈向明 [268] 的研究更为系统，强调了关系治理机制的运用空间，但相关研究仍是一种定性的研究范式。巧合的是，这些学者不约而同地选择了网络目标或网络绩效作为研究的落脚点，并试图以此揭示关系治理机制的效力所在。

从社会网络视角来看，网络中的关系建立在成员间的人际关系基础上，通过人际关系所形成的强连接促使网络合作成员的价值观和组织战略逐渐契合，依靠社会关系中所形成的默示行动规则确保网络成员信守承诺 [141]。而信任理论则强调了一种正面期望与结果共担的优质关系，但其所存在的软约束缺陷使得单纯依靠信任作为关系治理机制的要素无法起到网络治理的作用。为了解决信任软约束缺陷，社会关系网络相关理论的声誉和联合惩罚成为孵化网络关系治理机制效力得以充分发挥的重要组成部分。而且，Creso Sá 和 Lee[60] 对孵化网络运行机制非正式化的描述，让我们有理由相信关系治理机制是孵化网络重要的治理机制。在众多社会关系治理机制研究学者中，Capaldo[269] 的研究较为系统，其采用了一种跨层次的分析范式，从限制访问、文化、联合制裁、声誉四个维度，解释了一个具有凝聚力的社会网络结构如何有助于规制网络行为以及协调和维护网络运行。

虽然研究结论仍停留在理论层面，但在研究范式创新以及网络关系治理机制内涵的完善方面仍具有较高的借鉴价值。总而言之，不同于“有据可依”的契约治理机制，关系治理机制所崇尚的“有理可依”强调以网络合法性、主观认知、集体规则等社会资本为基础的主体间非正式关系的影响。

基于上述文献梳理，本文将孵化网络关系治理机制界定为由社会关系嵌入而形成孵化网络成员间的非正式互动关系，通过共享的社会规范、彼此信任、声誉形象、行业惯例等社会机制引导和规制网络成员行为，提升网络互动效率，确保网络孵育增值目标的实现，并将孵化网络关系治理机制的措施与结果间的逻辑关系概念化为信任与声誉、社会规范、网络惯例以及联合制裁这四个要素。

相较而言，孵化网络契约治理机制作为一种正式治理机制强调通过规章制度、程序、目标来反映和影响期望行为，以此作为目标实现的途径；而孵化网络关系治理机制虽然是一种非正式的治理机制，但是对网络惯例、社会文化和网络价值观的强调，同样成为实现网络目标的重要手段。两者的区别在于孵化网络契约治理机制利用事先协定的严格的绩效标准进行结果评估，并通过强制性的措施禁止或惩罚违约行为；而后者则依靠组织或个体价值取向，通过引导，鼓励其完成网络期望的任务。

☞ 4.1.2　孵化网络绩效内涵及维度划分

作为本研究的因变量，孵化网络绩效理论层面的内涵与外延以及实证层面的操作化研究显得尤为重要。因为，孵化网络绩效并不等同于现有学术界一些有关创新网络等相关组织绩效的概念，虽然这一概念及相关研究结论具有较强的借鉴性，但孵化网络自身组织特性与实践属性并不能借此充分诠释。因此，孵化网络绩效内涵、结构与量表开发成为本研究逻辑中重要的转承启受环节。

对孵化网络绩效的研究，首先需要明确以下三点：第一，延续第 2 章网络绩效相关研究，将孵化网络绩效界定为孵化网络组织的绩效，从某种层面上来说，其内涵本源与公司绩效并无逻辑上的差异，区别在于复杂组织与单一主体对绩效的诠释不同；第二，现有研究中所提出的相关概念，如网络运作绩效、网络治理绩效等均是对网络目标实现程度与运行效果的诠释，因此本文在此对两种概念并不做严格区分；第三，对孵化网络绩效的研究应置于网络治理的视角下展开，因此，对孵化网络绩效内涵与外延的研究，应遵循李维安等提出的网络治理框架下的分析范式。

4.1.2.1　孵化网络绩效内涵

对网络绩效内涵的分析，学术界延续了“目标—基础—途径—结果”多要素间逻辑关系界定的范式。在此基础上，本研究延续第 2 章中对“目标—结果”与“过程—行为”绩效理论辩证融合的思想，同时借鉴 Borman 提出的任务绩效与关联绩效的维度划分逻辑对孵化网络绩效内涵与外延做进一步分析。

孵化网络存在与运行的目标并没有脱离我们对一般网络的理解。尽管如此，孵化网络的目标更加明确，即服务并孵化新创企业，提升网络整体互动效果。换言之，在“结果—行为”绩效理论的基础上，孵化网络的结果目标或任务就是提高网络孵育成功率和提升孵化能力，而过程（关联）目标仍是对网络组织运作过程中协作行为与协调关系的强调。这一结论同样得到 Carayannis 和 Zedtwitz[270] 的支持，其研究发现缺乏网络协作使得孵化网络难以实现有形与无形资源在网络中的价值释放，进而无法保证孵化网络运行效率。

孵化网络作为发挥孵育增值机制的组织，一方面要提升孵育质量，营造良好的创业氛围，从根本上提升在孵企业市场竞争力并顺利毕业及孵化器的孵育能力 [32]；另一方面，网络组织的价值还在于网络整体的连通性 [271]，其并不是利用自身生产要素的重复使用来构建成本优势，而是意在依恃网络成员间构建良好的互动关系与合作模式，进而发挥网络异质性资源互补和相乘的效果。延续上述逻辑，本研究将孵化网络绩效界定为网络成员在孵化器影响下相互依赖、相互补充、资源共享，通过一系列协同互动的交互作用，提升孵育机制主体绩效与网络成员协作效果所实现的网络孵育增值。在这一概念中，增加和创造的价值成为孵育增值网络目标的一种中观体现，网络组织化的约定和协议是实现绩效的基础，而实现的途径则需要在协同治理框架内相互依赖、相互补充、资源共享、共担风险，通过一系列协同互动的交互作用得以实现。

4.1.2.2　孵化网络绩效维度划分

基于上述内涵研究，借鉴第 2 章中网络绩效层次的相关研究结论，延续“宏观—中观—微观”的网络绩效层次划分的逻辑范式对孵化网络绩效进行维度划分和延伸性研究。

需要说明的是，虽然孵化网络是一种有益于合作创新、提高企业创新能力、创造社会租金和增加社会福利的网络化组织，具有重要的宏观经济意义，因此网络绩效方面的研究应该包含这种宏观效应的内容，但是由于宏观研究口径较大，需要纵向跟踪研究，相关数据较难统计和获得，而且基于中观层协作与微观层主体视角下对组织绩效的测度仍能够较为充分地诠释孵化网络的目标，因此本研究针对孵化网络绩效的研究将主要从微观和中观两个层面展开。

在孵化网络中，作为孵育机制作用重要二元主体的孵化器成长与在孵企业的孵化是评价孵育增值网络目标中"孵育"效果的重要维度，而"增值"效果则是网络整体中观视角下对网络成员协作效果的检验。基于此，本研究在诠释孵化网络目标（即孵育增值）的基础上，延续"行为—结果"绩效理论所强调的复杂组织绩效应从结果与行为两方面绩效探究的逻辑范式，从中观与微观结合的视角出发，选择孵化器运营绩效、在孵企业成长绩效、网络协作绩效三个方面跨层次衡量企业孵化网络绩效，如图 4-1 所示。

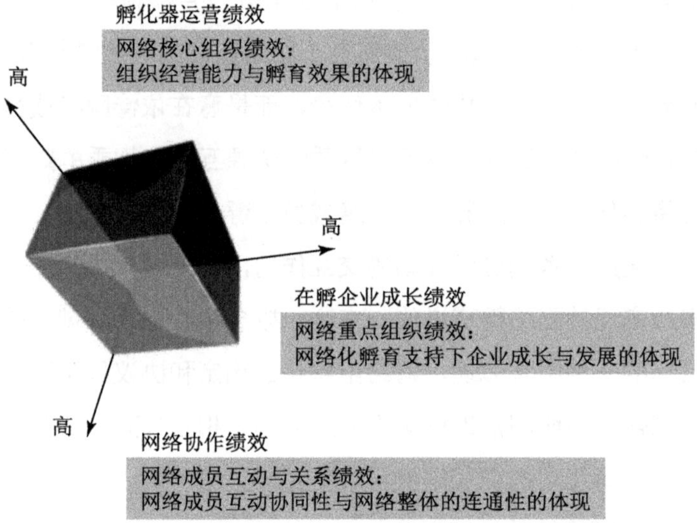

图 4–1　孵化网络绩效模型

1. 孵化器运营绩效

彭伟和符正平[9]将联盟网络界定为以焦点企业为核心，所有与其具有联盟关系的企业集合。这种具有焦点或核心企业的网络组织与孵化网络结构具有显著的相似性，关键企业主体的运营成为联盟网络价值体现的重要基础。因此，网络绩效评价研究中对关键微观主体绩效测度重点强调的信念，应该借鉴到孵化网络绩效研究体系中。而在这个体系中孵化器的网络核心地位成为这一研究范式的落脚点。

随着孵育机制市场化运作模式的不断完善，孵化器的组织结构与运营模式逐渐由原来的事业型导向演变为以自负盈亏为主要运营模式的企业型导向。竞争与发展等元素的融入，使得孵化器的运作不仅关系到自身企业的存亡和未来，更成为孵化网络绩效，特别是孵育目标得以实现的重要抓手。在这个转变过程中孵化器绩效显得愈发重要，学者们对孵化器绩效的研究随之不断深入。Lin 等[50] 以孵化、项目和企业毕业三方面的成功率作为评价孵化器绩效的指标；Löfsten 和 Lindelöf[64] 从在孵企业、人力、创业资本等五个维度对孵化器运营绩效进行了分析；张礼建等[272] 在评价孵化器运营绩效影响因素时选择从孵化器本身、在孵企业、人力、创业资源等方面展开研究；周建华[73] 则从科技成果转化、企业孵育增值角度评价孵化器运营的产出情况；李岱松等[273] 则从三个方面的效率水平建构了孵化器运营绩效的评价指标体系。在现有孵化器评价研究结论的基础上，Ömer Çağri Özdemir 和 Şehitoğlu[274] 将孵化器评价要素归纳为经济能力、孵化能力和创新能力三个方面，这一结论不仅是对现有研究成果的系统性整合，同样也为后继学者奠定了系统的研究范式。

为了探究网络环境下孵化器运营绩效的内涵结构，需要再一次对其主体属性进行剖析和明示。首先，目标明确性，即无论孵育模式如何演进，孵化器的组织目标并未随着孵育机制载体的演进而改变，孵育在孵企业始终是其组织运作的第一要务。因此，孵育效果至关重要。这一点在众多学者的研究中都可以找到共识。其次，作为创新服务的提供者，自身创新能力同样重要，但有别于研发型的新创企业，孵化器的创新是为了提升所属在孵企业创新成果的商业化效率。因此，科技成果商业化成为孵化器的另一重要工作，进而被视为衡量孵化器运行效果的关键指标。最后，企业化的运作模式在提高工作效率，确保组织目标和创新效果的同时，也对孵化器组织建设和参与市场竞争提出了更高的要求，这一点并没有违背企业追求经济利益最大化的主体属性和经济人的假设。因此，经济效益同样至关重要。

基于此，本研究将网络化视角下孵化器运营绩效界定为以企业身份开展市场化运作，实现孵育在孵企业和企业自身发展目标的运营效果，并借鉴 Ömer 和 Şehitoğlu[274] 的研究范式，从企业目标导向下的孵育效果、创新商业化能力和经济效益三个方面综合评价孵化器运营绩效。

2. 在孵企业成长绩效

在孵企业作为孵化网络重要节点，其组织绩效常被学术界刻画为孵育目标的载体。由此可见，对在孵企业孵育情况的评价成为学术界与实践过程中审视和检验孵化网络运行效果的重要标尺，进而体现孵化网络作为孵育机制高阶载体的优势所在。创新效果成为国内外学者凸显在孵企业新创身份，进而评价组织绩效的重要维度。Barbero 等[4]主张从在孵企业技术专利申请情况和产品开发情况评价在孵企业绩效；刚登峰[275]在评价在孵企业组织绩效的研究框架中纳入了盈利能力以及人力资源等新的评价要素；李智俊等[276]从企业投入、发展战略等四个方面对在孵企业绩效展开详细评价。众多学者研究认为，孵化网络对单个企业的影响是一样的，在个体分析时可以不用考虑单个企业的能力与差异性，但是从整体角度进行考察孵化网络的影响作用仍是必需的。而且，无论是学者还是经营者对企业绩效的判断都无法绕开经济收益和创新这两个方面[47]。

基于此，本研究选择在孵企业成长绩效作为评价孵化网络绩效的另一重要维度，并将其界定为在孵化器直接或间接帮助下，通过网络化的市场运作模式，解决"新创缺陷"并最终实现新创企业快速成长的运营效果，并从收益和创新效果两方面进行衡量。

3. 孵化网络协作绩效

以唐丽艳等[47]为代表的部分学者对孵化器和在孵企业的聚焦，使得孵化网络绩效方面的研究仍停留在微观网络主体绩效层面。孵化网络仅作为一种研究情境被纳入研究体系中加以控制。对孵化概念的界定虽然仍是基于孵化目标下对孵化器功能的诠释，而且 Dunming、李维安、林润辉所强调的网络绩效研究范式并未得到孵化网络研究学者的足够重视，对网络资源释放与利用不足所导致的网络绩效降低更多归结于微观主体自身能力与禀赋的缺陷，但是，概念本身在引入网络资源要素的同时强化了对孵化过程的聚焦。这一概念要素的突破与研究核心的转变，将孵化网络焦点由微观主体研究扩展到网络主体间的互动层面，从而将微观绩效的评价研究提升到中观层来研究互动效果，并以此诠释网络"增值"目标的价值所在。

在实践方面，孵化网络作为一种新兴孵育机制的高阶载体，我国许多孵化网络形成时间并不长，财务性的绩效指标尚未充分显现，而且获取难度较大，因此用协作效果反应网络组织整体绩效具有一定可行性。因为，协作是网络运营的核心业务。同时，有别于产学研网络合作的一个重要区别就在于，孵化网络的运营追求一种组织长效机制，对于网络成员间互动与合作的有效性和持续性要求更加显著，而协作绩效可以直观反映长效合作机制在网络整体层面的作用效果，更符合孵化网络组织发展特性。因此，为了完善孵化网络绩效内涵，中观层网络互动效果所衍生出的网络协作绩效成为补缺这一研究范畴的重要拼图。作为异质性显著的无标度网络，网络节点组织存在认知边界，这一方面强调了孵化网络治理的必要性，另一方面说明孵化网络运行是网络节点组织打破边界，实现网络“流”价值化的互动过程。因此，网络协同性成为实现这一效果的重要基础，而这需要网络协作的支撑。而且，孵化网络绩效并不仅仅是网络节点成员绩效的线性组合，而是追求一种网络资源相乘式的放大，以及网络成员潜力的释放，这些仅依靠网络成员自身禀赋和能力是远远不够的，还需要网络成员高效协作来实现孵化网络效力的发挥。

在理论方面，联合价值创造理论成为学术界众多网络学者描述网络成员间协作行为的重要概念，并将其界定为网络环境下存在互动或合作关系的企业成员，为了实现在特定合作安排结构下达到提升整体互动与合作价值累积的目标而开展的一系列协同创造行为 [50]。Lavie[277] 强调在所有互动活跃、合作频繁的网络中，网络成员间的联合价值创造行为都是一种普遍现象。基于假设前提的匹配，这一结论同样适用于异质性显著、互动频繁以及主体活性较强的孵化网络，其协作效果是衡量网络绩效的重要维度。更为关键的是，联合价值创造是实现网络价值增值的关键机制 [41]，以及体现网络优势的重要动力机制。因为，联合价值创造的水平直接影响网络协调性以及帕累托最优模式的实现，其本质上仍是网络成员协作的过程。

基于此，本研究将孵化网络协作绩效界定为在网络协同治理框架内，网络成员在追求自身利益最大化的同时，在预先设定好或共享的行为规范作用下，为了追求跨组织边界互动相互依赖和支持而逐渐形成目标和行动的一致性，其主要考察孵化网络自身生存和发展及网络成员之间的协调状况，并从孵化网络成员之间的沟通、交流及互动情况来考察孵化网络协作绩效。

综上分析，孵化网络治理机制与孵化网络绩效关系研究，应在顺承网络治理框架体系的基础上，充分考虑孵化网络特性，特别是对孵化网络绩效这样并不成熟概念的解释。李维安强调，任何网络治理研究都不能脱离“目标—结构—机制—模式—绩效”的研究框架。其中，目标是出发点，绩效是落脚点，而机制则是核心。这一研究范式要求对绩效的解释应在充分诠释目标的基础上进行剖析和理解。

孵化网络存在与运行的目标在于“孵育增值”，这一目标可以解构为“孵育”和“增值”两个方面。其中，孵育常被学者解释为“创新孵化”“革新和技术孵化”，认为创新孵化是由孵化母体凭借自身禀赋或所嵌入网络的资源，为在孵企业提供创业启动方面所需硬件与软件服务，其目的在于通过提升在孵企业创新与合作以及风险控制能力实现企业发展并顺利毕业的过程。这一概念强调创新孵化，即孵育是一系列二元互动过程，孵化器与在孵企业成为网络环境下的二元主体。因此，从各元主体绩效评价孵育绩效是微观层面诠释孵化网络“孵育”目标，进而评价孵化网络绩效的重要维度。另一方面，“增值”是用以证实包括孵化网络在内所有创新网络优势和重要性的逻辑支撑，无论是理论推演还是实证分析，学者们对网络增值优势的信奉从未改变。因此，如何诠释孵化网络“增值”目标，成为构建孵化网络绩效内涵的重要拼图。联合价值创造成为部分学者解释网络价值增值的一种重要机制，其本质仍是一种网络协作过程。因此，本研究借鉴联合价值创造理论，将网络协作绩效作为诠释孵化网络“增值”目标，进而从中观层评价网络绩效的另一维度。

基于上述逻辑推演，为了研究孵化网络治理机制，基于对孵化网络“孵育增值”网络目标的剖析，本研究将孵化网络绩效归纳为孵化器运营绩效、在孵企业成长绩效和网络协作绩效三个维度。

4.1.3 孵化网络负效应内涵及维度划分

4.1.3.1 孵化网络负效应内涵

孵化网络的出现其实并没有显得那么顺理成章和一帆风顺，有学者指出孵化网络的生成会受到诸多因素的干扰[39]，如建立初期极端时间限制，缺乏足够且持续性的用于了解其他成员的信息和信任不足等。伴随着孵化网络的不断成熟，新的问题不断出现。

然而，现有网络组织研究大多将着眼点置于网络积极作用方面。但实践表明，过度网络嵌入等会带来网络负面影响。同时，网络主体间的互动要求节点企业必须拥有较强的执行能力和自制力，并且能够对外界进行广泛的扫描，与外界保持互动，同时能够培养出科学技术“守门员”和跨疆界者。因此，网络组织作为一种复杂系统，其结构和网络行为的两面性需要以一种谨慎和辩证的态度予以研究。而网络负效应则成为探究孵化网络治理机制对网络绩效影响，进而揭示网络消极作用影响及作用机理的重要视角。

为此，本研究首先对其内涵及外延加以分析和界定。刘明广和李高扬[278]通过博弈模型分析了创新网络的稳定性，指出网络存在不可规避的负效应。为了深入研究网络负效应的动态复杂性，系统仿真成为众多学者定量分析的首选工具，并以此探讨了网络负效应的动态演化问题[279]。随着复杂网络理论的发展，Albert等[280]针对复杂网络抗毁性的先导研究，促进了学术界对网络负面影响研究的关注，但鉴于新创理论的不成熟，其研究结论难以完全吻合自组织演化与他组织作用下所涌现的创新网络结构特征。为了让实证研究摆脱计算机系统的束缚，陈伟等[281]将研究对象聚焦于海洋产业网络，从网络结构和网络效力的视角切入，实证分析并验证了网络结构负效应对网络稳定性和网络效力的消极影响。延续这一逻辑不难推理，作为复杂网络系统的孵化网络，在运行与演进过程中同样会受到网络负效应的侵蚀。因此，有效的网络治理机制成为降低甚至规避网络负效应的重要途径，即通过对网络关系、行为的规制与引导以及网络结构的优化确保网络组织有序运作。

这里需要对网络风险和网络负效应这两个概念加以简单辨析。网络风险常被学者描述为不和谐的潜在因素，这些因素既可以是结构性的也可以是关系性的，还有些学者从内生与外源两个维度对网络风险加以界定，但无论选择何种视角展开研究，网络风险是潜在的能够造成网络不经济、效率降低的干扰因素。相较而言，网络负效应则更像是这些风险因素作用的逻辑延续，是一种外显性的组织“病灶”或组织不经济现象。

基于此，本研究借鉴孙国强和石海瑞[23]提出的网络组织负效应理论，将孵化网络负效应界定为由于孵化网络不同层面组织特征而引起的网络不协同，由此引致孵化网络结构和网络行为与关系的畸形，并最终导致网络绩效下降和网络目标失真的现象。

4.1.3.2 孵化网络负效应维度划分

当谐和理论从“和则”“谐则”思想为我们打开探究网络负效应作用机理大门的同时，网络特征成为揭示孵化网络负效应新的透镜。因此，有效的网络治理机制至关重要。基于第 3 章的研究结论，以网络特征作为视角切入，在借鉴“和则”“谐则”思想的基础上，将孵化网络负效应类分为结构负效应和行为负效应两类模式。

1. 孵化网络结构负效应

“谐则”理论强调结构是组织运行的重要影响因素，网络结构的连通性和柔性关系到网络共生界面的优化，结构的谐调是组织绩效的关键。而现有研究中，基于静态结构主义的分析逻辑，将网络结构视为外生变量或是研究情境衍生出的元素和基础，仅强调了对网络微观主体的外在结构限制（或机会），而缺乏对个体行为内在驱动力的解释以及网络运行效果影响机理的研究[282]。因此，将组织结构视为一种内生要素进行研究对孵化网络结构负效应分析至关重要。赵炎与孟庆时强调网络各个层次的结构影响是创新网络研究不可忽视的部分。Rooks 等[283]以及 Dries[145] 等学者研究均发现并实证网络结构对网络主体绩效存在非线性的区间效应。孙国强等[194]将网络结构解释为引发网络负协同效应的关键因素之一。由此证实，网络负效应存在且已成为制约网络效力发挥的重要影响因素。

孵化网络除了具有一般创新网络所具有的节点异质性、竞合性、自组织与他组织演化性之外，在结构层同样具有自身特性。对孵化网络结构特征的研究，第 3 章孵化网络特征分析中针对其结构特征已经做了较为全面的分析和说明，此处不再赘述。前文分析指出，孵化网络具有双层结构以及小世界和无标度兼具的网络结构特征。

首先，聚类视角下孵化网络双层结构特征所诱发的锁定效应、结构惯性和路径依赖虽然被有些学者强调为一种有利于稳定关系的网络效应，但不可否认的是，对于创新依赖性较强的新创企业而言，这种网络结构并不利于可持续性创新能力的培养，而且过度稳定的网络关系会造成网络柔性的下降 [117]，使得网络组织沿着一贯的路径发展演进，从而难以被其他潜在甚至更优的体系所取代，组织僵化变得失去弹性，网络组织的活性因此降低，对环境变化的反应能力和执行应变的能力随之弱化，甚至最终导致孵化网络走向衰亡。Kavcic 等 [284] 认为惯性会阻碍改变。袁静等 [285] 同样指出惯性会造成群体迷失，使得群体相互肯定彼此的守旧，更严重的是这种外显网络负效应会形成恶性循环，进而威胁整个网络组织。

其次，复杂性理论强调，网络中一块重要的研究领域就是网络的小世界特征。依据复杂性理论，孵化网络结构决定了网络功能与效力，进而影响网络动力学行为结果。研究发现，高聚簇程度成为派系行为、局部不平衡等网络负效应的温床，主要表现为：局部不平衡、派系或小团体组织出现、“长程捷径”派系与小团体衍生属性、跨边界互动效率低下、网络规模与资源配置效率存在区间效应等。Qian 等 [286] 虽然没有从网络结构角度进行分析，但其在孵化网络契约分析研究过程中发现，孵化网络成员会花更多的时间开展网络上活动以搜索更容易识别的潜在合作伙伴，并按照自己熟悉的标准进行筛选和取向性连接，进而诱发派系行为等。

最后，孵化网络无标度特征说明，孵化网络具有一种几何式的增长态势，这一点在孵化网络实践过程的表现同样得以证实。快速增长在积累更多创新资源的同时，网络规模逐渐表现出一种“规模—资源”矛盾下的结构臃肿和不经济现象，进而造成网络边际成本递增。除此之外，“择优连接”会造成网络互动关系分布不均的“局部团结”，进而导致网络局部僵化、形成路径依赖和锁定现象。而且，对于集散节点这样具有较高中心性的网络主体，中心化位置意味着高维护成本。更糟的是，集散性太高可能会破坏组织创新能力，造成网络主体信息过载，组织活性衰退以及控制能力下降等能够引致创新乏力的网络负面影响。

综上所述，孵化网络结构负效应是由结构性惯性与缺陷所导致的网络效力下降，具体表现为网络僵化与惯性、自我筛选、网络臃肿和创新乏力。

2. 孵化网络行为负效应

与“谐则”理论不同，“和则”理论强调能动性下行为对组织运行的影响，指出能动作用是组织优化的途径。但这并没有从理论层面否认能动和“不优化”结果间的逻辑关系，而且，事实上在实践过程中“成也萧何败也萧何”的例子比比皆是。所以，网络行为成为网络负效应研究中不可回避的重要领域。

现有研究指出，网络的多元化特性是影响网络成员合作与行为的重要网络特征[287]。但这种多元化在有助于信息流、知识流与资源整合以及提升网络成员合作绩效的同时，网络冲突的潜在风险也在不断增加[288]。与此同时，沟通和学习障碍对网络绩效的影响是网络理论研究与实践过程中不可回避的问题[289]。尽管联盟网络数量与规模增长迅速，但网络绩效的表现仍不尽如人意。而且，存量上的不断增长会强化网络成员机会主义动机所带来的关系制约[290]，形成“规模—队员化—风险与缺陷—绩效乏力”的瓶颈。Davenport[291]在率先提出价值创新理论的过程中强调，任何一个参与者的观念和行为都可以重构产业边界和结构性条件，进而诱发网络化辐射效应。同时，网络组织运营过程中，集体理性与个体理性的矛盾，导致网络组织效率难以实现帕累托最优。朱瑜等[292]研究发现，组织不端行为对网络产生的消极影响存在扩散风险，能够引起网络连接中断的连锁反应。上述结论再次强调了网络行为负面影响的存在，而且从作用机理层面为我们解释了网络行为对网络运行影响的可视化逻辑关系。

基于第3章孵化网络特征分析中针对行为特征的分析和说明可以得出：首先，网络围绕创新展开的互动合作具有显著的不确定性，合作预期、信息不对称能够诱发网络成员出于自我保护目的的机会主义倾向。Lee 和 Cavusgil[293] 同样指出，网络主体的有限理性、参与主体间信息不对称、网络位势差与资产专用性，使得能够损害委托人关系的机会主义行为（如专用性投资积极性、利益的搭便车和敲竹杠等）难以避免。而 Das 等 [120] 则将导致这些无效甚至是破坏性行为的主要因素归结为网络的暂时性。

学术界已经将行为人自利动机和有限理性假说作为创新互动、合作与交易行为的重要理论基础，强调网络合作是一种互利经济行为，其有别于竞争所强调的自利性行为，但这并不能否认合作过程中的自利动机。丁绒等 [105] 对网络和联盟合作的界定强调“自利动机”这种网络负效应诱发因素的普遍性和潜在危机。其次，专用性事前投资，同样成为造成合作一方蒙受损失，中断合作并且产生消极情绪的重要因素。最后，协调成本的增加会激发网络成员寻求新的经济增长点。在此情况下，搭便车、道德风险都会成为孵化网络成员铤而走险寻求短期利益的网络行为。Shane[294] 指出机会主义、道德风险和延误等是创新网络无法规避的现象，强调简单的市场机制在创新网络中是无效的。丁绒等 [105] 同样认为搭便车、道德风险等机会主义行为所造成的“集体行动困境”是影响联盟网络绩效的主要原因。基于资源依赖观与经济人的假设发现，资源优势所带来的网络权利与主体行为动机是网络行为的决定性因素，即行为主体的有限理性与参以及网络互动与合作过程中自身所掌握的资源能够影响网络主体行为动机和共同决策过程，继而诱发机会主义行为。

基于上述分析，本研究将孵化网络行为负效应界定为网络节点在连接网络关系及其互动与合作过程中，主体行为所导致的网络效力下降，表现为搭便车、敲竹杠、败德和派系等机会主义行为。

尽管网络行为存在诸多负面影响，这些负效应通过影响网络成员的动机、行为以及反馈机制，进而能够影响网络互动效率甚至网络整体效力的发挥和自身的发展。这些潜在的隐患不仅被学术界所熟知，孵化网络践行参与者也会以自身熟悉的方式去理解和接受，但这并不能成为企业放弃网络的理由。事实也证明如此，企业参与网络活动并不指望能从其他成员无私行为那里获得所有期望的回报[295]。

因此，以辩证的思想看待网络行为负效应，作为网络治理机制作用的标靶，进而提升网络绩效才是孵化网络行为特征研究的落脚点。

4.2 理论模型构建

2013 年《全球竞争力报告》显示，随着孵化模式的演化升级，孵化网络发展在我国取得了长足的进步。然而，与孵化网络践行发展不相符的是孵化网络资源并未有效转化为在孵企业和其他创新主体的全面快速成长与高毕业率。究其原因：一方面，在我国企业互动合作以及吸收能力整体较弱的约束下，通过孵化网络直接或间接的支持，进而构建企业自主创新架构并培养自主创新能力并未成为企业的内在需求；另一方面，相较于微观主体自主创新意识缺陷，孵化网络整体呈现出价值观与认知结构的离散特征。因此，孵化网络运作过程中面临一定绩效风险与关系风险，造成孵化网络效力下降，并成为导致上述市场状况和问题的症结。然而，“无为而治”的孵化网络自组织过程下，逐渐培养网络主体的创新意识，提升网络互动协同效率是一个渐进的过程。但这个过程需要时间积累而且具有显著随机性。在网络主体具有明确合作动机以及丰富网络资源的水平下，通过完善的孵化网络治理机制降低不利因素的制约不失为一种短期内提升孵化网络绩效的有效途径。需要强调的是，以上部分说明构建孵化网络治理机制是一个严密的逻辑体系，但要构建系统的治理机制，首先需要探究有效治理机制的作用机理。因此，本研究聚焦于此，通过先验性研究，揭示不同治理机制的作用机理，为后续研究打下基础。然而，契约治理机制和关系治理机制对网络稳定高效运行基础的认知不同，风格相异，前者重视关系规范性，而后者倾向于社会关系对网络主体的影响。因此，学者们常常将两类治理机制置于同一研究框架内，探究它们对网络运行和绩效产生的不同影响[135][296]。

此外，第 2 章围绕网络治理机制、网络负效应、网络绩效及其相互间关系的文献研究能够较为清晰地映射出孵化网络治理机制对网络绩效的影响以及孵化网络治理机制对网络负效应的作用。通过文献梳理不难发现，尽管现有相关研究仍存在范式与机理揭示的不足，但网络治理机制在网络绩效前置性的实证研究与理论分析中所表现出的积极作用已经得到众多学者的认可。与此同时，对自治制度理论的辩驳以及对组织治理理论实践价值与实操性的追求，再一次强调一种具有靶向的治理机制是对组织问题普世性的正视和严谨的治学态度。由此所构建的网络治理机制对网络负效应影响的研究路径能够为满足上述研究诉求奠定重要的逻辑支撑。

尽管如此，简单二元关系的探讨并不能充分揭示孵化网络治理机制对网络绩效的影响机理。因为，创新网络的一个重要功能就是通过广泛的合作抵御或消除创新不利因素，如何借助合作成为消除这些不利因素的关键。而且，随着网络规模的不断扩大，内生性网络负效应逐渐凸显，并以难以预见和不可规避的形式对网络造成破坏[297]。因此，基于规则引导合作视角下设计的网络治理机制成为规避风险、降低网络负效应的重要手段。为此，本研究在将孵化网络作为情境变量的基础上，将网络结构与网络主体行为特征的逻辑延伸——网络负效应作为聚焦变量来探究孵化网络治理机制与网络绩效间的关系。

基于上述理论推演与研究问题聚焦，构建理论研究框架模型，如图 4-2 所示。

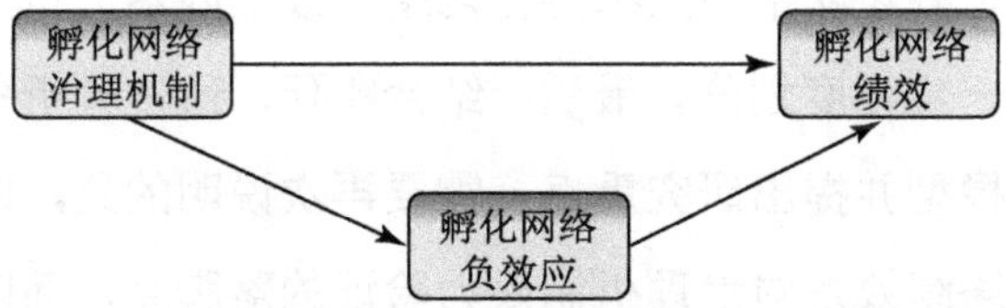

图 4-2　孵化网络治理机制、孵化网络负效应与孵化网络绩效关系模型

为了实现研究目的，揭示上述概念模型的内在机理，本研究借鉴 Moliterno 和 Mahony[298] 以及 Capaldo[269] 提出的跨层次分析范式，在孵化网络绩效研究得以充分诠释孵育增值网络目标的基础上，从网络治理核心——治理机制入手，构建一个基于网络负效应传导机制的跨层次分析框架来分析孵化网络治理机制对网络绩效的影响机理既有研究必要，又是自然逻辑的延伸。在此框架内将着重研究以下几方面的问题：

1）孵化网络契约治理机制对网络绩效的影响研究；

2）孵化网络关系治理机制对网络绩效的影响研究；

3）孵化网络契约治理机制对网络结构负效应的影响研究；

4）孵化网络契约治理机制对网络行为负效应的影响研究；

5）孵化网络关系治理机制对网络结构负效应的影响研究；

6）孵化网络关系治理机制对网络行为负效应的影响研究；

7）孵化网络结构负效应对网络绩效的影响研究；

8）孵化网络行为负效应对网络绩效的影响研究；

9）孵化网络结构负效应对孵化网络治理机制与网络绩效关系的中介效应研究；

10）孵化网络行为负效应对孵化网络治理机制与网络绩效关系的中介效应研究。

4.3 本章小结

本章在前人研究基础上，通过梳理和归纳相关研究结论，对本研究范畴——孵化网络治理机制、孵化网络绩效和孵化网络负效应内涵进行分析，并在此基础上对各概念做了进一步维度划分。最后，结合实际，通过分析各要素变量间的相互关系，构建理论模型并提出研究重点。需要再次说明的是，网络治理机制是本研究的切入点，网络绩效是对治理机制效力验证的落脚点，而以标靶定位的网络负效应则成为提升孵化网络治理机制效力并仍需要通过网络绩效变化加以验证的有效路径。上述分析最终被还原为对“有什么用”和“怎么用”这些引起学者对新生事物最初探究所关切问题的回答。

第 5 章

变量间影响关系及假说提出

上一章对研究范畴中的各变量做了内涵界定及维度划分，在各变量间关系分析的基础上提出并构建孵化网络治理机制、网络绩效和网络负效应的理论研究模型。本章将在此模型基础上，基于各变量间影响关系的分析提出研究假说，为后续实证检验提供逻辑推演与理论分析基础。

5.1 孵化网络治理机制对网络绩效的影响及研究假说

时下，我国正处于高速发展时期，创业和创新情境更加复杂，网络治理机制的设计和实施将直接关乎孵化网络的组织效力。面对企业合作创新日趋开放和复杂化，治理机制研究将有助于协调优化合作关系，并提升外部资源整合效率，从而高效完成协作任务，发挥协同效应对网络化创新的积极作用。对治理机制的研究和实施还将有助于降低网络成本，提升网络资源价值化效率，从而高效完成复杂的网络协作任务。实践研究发现，网络治理机制与网络不相匹配，是网络资源难以发挥效力的重要制约因素。虽然网络成员试图通过自身或孵化器的帮助来建立网络互动关系，但由于网络治理机制与网络成员及其交易关系特性不相匹配，使得网络关系具有较高的脆性。而且学术界所总结的关于契约治理机制与关系治理机制的作用机理，即合法性以及交易行为规制成为契约治理机制发挥功效的关键路径，而资源获取成本和便利性成为关系治理机制优势发挥的重要基础。上述研究结论在孵化网络组织范畴内又将如何体现，这同样需要进一步展开不同维度下的实证分析加以佐证和完善。鉴于此，本研究聚焦孵化网络，深入分析网络治理机制的作用机理，这一研究有助于识别和挖掘网络中演化形成的可渗透于管理过程中的理性要素，对进一步设计和实施孵化网络治理机制和构建网络治理模式具有重要的理论意义和实践价值。为此，本节将着重分析孵化网络契约治理机制和关系治理机制对网络绩效的影响。

5.1.1 孵化网络契约治理机制对网络绩效的影响

孵化网络绩效并不仅仅是网络主体绩效的简单线性组合[39]，综合已有研究结论，本研究将孵化网络绩效的关键影响因素归纳为三个方面。首先，孵化网络主体互动需要稳定、有效的网络关系。Samaha 等[299]指出积极的网络关系有助于提升网络协同性，因为网络关系是网络主体价值化互动过程的重要基础。其次，孵化网络是在系统开放性基础上围绕孵育增值，通过发挥资源集聚优势，进而解决新创缺陷的网络组织。网络资源池存量与共享水平直接影响网络运行效率，Johan 等[300]同样强调网络资源能够为网络主体互动创新带来更多机会，同时网络资源共享能够加速网络资源流的价值化过程。最后，根据制度经济学理论，网络组织发展存在路径依赖，这种正反馈机制在为组织发展提供导向的同时，需要对网络主体行为进行规制与引导，特别是对网络机会主义行为的抑制。因为机会主义倾向所导致的网络负效应使得网络缺乏效率甚至解体。

对于像孵化网络这样集聚大量新创企业的创新网络而言，为了实现孵育增值的网络目标，契约治理机制能够从以下两条路径发挥作用。一方面，对于在孵企业这样的新创企业，合法性缺陷是制约其网络合作的重要因素，由于缺乏足够的主体认知，其他网络成员出于合作不确定和机会主义行为的考量，往往采取更为谨慎甚至不愿合作的态度。在这种情况下，在孵企业需要通过签订契约作为自身责任、义务和角色的承诺，为交易各方在事前拟定意外事件的处理程序和执行办法，减少不确定风险所带来的担忧，从而以此吸引其他网络成员进行合作交易[301]。另一方面，资源缺陷成为所有网络成员所面临的共性约束，相较于新创企业的合法性缺陷，资源缺陷是网络成员缺乏能够用于合作顺利进行并获得超额回报的资源，而且不能通过高成本的付出进行广泛搜索，只能有目的通过自己或在孵化器的帮助下进行合作伙伴的选择。当然，通过孵化器的帮助可以为网络成员选择伙伴节省大量成本，而契约签订则为缔约方围绕资源交易展开的网络互动提供了重要保障。

由此，契约治理机制能够明确交易主体的权责义务以及合作内容，解决网络成员合作中的问题，进而提高互动效率与网络协同性。当孵化网络契约治理由低等程度发展到中等程度时，通过正式契约关系的建立，契约治理机制能够为满足以上孵化网络高效运行的要求创造有利条件。基于过程视角，契约的签订不仅是网络主体协商与博弈的过程，还是通过沟通找出符合双方期待的共同利益的过程。根据信息处理理论，充分的信息交换与共同利益关系的明确能够提高目标一致性，进而提升网络的协同性。Erlewine[302] 将这一过程归结为契约机制放大了网络溢出效应，而由此能够带来网络整体效率的提升。刁丽琳和朱桂龙 [106] 在对网络知识互动过程的聚焦研究中发现，契约治理机制有助于创新网络避免陷入“行动——反应”的被动模式，进而提升网络资源流的价值化效率。基于结果视角，契约关系的建立能够在有效降低彼此不信任关系的同时，为网络规模的不断扩展奠定基础 [303]。Roxenhall 等 [304] 指出在合作双方并不了解或关系并不紧密的条件下，基于正式制度的信心在增强企业交易频率和关系强度方面具有显著价值，这一影响对于异质性孵化网络尤为显著，而网络规模的扩张能够吸引更多异质性的外部创新资源，从而进一步提高孵化网络资源池的多样性与存量。

需要强调的是，契约是通过第三方（主要是执法机关）的强制执行，确保合作方履行合作契约，因为对行为主体约束具有强制性作用，能够确保在不确定情况下的持续性合作；契约的另一个作用在于能够构建一个可以预期的合作环境，为避免第三方介入而增加合作成本，合作会采取私下协商，但这种私下协商一定会以第三方裁定为标准作为博弈的依据。孵化器作为网络关键主体，凭借其网络地位和充分的信息资源（信息源和信息通道）能够有效扮演契约治理机制中“第三方”这个角色，虽然不具备强制执行权利的社会属性，但在孵化网络组织中，孵化器能够很好地扮演“大家长”这样的角色并创造一个良好、公正的契约环境。而公正的契约环境不仅能够在一定程度上解决基于信任关系治理的软约束问题，而且能够提升孵化网主体在合作过程中顺利履约的信心，进而有利于孵化网络运行。不仅如此，孵化网络中关键组织孵化器作为重要的网络合作第三方组织，能够在契约顺利履行过程中发挥重要的支撑和催化剂作用。同时，还起到胡雯和武常岐[305]所强调的“掮客”角色，即能够传递网络中的契约关系，并且来自中间人担保和监管程序的参与有助于降低事后成本，从而将衍生于市场竞争环境下契约治理机制的作用发挥得更加显著。简言之，孵化器的存在提升了孵化网络契约治理机制的效力。需要说明的是，孵化网络中的“掮客”不只是孵化器的专有角色，那些具有较强实力的网络成员都有可能成为网络“掮客”，如科研机构、政府和优秀企业。

然而，规范化的治理未必能够达到预期效果，过分强调以正式治理机制作为网络治理的逻辑依据会受到网络组织自发形成的体制性影响。因此，契约治理机制与孵化网络绩效两者关系中也存在着阈值效应。首先，契约本质上是不完备的，很多不可预期的市场变化以及所有对绩效标准和程序调整的必要信息并不能在正式契约中完全明确规定，从而会产生适应性缺陷[91]，导致网络主体决策程序灵活性逐渐受限，进而影响网络互动效率。Dries 等[145]同样指出，对契约的信奉和过度依赖容易引致网络成员间的“顺从行为”，遇到突发事件时，网络成员难以或不愿调整网络节点标准，从而影响网络成员间关系的稳定性与创造性。其次，从信息处理视角来看，明确而且复杂的契约会成为控制企业间信息互动效果的“双刃剑”。特别是当外界环境不确定性凸显，造成对决策与程序化信息需求增大时，过度强化契约的约束性不但不能有效确保合作与互动信息的交换，甚至有可能制约信息流在网络合作过程中的辐射效果。而且，复杂严格的契约协议还意味着网络主体在合作与互动过程中对彼此背德行为的防范，从而使得网络中充满消极情绪，甚至是敌意。Brown 等[123]同样发现，过度注重契约反而会引发冲突，同时增强网络主体间的缄默性，进而影响网络主体间关系的质量。最后，基于网络资源有限的情境，契约治理机制的强化与契约内容复杂性的增强，都会显著提高契约治理机制的控制成本，进而制约网络创新资源的投入。Ozcan[306]研究发现，虽然契约治理机制有助于复杂交易行为的规范性，但这并不意味着这种积极作用是一种线性的持续作用，因为契约内容的不断复杂以及执行的不断强化势必会造成治理成本的显著提高，由此带来的负面影响可能会稀释契约治理机制对网络效力的积极影响。不仅如此，随着契约不断加强，契约复杂程度不断提升，新的契约协议内容可能会与原有的已经形成一种惯式的契约间出现违和甚至冲突，由此造成契约治理机制对网络效力影响的下降，从而呈现出一种非线性的关系。Antia 和 Frazier[307] 通过案例研究还发现在密集的网络组织中，对契约强制力过度频繁和严格的执行可能会产生负面影响。

由此可见，契约治理机制与孵化网络绩效之间具有非线性关系。起初，在网络协同性与高效互动的作用下，孵化网络对孵化过程支持的效力不断提升，稳定的契约关系进一步激发网络主体展开互动与深入合作，能够有效提升网络主体间的关系质量，进而积极影响网络节点成员的微观绩效及网络协作效果。然而，随着网络主体对契约依赖性的不断增强，过度集中的注意力对网络稳定高效运行可持续性的限制愈发严重，当契约治理机制增强到某一阶段后，对网络效率的限制会抵消甚至超过其所带来的好处。

5.1.2 孵化网络关系治理机制对网络绩效的影响

关系理论强调关系是一种社会资本，理论逻辑是制度性和结构性的隐性社会规范对网络行为的影响和限制；社会交换理论是探究有形或无形社会资本的交换理论体系，理论逻辑强调用自发性的社会规范解释人的行为；而社会资本的理论逻辑则强调社会资本可以构成潜在的网络权力或影响力。因此，三种理论的融合说明，网络关系具有潜在的目的性，是一种以交换为核心的互动行为，而在网络环境中这种互动行为会受到非正式的隐性社会规范的影响，而这也成为网络关系治理机制发挥作用的理论逻辑。

网络治理理论更多主张关系是一种合作主体间信念融合的过程，积极的合作动机将有利于合作的开展和持续，并以此勾画出关系治理机制与网络运作间的逻辑通道，即关系治理机制通过社会化过程提升合作关系的灵活性，并转化为组织整体的柔性以及网络互动过程中对意外事件和不确定因素的适应性，以此逐渐形成共享的社会规范能够规制和促进合作交易过程中履行义务和践诺。对孵化网络而言，关系治理机制作用的发挥主要有两条途径。首先，关系的建立特别是新创企业通过自身或孵化器的帮助与网络中其他成员建立社会关系成为企业对未来合作的一种承诺和担保，有助于从感性层面获得孵化网络其他成员的认可，进而获得网络合法性[308]；其次，基于社会关系的建立将有助于加速网络资源扩散并降低孵化网络成员间的互动和网络治理的成本。与契约治理机制作用背景相同，资源压力同样体现在关系治理机制作用过程中，当社会关系的建立为孵化网络成员搜寻和利用网络资源创建了更加丰富的渠道，互动效率的提高以及网络资源价值化效率的提升都成为孵化网络效力的体现。不仅如此，关系治理机制作用的发挥还体现在对网络成本和资源利用效率方面的积极影响。无论是依靠个人、企业还是孵化器等外部网络主体的牵引，关系的建立和维持能够提升网络资源流的价值化效率，节省资源搜寻和信息筛选的成本，将复杂交易以一种合作各方更为熟悉的方式简化处理，使得网络成员将节省的资源投入到更多网络创新合作过程，这样不仅提高了网络的产出更提升了网络成员间互动的协同性。需要强调的是，这里的关系是一种社会关系，具有非正式性。不管这种基于社会关系的网络治理机制和契约治理机制之间存在何种关系，都不可否认关系治理机制对孵化网络运行的积极影响。

经济学家将关系应用于组织治理时，大多视其为“基于信任且由未来关系价值所维持的非正式关系安排”[309]，并强调这种根植于不断重复交换基础上的，基于互惠的长期合作关系，可以视为一种实现帕累托边界静态变化所需要接近的信息完全充分的经济学假说[310]。因此，优质关系能够激发并影响孵化网络主体的行为动机。根据激励理论，关系治理机制一方面能够积极影响网络主体的信心，引致并提升网络资源共享与互动效率，而且在合作持续性方面，为了延续自身利益，网络成员会主动调整其自身网络角色的属性和行为程序，以求更好地适应网络目标，部分学者将这种优质关系界定为一种非市场化的契约关系，指出这些非正式的隐性心理契约将有助于网络成员在协调网络目标的过程中逐渐形成一种战略性合作的交易规范与组织价值观，相互间的认同更容易被网络成员默契遵守，并潜移默化为必须遵循的一系列规范机制并内化于网络主体的日常行为，从而将一次性交易机制转化为合作式的反复交易机制[105]。不仅如此，具有能动性的微观网络节点，按照上述某种默认的合作规范，只需要通过局部范围内交互过程中彼此适应性的学习，就能将学习到的经验用于改善自身结构与行为程序，进而更好地适应彼此和环境，确保网络成员各尽其责，协调相互间的行为及网络结构，进而达到一种中观层面上的稳定高效协作状态。上述基于能动性视角下企业社会关系作用机理的分析说明，企业间合作的协同趋势可以是一个非正式和自愿的互动。因此，关系治理机制对孵化网络的治理能够达到促进网络协同效应的作用，进而提升孵化网络绩效；另一方面，能够降低专有性资产投资、绩效测度困难及不确定性有关的危险，而网络主体不断被弱化的短视效应能够进一步降低网络机会主义风险，并形成长期稳定的协作关系和信息共享机制，从而产生更高的合作利得。因此，孵化网络关系治理机制对网络协作关系的正强化和对网络主体机会主义行为的负强化能够积极影响孵化网络运行。

社会资本理论成为解释关系治理机制的重要理论基础和研究视角，综合现有研究结论，关系治理机制为培育孵化网络社会资本，进而提升网络专业化分工协作程度，提高网络成员对网络资源价值特性的判断，同时降低网络机会主义行为影响提供了重要的关系安排和互动机制，而这也成为提升网络整体绩效和促进网络成员快速发展的重要保障和动力机制[41]。

与此同时，现有案例研究表明，关系能够减少互动成本，简化运作程序，加强资源和信息的传递[311]。Li 等[121]、Xia[312]及我国学者蒋天颖等[313]，将关系视为一种重要的网络资源，并强调这种嵌入性的社会关系有助于行动者间信任机制的建立与协作关系的维系，进而对网络组织生存能力产生积极影响。因为，非正式的交流能够激发网络成员的知识创造，带来更多市场与技术讯息，在促进黏性资源在网络内部的成功转移与共享的同时[314]，放大并发挥网络成员间协调性对网络绩效的积极影响[315]，而这都成为提升孵化网络绩效的有效途径。

值得注意的是，关系的维系同样需要第三方的介入和影响。关系治理机制的第三方是得到关系网络主体的普遍认同，以自身声誉及其所控资源为担保，为网络中共同价值的存在创造并提供良好的互动环境以及合作所需要的保障机制。作为孵化网络关键组织，孵化器能够充分利用其“结构洞”优势扮演关系治理机制的“第三方”角色，通过资源优势及对网络主体信息的掌握协调网络主体关系，促进网络资源共享，推动网络秩序[①]和网络惯例形成，进而确保孵化网络关系治理机制对网络绩效的积极影响。

☞ 5.1.3 孵化网络治理机制对网络绩效影响模型及研究假说

综上分析，本研究认为孵化网络契约治理机制对网络绩效存在非线性的倒 U 型影响；而孵化网络关系治理机制对网络绩效具有正向影响。基于此，本研究构建如图 5-1 和表 5-1 所示的理论模型并提出研究假说。

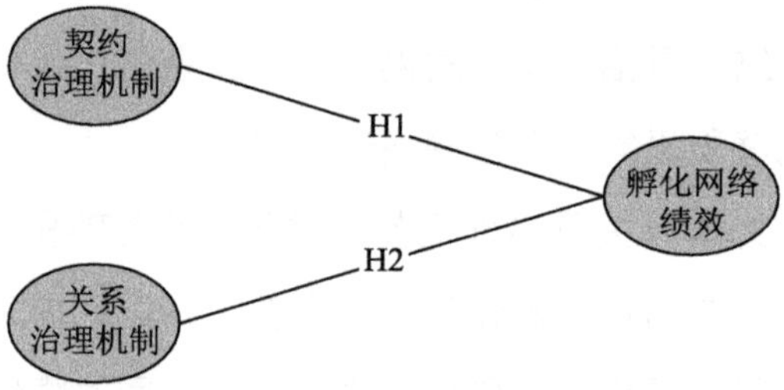

图 5–1 孵化网络治理机制对网络绩效影响理论模型

表 5-1 孵化网络治理机制对网络绩效影响研究假说

H1	孵化网络契约治理机制对网络绩效具有倒 U 型影响
H2	孵化网络关系治理机制对网络绩效具有正向影响

5.2 孵化网络治理机制对网络负效应的影响及研究假说

网络治理、资源优势在积极影响网络开放式创新的同时，部分学者研究发现

① 秩序指符合可识别模式的重复事件或行为。它使人们相信，他们可以依赖的未来行为模式完全能被合理地预见到。秩序的约束力不同于制度，并不带有强制性，基于内在价值体系的协调而形成，而且随着个体之间的自组织能力不断增强。（李振国，张思光．区域创新系统：秩序及其变迁 [J]. 管理评论，2011, 23(12): 63-67.）

这些因素对创新的影响呈现出复杂的曲线关系[316]。黄劲松和郑小勇[146]从资产专用性视角延续了威廉姆森的研究思想，强调创新网络治理的必要性不仅在于对网络整体帕累托效应的追求，同样还需要对网络问题和一些负面影响予以更多关注。孵化网络作为一种资源整合与再造的系统，网络治理对其影响的复杂性作用机理需要我们从治理源头重新审视其对网络负效应的影响。在此，本节将深入探讨不同孵化网络治理机制对网络负效应的影响机理。

☞ 5.2.1 孵化网络契约治理机制对网络负效应的影响

契约治理机制旨在建立正式网络关系、规范网络行为并降低网络风险威胁[258]。基于内容视角，契约作为一种重要的协约文书，不仅是缔约方交易关系的确立与主体行为的依据，还是对突发事件与违约行为负激励的保障，因此契约治理机制能够从事前协定与事后惩罚分别发挥作用。当孵化网络契约治理由低等程度发展到中等程度时，网络主体关系与互动逐渐演变为规范化的履约行为。作为契约治理机制的重要组成部分，入孵机制与考核机制能够利用严格的筛选制度对网络主体质量与规模进行前馈控制。同时，契约强制性特征能够促进网络主体，尤其是在孵企业与外部创新主体间的联系。由此，外层网络与末梢主体活性的提升有助于孵化网络结构优化并降低网络僵化与自我筛选风险。而且，由于组织"遗忘曲线"以及互动时滞性所造成的资源退化和衰败的存在，王国红等[217]采用组织遗忘率来解释以上现象的出现。因此，需要契约强化组织的互动，降低组织的遗忘率，进而提升孵化网络效力的持久性。网络资源局部均衡和弱化局部内网络成员合作动机可能造成局部创新机会被淹没，契约的强制性可以有效弥补这一网络结构缺陷；另一方面，契约作为信息互动的渠道能够降低网络互动与合作过程的不确定性并提高网络透明度，在明确自身权责，避免搭便车、敲竹杠行为的同时，违约机制作为契约治理机制的重要环节能够有效影响网络主体行为动机与决策过程，通过规避网络主体短视效应风险和建立长期导向互动关系来抑制网络机会主义行为。对于集聚大量新创企业的孵化网络而言，依靠契约签订在利用细致明细的条款拓展和约束交易对象的同时，能够规避潜在的网络冲突与风险。正如

Reuer 和 Arino[317] 以及 Lin 等 [6] 所强调的，在交易者有限理性、资产专用性以及信息不对称情境下，契约成为促进交易关系建立、规范交易行为和降低交易环节机会主义行为影响的有效途径。

将契约作为前置因素的研究领域中，契约治理机制的区间效应成为部分学者打破契约治理机制线性化积极作用研究惯式与理论信念的突破口。江旭 [318] 针对网络联盟“边界悖论”实证研究发现，契约治理机制与网络主体间的知识互动效果呈显著倒 U 型关系，但对机会主义行为呈显著负向影响。虽然，上述案例将研究对象控制为医院联盟网络，但这种契约治理机制区间效应的研究结论仍具有一定的外部效度。Chisung 和 Mark[319] 指出契约治理固有缺陷是过度依赖契约内容的导向性，当网络主体过度专注于契约对自身行为的引导与激励，反而会对网络弹性与合作创新效率产生消极影响。

在孵化网络中，违约机制对机会主义倾向的抑制能够形成强有力的网络文化。同时，契约式的正式关系也在不断强化网络主体对机会主义成本的敏感度。因此，随着孵化网络契约治理程度提高，网络行为负效应得到进一步抑制，面对可能造成互动停止风险的行为不确定性，契约成为一种明示并且强制性的保障机制。高展军和王龙伟 [320] 的研究同样表明，网络对显性契约的重视能够增强联盟网络成员对分配公平的感知，进而降低网络机会主义倾向。但是，契约治理程度过高也会产生诸多问题，契约自身完备性和弹性缺陷逐渐凸显并影响网络结构。首先，我们需要重新审视网络视角下契约的完备性。因为现有研究多从时间透镜下分析契约长效机制，对其怀疑来源于对契约无法穷尽未来预期的假设，因此众多学者与管理者将弹性治理 ① 和相机治理 ② 等多种治理机制纳入契约治理机制框架内，保证并提升契约治理机制对缔约方协同性的积极作用。然而，网络内众多主体间丰富的契约关系不可能纳入同一契约内，随着大量契约关系的嵌入，网络

① 弹性治理：基于契约治理的不完备性，针对企业治理的剩余空间，利用声誉、信用以及剩余权力的配置给定网络合作伙伴行为以及道德上线，是一种实现利益分配均衡的长效机制。（陈赤平，李艳 . 基于契约视角的企业治理效率分析 [J]. 湘潭大学学报 (哲学社会科学版), 2008, 32(5):33-39.）

② 相机治理：依据竞争态势与市场信息对网络合作关系做出动态调整，是一种基于产权博弈的制度安排，能够提升网络成员合作过程中对创新成果产权分配问题（信息不对称、道德风险）的治理效果。（郭建莺 . 创业企业相机治理分析 [J]. 中央财经大学学报 , 2004(5):51-56.）

主体间容易形成“交易困境”，即契约间匹配性降低所造成的网络僵化和混沌；其次，为了降低信息交流不确定及风险厌恶倾向而依赖契约强制性保证网络连通性的同时，会提高网络关系互锁转换成本，从而加剧了网络互锁和多米诺效应[321]。何青松和赵宝廷[322]将过度正式关系嵌入所造成的网络关系互锁描述为“刚性协同”，并强调这种协同并不能提升网络优势，反而成为网络结构负效应的“导火索”。Brown 等[123]则将这一负面效应解释为，过度注重契约治理造成网络连通性的降低和松散结构的恶化。

综上所述，当契约治理从低等程度发展到中等程度时，契约治理机制的规范化与强制性优势能够提升网络连通性和规制网络主体行为，从而能够对冲网络结构与行为负效应对孵化网络的消极影响；当契约治理达到较高程度后，契约治理机制在进一步抑制网络行为负效应的同时，对网络结构负效应的抑制作用逐渐降低和被稀释，甚至出现诱发网络结构负效应的趋势。

☞ 5.2.2　孵化网络关系治理机制对网络负效应的影响

追溯新经济社会学的嵌入理论，网络组织并非存在于“真空”中，而是嵌入社会关系中，从而角色与利益之间产生了极其微妙的联系[323]，而企业嵌入的社会关系不同，将影响其对外界压力的主观评价，进而影响其在网络环境中的组织决策。孵化网络内，为应对当前环境下创新需求多样性与多变性、技术复杂性与资源有限性的压力，在孵企业、孵化器与外部创新主体作为活性网络节点会积极培育一种持久稳定的合作关系。其中，社会网络嵌入所带来社会资本的生产性最终体现在网络节点对其社会网络以及蕴含其中信任、认知水平等诸多要素工具的利用上，从而有效降低合作的不确定性和促进资源的流动与共享。Becerra 等[324]从网络风险视角探讨了社会关系对抑制网络风险和机会主义行为动机的积极作用，并且着重强调了这种关系的有效性依赖于整个网络。良好的社会关系成为网络合作伙伴选择与互动的“润滑剂”，在有效提升网络连通性的同时，成员关系的加强会带来更多基于隐性知识的深度创新合作，从而缓解了网络创新乏力的结构性缺陷。而且，基于良好社会关系而展开的更为广泛的创新合作会带来更多理念层面上的交流，而不仅限于技术层面的融合，因而能够从根本上提升网络微观主体甚至网络整体结构的开放性，并有效降低自我筛选等负面影响的发生频率。

延续上述观点，关系治理机制对网络行为负效应的影响主要通过以下途径得以发挥。一方面，网络环境下关系治理机制可以创造一个更有利的交易环境，从而间接影响机会主义行为。换言之，关系治理机制可以建立、促进和扩散规范的认知思维，降低对不确定性和机会主义行为的恐惧，使得网络成员通过吸引更多的关注来保持和提高自身声誉，因此将不太可能参与机会主义行为。另一方面，关系治理机制可以提高整个网络的社会监督和惩罚力度，显然，信息传播在网络中更加迅速，特别是在网络密度比较大，节点平均度值较高的创新网络组织中。由此，网络可以创建基于威慑的信任，比如一旦企业采取机会主义行为，将获得更多的负面影响，因为面对信息的迅速扩散和集体惩罚，该企业不可能再与其他网络成员合作，这也从侧面诠释了 Capaldo 和 Messeni[99] 提出的“社会关系治理机制能够有效抑制被诱导下的机会主义行为”这一结论。

上述治理过程中，当关系治理由低等程度增强到中等程度时，网络主体间互动与合作不是一种强制性的关系导向，对网络关系及其自身社会资本与声誉资本的追求成为孵化网络的组织文化，从而能够影响网络结构与主体行为。首先，网络关系建立是一个多主体互动过程，需要参与者投入社会资本与声誉资本。由此，对互动与合作伙伴社会与声誉资本的计算，有助于提升网络主体决策效率。换言之，社会资本与声誉资本成为孵化网络主体的“名片”，对互动与合作伙伴身份合法性与价值的识别与判断，有助于强化主体素质判断导向下合作伙伴选择战略对网络规模的积极影响[325]。因为，良好的关系能够增强互动双方的“透明度”，通过提高双方共享行为意识可以进一步降低网络成员对不确定性的恐惧感，减少机会主义行为，降低网络中的不确定性。其次，相较于契约治理机制的强制性，关系治理机制对网络主体能动性的激发能够提升网络结构弹性，降低网络僵化风险的威胁。最后，学术界围绕关系治理机制对网络行为负效应影响的研究结论强调，良好的社会关系可以降低参与主体的缄默性，进而降低网络信息不对称及其诱发的搭便车、敲竹杠、败德等行为的可能性。而且，刁丽琳和朱桂龙[106]在对网络知识互动过程中机会主义行为的研究发现，作为一种非正式的柔性治理机制，关系治理机制具有显著优势。李作战[326]强调创新孵化网络需要建立统一的认知模式，指出网络内的共享认知环境可以推动网络主体在熟悉的环境中高效互动。因此，孵化网络关系治理机制通过创造共享的语言范本和相似的价值观并营造共享的认知环境能够提升网络协同性，防范机会主义并降低网络道德风险和减少组织间摩擦。同时，关系治理机制还可以提升网络主体对正式关系下不易觉察现象的敏锐度，进而提升网络成员对网络程序公平的感知。由此，网络互动与合作决策效率的提高能够抑制网络机会主义倾向，进而在网络结构负效应得以治理的同时，提高对网络行为负效应的影响效果。

虽然 Uzzi[261] 将关系强调为一种适合复杂环境的治理机制，因为其更有效率且成本更低，但仍有许多学者对此提出质疑，认为关系治理机制过分强调人性本善的假设，仅仅依赖于自我约束而忽略了经济人行为的自利倾向和机会主义行为的可能性。对关系治理机制作用的深入研究发现，理论逻辑最终体现为一种主动或被动影响下形成的默契。这种默契会形成网络成员思维与行为的惯式，从而提升网络绩效。但默契的维护需要不断的投入，有限的资本与精力会逐渐封闭在有限范围内，进而潜移默化为一种消极的惯式，如小团体、惰性、排外甚至成为机会主义的牺牲品。在探究孵化网络治理机制对网络绩效影响的过程中，这种将积极作用与消极作用被纳入同一研究体系的分析范畴，更符合学术界强调关系研究是对研究情境知识性的诉求[265][311]。学术界围绕关系治理与关系治理机制在不同研究领域的表述不尽相同，但其对合作及多边协同的积极作用得到了学术界普遍的认可，并成为网络治理与三网融合特性不断系统化与情境化最好的诠释。但 Giirerk 等所强调的非线性影响，使得针对关系治理机制的研究变得更加谨慎。

延续上述逻辑，当孵化网络中关系治理超过中等程度并继续加强时，网络主体间信任与社会认同成为引导网络互动与合作的决定性因素，随着信任关系的强化，网络主体间战略性的相互融合使得网络结构更加富有弹性[60]。交易成本的降低和资源共享机制的强化，进一步提升网络结构连通性。然而，在网络任务复杂性不断提高的背景下，对熟悉伙伴的过度依赖以及社会资本与声誉资本相对有限压力的增加会诱发网络派系行为。Janet 和 Dino[327] 对社会网络的实证研究发现，网络中普遍存在派系和小团体，排他性使得其组织内部搭便车与敲竹杠的影响显著提高。另一方面，关系治理机制的强化会加速孵化网络自治演化。然而，基于信任的社会关系嵌入并不能改变孵化网络竞合关系态势，在网络资源相对稀缺的背景下，对网络资源与网络租金的追逐使得缺乏保障性利益分配机制的孵化网络中机会主义风险反而增大。因为，Lin 等 [6] 发现关系的过度开放可能会诱发网络成员机会主义行为，而 Dodgson[328] 则强调在快速变化的环境中关系嵌入过深可能形成“嵌入惰性”，进而弱化组织自主性和感知能力，或是无法及时应对外部环境的变化。与此同时，经济学视角下对“高度亲密悖论①”的争议暗示，信任并不总对机会主义产生保护和积极影响，强连接关系下的“阴暗面”同样会导致监管机制的弱化 [318] 与合作效率降低 [145]。

☞ 5.2.3 孵化网络治理机制对网络负效应影响模型及研究假说

综上分析，本研究认为孵化网络治理机制对网络负效应具有复杂影响。基于此，本研究构建如图 5-2 和表 5-2 所示的理论模型并提出研究假说。

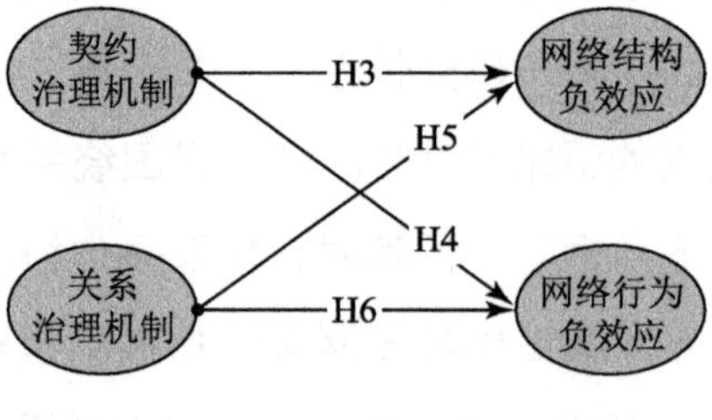

图 5-2 孵化网络治理机制对网络负效应影响理论模型

① “高度亲密悖论”是 Stegan 和 Geyskens 提出的，其研究发现随着非正式关系嵌入程度从低水平向高水平发展，自我强化机制也得到强化，因此，此时不会出现机会主义行为。然而当关系嵌入程度从相对较高水平向更高水平发展时，会减少控制行为，从而引发利益侵占等机会主义行为。（Wuyts S, Geyskens L. The formation of buyer—supplier relationships: Detailed contract drafting and close partner selection[J]. Journal of Marketing, 2005, 69(10): 103-117.）

表 5-2　孵化网络治理机制对网络负效应影响研究假说

H3	孵化网络契约治理机制对网络结构负效应具有 U 型影响
H4	孵化网络契约治理机制对网络行为负效应具有负向影响
H5	孵化网络关系治理机制对网络结构负效应具有负向影响
H6	孵化网络关系治理机制对网络行为负效应具有 U 型影响

5.3　孵化网络负效应对网络绩效的影响及研究假说

孵化网络是一个由异质性且具有独立决策能力的活性主体所构成的有机组织系统。作为一种超越企业微观层的网络组织，在发挥孵育机制，带来资源整合优势的同时，同样存在负面效应。Menzel 和 Fornahl[329] 以及我国学者蔡宁等 [200] 将这种能够引致网络衰败的诱因界定为网络风险，通过对网络集群跟踪实证发现，基于主体连接关系的网络结构形态和网络主体行为及其相互影响成为导致网络失衡、效率下降的重要前置因素。在此基础上，孙国强进一步对网络风险研究做了向上延伸并将网络治理纳入研究框架，从系统协同视角分析了网络负协同效应的作用机理与治理机制，强调结构性缺陷与主体机会主义行为所导致的负效应对网络组织整体优势的冲击使得网络组织处于合作风险之中，在明确界定网络负效应概念的同时提出了“协同悖论”。因此，在孵化网络高效运行与快速发展过程中仍会受到自身网络结构与内部主体行为的负面影响，进而降低网络主体间关系质量与互动协作效果。

Rooks[283] 等与 Dries[145] 等通过实证发现，网络结构对网络主体绩效存在非线性区间效应。因此，由结构衍生的负面影响势必会对孵化网络绩效产生消极影响。Chen 和 Chang[330] 以及我国学者林明和董必荣 [331] 在各自研究领域中同样实证得出结构多样化与行为复杂性对创新呈倒 U 型影响的结论。吴绍棠和李燕萍 [289] 指出网络规模扩大造成组织臃肿和多元化泛滥，并由此带来评估合作伙伴与合作成本增加，这将严重影响网络创新效率。而密集型与间断型网络结构优势悖论同样说明，网络密度所引发的资源冗余限制了网络创新的价值化效率，美国 128 号公路的衰败正是规模过大和连接稠密所致。网络合作是一种基于专用性投资的互利经济行为，有别于竞争所强调的自利性行为，但这并不能否认合作过程中的自利动机。还有部分学者，将研究聚焦于网络派系行为，认为派系行为的双重特性对网络的消极影响更加深远、更具毁灭性。研究发现，结派行为的发生并不仅限于微观企业内部，网络组织内部同样存在结派行为 [255]。而这种结派行为是网络中结派子群结构的衍生影响，学术界将这种子群结构概念化为派系、网络小团体、联盟地。随着网络内部成员互动深入与多元化的不断融合，认知与社会边界有可能会被打破甚至同化，这一趋势同样能够诱发网络结派行为。已有实证研究发现，网络结派行为能够为派系子群内部营造更具优势的创新环境，但同时内部联系的冗余、矛盾与冲突也会随之增加，反而制约了企业的网络活性。更有甚者，网络派系特别是网络重要节点间所形成的利益相关者派系和小团体能够干预和影响政府相关政策的制定和实施，如“抱团”要政策、干预标准化政策的颁布等 [53]。不仅如此，结派与派系行为的外部效应更加显著，资源流与信息流的黏滞 [24]，信任关系的弱化与互动效率的下降，都成为结派行为影响网络效力与效率的直接内生影响因素 [332]。以上研究不难发现，网络负面效应确实存在并以一种复杂的方式作用于网络运行过程。

按照 Barabasi 的研究结论，孵化网络无标度结构特征会造成网络规模不断扩大和优先连接的网络倾向，进而加剧网络过度发展和密度分布不均现象。同时，由显著异质性所造成的局部趋同和自我筛选现象同样成为孵化网络结构负效应的主要表现。首先，过度发展所造成的网络臃肿会提高网络成本 [333]。根据信息处理理论，网络过度发展所产生的大量冗余信息会加大信息处理难度，进而影响网络主体协同性。随着孵化网络规模扩大，网络技术多样化程度随之增大，为了避免过度和无效搜索，网络主体会将自身技术局限在一个具有共同知识基础的、相似的技术领域内，造成企业搜索范围缩小并产生互动与创新核心的刚性，进而陷入群体创新路径对自身能力过度依赖的陷阱。Troy 等 [334] 提出的有效网络衰减理论同样强调，网络规模的过度扩张会加速网络提供创业支持衰减的速度。其次，网络密度不均衡、局部趋同和自我筛选是一组导致网络负效应的正向循环反馈机制，能够引起网络资源扩散效率下降和共享机制弱化。随着互动的减少，网络主体间关系质量与合作效率随之下降。最后，组织僵化是网络发展过程中不可避免的逻辑趋势，孵化网络同样会受到关系过度嵌入所造成的组织僵化威胁，一旦陷入“僵化困境”，网络化资源优势与主体协同效应将被禁锢。

网络合作背景下，网络主体决策依据资本投入与网络回报的比较。对网络回报的追逐与依赖成为网络行为负效应的诱发机制。由此，搭便车、敲竹杠、败德等机会主义行为以及网络派系活动成为制约网络绩效的症结。李振华和赵黎明[52]在构建多中心孵化网络治理模式研究中，网络成员搭便车等机会主义行为对网络资源限制，甚至催解孵化网络的负面影响被多次强调。尽管机会主义行为能够为投机者带来更多网络回报，但同时也会滋生相互间的不信任和诱发非规范行为，从而对网络合作关系的稳定性造成冲击并带来更多的不确定性因素，更为重要的是随着关系质量下降，新的创新问题不断衍生，不断提升和被感知的网络威胁能够抑制网络创新的积极性。张红娟和谭劲松[335]对网络成员与网络整体关系跨层次的研究结论同样支持以上观点，强调网络成员间彼此信任匹配性的降低会滋生机会主义动机，并制约网络整体创新效率。综上所述，在孵化网络所表现出的高不确定性、事前专用性投资以及高协调成本的网络行为特征下，即使合作能够带来交易租金或其他回报，但有限理性与经济人动机为了避免专用性投资损失等问题，孵化网络成员可能倾向于铤而走险的机会主义行为甚至是不进行交易。

需要强调的是，个体机会主义行为对网络的破坏还在于其所蕴藏的道德风险会在网络中“传染”[336]，这种基于网络遗传性与自我嵌套的系统内生负效应能够破坏网络秩序和已经建立起的网络文化，因而对网络关系与合作的负面影响更加持久。

综上分析，本研究认为孵化网络负效应对网络绩效应具有负向影响。基于此，本研究构建如图 5-3 和表 5-3 所示的理论模型并提出研究假说。

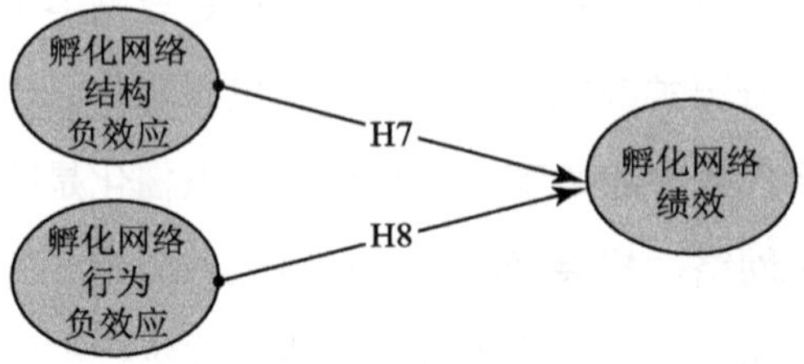

图 5–3 孵化网络负效应对孵化网络绩效影响理论模型

表 5-3 孵化网络负效应对孵化网络绩效影响研究假说

H7	孵化网络结构负效应对网络绩效具有负向影响
H8	孵化网络行为负效应对网络绩效具有负向影响

5.4 孵化网络负效应对网络治理机制与网络绩效关系的影响及研究假说

对孵化网络治理的研究源于一般网络治理研究的迫切性，及全球范围内孵化网络践行效果和其对市场经济与社会发展的重要性。网络治理作为一个系统性研究，治理机制是核心，是一系列关系到网络效力与效率的规制集，更是网络绩效的重要保障。因此，研究孵化网络治理机制对系统性分析孵化网络治理至关重要。但是，如何规范性分析，特别是对治理机制效力的评价和检验需要将孵化网络绩效纳入治理机制研究框架中，从而形成本研究所构建的孵化网络治理机制与孵化网络绩效关系的主效应研究框架。这一方面提升了网络治理研究的系统性，另一方面提升了结论的外部效度，同样符合李维安和林润辉所强调的“应将治理机制与治理绩效纳入统一框架展开研究的诉求”。然而，这种二元变量线性关系研究对孵化网络治理机制的分析无法继续深入，研究情境的缺失需要亟待完善和寻找新的研究视角。网络负效应作为网络运作过程中不可回避的组织现象，能够在一定程度上制约和影响网络绩效，并由此成为网络治理的标靶。因此，将网络负效应纳入孵化网络治理机制与网络绩效关系的研究框架中，作为治理机制作用于绩效逻辑关系中的重要变量，分析三者之间的作用机理，更符合现有孵化网络的践行情境。

技术创新网络化成为网络组织价值优势的关键，在实现多主体技术融合与互补的过程中，互补性与替代性成为这一经济竞合系统的重要属性[337]。孵化网络异质性源于网络主体价值目标和知识结构上的差异，其本质上体现了互补性行为的内涵。然而，作为一个经济系统，各行为主体同样存在竞争性与替代性。其中，互补性是网络结构协同的基础，竞争性则成为网络主体行为动机的前因。因此，作为集聚创新资源、聚焦创新支持的孵化网络，为了还原技术创新的本质属性，研究网络结构和行为效应在网络治理与网络绩效关系中的影响机理很有必要。

前文辨析与论证表明，两类孵化网络治理机制通过影响网络负效应，强化或抑制了网络的和谐性，进而从中观与微观两个层面对孵化网络绩效产生间接影响。首先，在不同孵化网络治理机制（契约治理机制与关系治理机制）作用下，网络关系对网络结构与网络主体行为的影响机理不同，这决定了孵化网络运行效果的基础；其次，契约治理机制与关系治理机制对不同网络负效应的靶向偏好导致网络结构与行为处于不平衡状态。按照 Kim 等[338]的观点，网络的发展离不开结构与行为的耦合，由此推断，孵化网络治理机制通过影响网络结构与主体行为，进而间接影响网络绩效。已有研究发现，网络结构与主体行为的负面效应对网络核心组织领导力的影响存在中介效应[339]；Huang 等[340]发现，网络“缺陷”在创始人资源禀赋与创新绩效间存在显著中介作用。由此可见，不同孵化网络治理机制通过网络结构与行为来影响网络协同性，从而间接作用于孵化网络绩效。

综上所述，本研究认为孵化网络负效应具有中介作用，能够成为孵化网络治理机制作用于网络绩效过程中传导机制的重要变量。基于此，本研究构建如图 5-4 和表 5-4 所示的关系模型并提出研究假说。

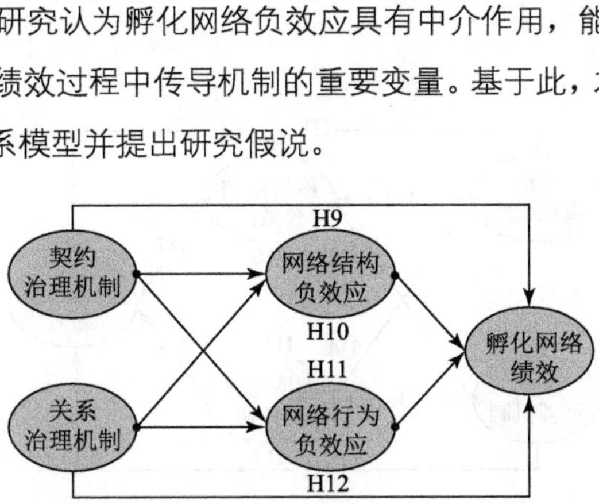

图 5–4　孵化网络负效应中介作用理论模型

表 5-4 孵化网络负效应中介作用研究假说

H9	孵化网络结构负效应在孵化网络契约治理机制与网络绩效之间起中介作用
H10	孵化网络结构负效应在孵化网络关系治理机制与网络绩效之间起中介作用
H11	孵化网络行为负效应在孵化网络契约治理机制与网络绩效之间起中介作用
H12	孵化网络行为负效应在孵化网络关系治理机制与网络绩效之间起中介作用

5.5 本章小结

以上规范性研究范式，将网络负效应纳入孵化网络治理机制对网络绩效的研究框架中，重新构建了一种以网络负效应为中介变量的，研究网络治理机制对网络绩效影响传导机制的研究框架。同时，网络负效应以独立维度纳入上述研究框架后，一方面纵向完善了网络负效应的情境要素范畴，另一方面能够引起学术界对网络治理前置作用的更多关注。需要特别指出的是，有别于生成和运行视角下所得出的网络治理机制研究的结论（生成维护、互动和共享），对网络关系的聚焦，使得契约以及关系治理机制成为一种新的研究突破口。这种依据“关系—结构—行为”的治理逻辑更符合李维安和林润辉所强调的网络治理系统化研究的规范性要求。

基于此，本章深入分析孵化网络治理机制、网络负效应及网络绩效间的直接与间接关系及其作用机理，构建各变量间关系模型并提出研究假说，如图 5-5 和表 5-5 所示。

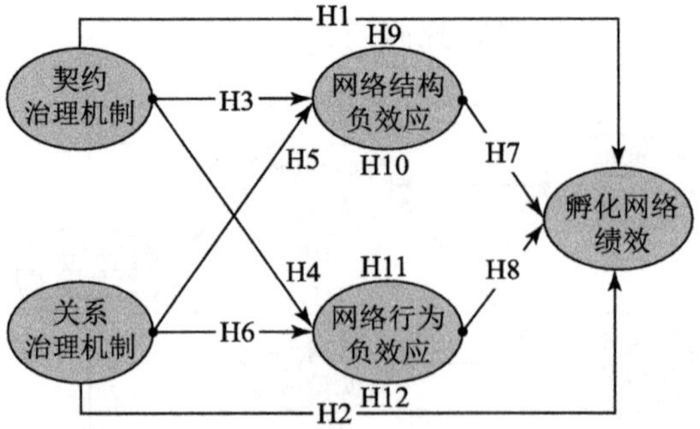

图 5-5 孵化网络治理机制、网络负效应与网络绩效关系模型

表 5-5　孵化网络治理机制、网络负效应与网络绩效关系研究假说

H 1	孵化网络契约治理机制对网络绩效具有倒 U 型影响
H 2	孵化网络关系治理机制对网络绩效具有正向影响
H 3	孵化网络契约治理机制对网络结构负效应具有 U 型影响
H 4	孵化网络契约治理机制对网络行为负效应具有负向影响
H 5	孵化网络关系治理机制对网络结构负效应具有负向影响
H 6	孵化网络关系治理机制对网络行为负效应具有 U 型影响
H 7	孵化网络结构负效应对网络绩效具有负向影响
H 8	孵化网络行为负效应对网络绩效具有负向影响
H 9	孵化网络结构负效应在孵化网络契约治理机制与网络绩效之间起中介作用
H 10	孵化网络结构负效应在孵化网络关系治理机制与网络绩效之间起中介作用
H 11	孵化网络行为负效应在孵化网络契约治理机制与网络绩效之间起中介作用
H 12	孵化网络行为负效应在孵化网络关系治理机制与网络绩效之间起中介作用

第 6 章

研究方法设计

规范研究方法论强调，科学研究过程的第一步是研究要素的概念化过程，即研究者将某种推想或创意思维转化为可编码和译码的概念及研究假说，操作化过程则是在此基础上完成的第二步，即研究者将各种概念译化成现实社会中可观测的变量[341]。为了探究孵化网络治理机制对网络绩效的影响机理，在文献梳理与理论分析的基础上，规范的实证分析是检验理论推演命题和研究假说的重要支撑。尽管我国孵化网络的蓬勃发展为理论研究提供了丰富的素材，但能够全面反映其网络化发展，特别是特征属性的相关数据还很匮乏，为了定量分析孵化网络存在的问题，实证数据必不可少。为了满足对实证研究数据的需求，需要通过对研究要素进行操作化处理，进而形成调研问卷，并以此搜集一手数据用于后续实证分析。

基于第 3、第 4 和第 5 章的分析，本研究选择孵化网络负效应作为中介变量，聚焦孵化网络治理机制对网络绩效的直接与间接影响进行实证分析。在此，本章将借鉴现有相关研究结论，为各研究变量设计测度指标和编制调查问卷，同时选择并介绍本研究所采用的数据分析方法和数据分析工具。

6.1 研究量表设计

本研究实证分析主要涉及孵化网络契约治理机制、孵化网络关系治理机制、孵化网络绩效、孵化网络结构负效应及孵化网络行为负效应 5 个变量。

需要说明的是，鉴于部分研究变量是数据非公开且存在难定量化特性的研究要素，因此本研究采用定性指标设计方法。这一研究范式既有效解决了变量公开数据不足的系统性缺陷，同样符合学术界主观建构主义对“环境要素感知效果”实证价值的强调。在此，本研究将对上述研究变量操作化定义做详细分析。

☞ 6.1.1 孵化网络绩效指标体系构建

基于第 4 章研究结论中对孵化网络绩效的诠释，本研究选择从微观视角与中观视角相结合的跨层次研究范式构建评价体系。其中，微观节点绩效中对孵化器与在孵企业绩效的评价，本研究主要借鉴 Ömer Çağri Özdemir 和 Şehitoğlu[274] 以及 Nisakorn 和 Tritos[24] 的研究成果，因为我们相信对泰国孵化器与在孵企业的评价能够为同是亚洲发展中国家的我国孵化器与在孵企业绩效研究提供重要参考。同样，谢永平等 [339] 聚焦存在核心组织的创新网络绩效的研究成果则为本研究中观层网络协作绩效的评价提供了有力的支撑。

6.1.1.1 孵化器运营绩效测度指标设计

作为孵化网络中的关键节点，孵化器在运营过程中需要承担更多的责任。一方面，作为孵化网络中以孵育在孵企业为目的的微观组织，运营和孵育效果是检验组织价值和运营情况的重要内容；另一方面，随着市场经济的不断发展，孵化器企业化运作模式的转型以及自负盈亏压力的普适性说明，一般企业绩效的评价同样适用于现在的孵化器 [342]。因此，孵化器绩效所要研究的是孵化器向孵化网络内的在孵企业所提供孵化服务的情况以及企业的运营状况。换言之，对其绩效的测度主要是通过评价企业自身发展状况和对在孵企业孵育能力的综合效果。基于此，延续第 4 章的研究结论，孵化器绩效评价指标主要包括在孵企业的年毕业情况、每千平方米孵化面积内的孵化企业数量、在孵企的增长、高新技术市场化以及企业净资产收益情况。由此，本研究从以上指标对孵化器运营绩效进行考察，具体如表 6-1 所示。

表 6-1　孵化器运营绩效测度指标

变量	测度题项	编码	参考文献
孵化器运营绩效 Incubator Operation Performance（IOP）	年度毕业率	IOP 1	Ömer Çağri Özdemir、Şehitoğlu（2013）；Nisakorn、Tritos（2014）
	每千平方米孵化面积的在孵企业数	IOP 2	
	在孵企业增长	IOP 3	
	高新技术市场化	IOP 4	
	企业净资产收益	IOP 5	

6.1.1.2　在孵企业成长绩效测度指标设计

相较于孵化器功能与市场化复合型测度特征不同，在孵企业网络经营目标则相对单一。原因在于作为新创企业，科技创新既是获得在孵企业合法身份的先决条件，同样也是企业重要的发展战略目标，只有在网络化的孵化支持和自身网络化的竞合关系下，不断寻求技术创新及研发成果市场化效率的提升，才能在激烈的市场竞争中谋求生存和发展。

现实情况中，企业孵化网络所服务的企业是科技型新创企业，此类企业的主要特点是对于成长、技术具有较高的要求。许多学者研究在孵企业绩效时指出，在孵企业的绩效主要表现在创新方面，进而体现出企业较高的营利性。现有在孵企业绩效研究中，许多学者使用能够反映在孵企业创新能力的指标来对孵化企业的创新进行衡量。

另外，在孵企业绩效除了受企业自身禀赋的影响外，还会受到孵化器的影响，所以评价在孵企业绩效时，需要考虑孵化器的作用，而对创新的支持成为孵化器作用最直观的体现。基于此，在孵企业主要从创新以及企业化发展两个方面进行综合评价。本研究在现有成熟的测量量表基础上，结合孵化网络现状，提出以下 5 个衡量在孵企业成长绩效的指标，具体指标详见表 6-2。

表 6-2 在孵企业成长绩效测度指标

变量	测度题项	编码	参考文献
在孵企业成长绩效 Performance of Incubating Enterprises（PIE）	净收益	PIE 1	Nisakor、Tritos（2014）
	投资收益	PIE 2	
	申请的专利数	PIE 3	
	新业务（新产品、新市场）的开发速度	PIE 4	
	新业务数量占企业业务总数的比重	PIE 5	

6.1.1.3 网络协作绩效测度指标设计

对网络绩效并非仅是网络节点绩效线性组合的强调，使得学术界对网络绩效的研究层次不断丰富。网络协同性及网络协作效果成为众多学者研究网络绩效的重要组成部分。对异质性显著的孵化网络而言，在网络层面所表现出的网络成员高效协作成为确保孵化网络绩效的重要机制。

企业孵化网络协作绩效研究聚焦孵化网络中成员之间的协同状况，而协同则是网络孵育增值的基础。企业孵化网络中不仅有孵化器和在孵企业，还包括对孵化网络有效运转起重要作用的孵化网络支撑体系（外层孵化网络主体），如金融机构、中介机构、政府、科研院所等。如何协调孵化网络各成员间利益，使网络各成员较好发展对孵化网络绩效具有十分重要的影响。在此，本研究借鉴并延续 Baiman 和 Rajan[343]、Coletti 等 [344] 以及我国学者谢永平等 [339] 的研究结论，从信任反馈、信息共享、公平原则和目标一致性诠释并衡量孵化网络协作绩效，具体指标详见表 6-3。

表 6-3 孵化网络协作绩效测度指标

变量	测度题项	编码	参考文献
网络协作绩效 Network Coordination Performance（NCP）	信任反馈的效果	NCP 1	Baiman、Rajan 等（2002）
	公平原则的履行	NCP 2	
	信息共享的程度	NCP 3	
	目标一致性的程度	NCP 4	

☞ 6.1.2 孵化网络治理机制指标体系构建

6.1.2.1 契约治理机制测度指标设计

需要再次说明，本研究所指的孵化网络契约治理机制，是基于市场交易关系的正式契约治理机制。契约治理机制指用以规范和约束合作行为的合同或契约协议，并且能够得到法院等第三方仲裁机构的认可，是一种需要在事先严格明确并且可以被证实的详细条款和说明，即事前网络成员以书面的形式规范彼此之间的权利与义务，并且强调书面规定的行为受到法律的约束和保障。如果网络中成员出现违约行为，经查证将会受到惩处。同时，第 4 章分析强调，在网络治理系统框架内，孵化网络契约治理机制由规则制订、合规及违规处罚三个方面组成。因此，指标设计主要围绕上述三方面展开，具体指标详见表 6-4。

表 6-4 契约治理机制测度指标

<table>
<tr><th>变量</th><th>维度</th><th>测度题项</th><th>编码</th><th>参考文献</th></tr>
<tr><td rowspan="9">契约治理机制 Formal Contract (FC)</td><td rowspan="3">规则制订</td><td>在合同中规定各方必须要承担的角色、责任和利益分配</td><td>FC 1</td><td rowspan="9">耿超（2012）；李双燕、万迪昉（2008）；韩炜等（2014）</td></tr>
<tr><td>在合同中有明确的解决分歧和冲突的方案及措施</td><td>FC 2</td></tr>
<tr><td>只有所有合作细节都通过合同规定后双方才能顺利合作</td><td>FC 3</td></tr>
<tr><td rowspan="3">合规</td><td>企业依据合同制订网络发展战略目标</td><td>FC 4</td></tr>
<tr><td>企业依据合同规订进行网络交易活动</td><td>FC 5</td></tr>
<tr><td>定期对合作过程中各方承担任务的进程和质量进行检查</td><td>FC 6</td></tr>
<tr><td rowspan="3">违规处罚</td><td>孵化器对孵化网络内企业进行监督和约束</td><td>FC 7</td></tr>
<tr><td>企业出现违约行为能够及时予以处罚</td><td>FC 8</td></tr>
<tr><td>相关法律和制度可以减少成员企业的违约行为</td><td>FC 9</td></tr>
</table>

6.1.2.2 关系治理机制测度指标设计

关系治理机制强调网络成员间基于社会关系的非正式安排，与契约治理机制所表现出的正式性和强制性不同，网络关系治理机制并不需要进行事前规则制订，同时法庭等仲裁机关也无法起到第三方强制执行的作用。在此，延续第 4 章针对孵化网络关系治理机制内涵与维度的研究，指出在孵化网络环境下社会规范、对信任和声誉的认知、网络惯例，以及联合制裁成为关系治理机制发挥作用的重要机制。因此，本研究主要从上述 4 个方面进行指标设计，详见表 6-5。

表 6-5　关系治理机制测度指标

变量	维度	测度题项	编码	参考文献
关系治理机制 Relational Governance（RG）	社会规范	企业更愿意与具有共同社会价值观与习俗的其他网络成员合作	RG1	耿超（2012）；Gibbon（2005）；周冬梅、鲁若愚（2010）
		互惠规范使成员企业之间的交易顺利进行	RG 2	
		企业合作过程中常伴有非正式的社会性交流	RG 3	
	对信任和声誉的认知	网络存在信任机制	RG 4	
		网络中存在的声誉会约束企业的投机行为	RG 5	
		信任与网络声誉是企业选择合作伙伴和持续交易的重要决策依据	RG 6	
	网络惯例	企业会参照其他网络企业行为开展交易	RG 7	
		网络中存在成员共同墨守的规范	RG 8	
		集体惯例减少了成员企业间的信息不对称	RG 9	
	联合制裁	与合作方相互协调以共同解决冲突	RG 10	
		违规行为会受到网络成员共同的制裁和惩罚	RG 11	
		违规记录会成为企业标签长期存在，能够抑制企业违规倾向	RG 12	

☞ 6.1.3　孵化网络负效应指标体系构建

网络负效应的存在并不意味着网络效力的丧失，反而是孵化网络的解构和认知，以及提升孵化网络绩效的关键要素。基于第 4 章的研究成果，本节分别对孵化网络结构负效应和行为负效应进行指标设计。

6.1.3.1 网络结构负效应测度指标设计

需要说明的是，本研究所聚焦的网络结构负效应是由孵化网络结构“非谐则”形态而造成的网络不经济现象。因此，聚焦孵化网络结构特征是挖掘外显和潜在造成网络效力下降原因的重要先验研究。基于此，本研究延续第 3 和第 4 章关于孵化网络结构特征及网络结构负效应的研究结论，从网络僵化与惯性、自我筛选、网络臃肿和创新乏力 4 个方面进行指标设计，详见表 6-6。

表 6-6 网络结构负效应测度指标

变量	维度	测度题项	编码	参考文献
网络结构负效应 Structure Negative（SN）	僵化与惯性	合作方式与内容一直没有改变	SN 1	Dries 等（2008）；陈伟等（2014）
		网络成员间一直延续相同的合作模式	SN 2	
		企业自主行为受限于其他网络成员	SN 3	
	自我筛选	企业只愿意选择有和自己相似结构与行为的网络成员合作	SN 4	
		企业只愿意和现有合作伙伴尝试新的合作	SN 5	
		价值观匹配性是网络成员选择合作伙伴的关键标准	SN 6	
	网络臃肿	过多网络成员加剧竞争	SN 7	
		过多的合作伙伴需要投入大量资本	SN 8	
		备选合作伙伴太多造成难以选择	SN 9	
	创新乏力	企业研发合作效率低	SN 10	
		企业不愿为合作创新投入更多精力和资源	SN 11	
		研发成果市场化能力弱	SN 12	

6.1.3.2 网络行为负效应测度指标设计

相较于网络结构负效应而言，孵化网络行为负效应则是网络成员互动行为“非和则”关系和行为造成网络效力下降的内生因素。不同于孵化网络结构负效应相关研究不足的现象，网络行为负效应中所分析的诸如搭便车、敲竹杠、败德以及派系行为等机会主义在孵化网络组织中同样具有普适性，这一点在第

3 章孵化网络特性研究以及第 4 章相关概念内涵分析部分均做了较充分的论证。基于此，本研究延续上述观点对孵化网络行为负效应进行指标设计，详见表 6-7。

表 6-7　网络行为负效应测度指标

变量	测度题项	编码	参考文献
网络行为负效应 Behavior Negative（BN）	合作企业会隐瞒不利信息	BN 1	刘益、曹英（2006）；徐二明、徐凯（2012）
	合作企业允诺一些事情但后来没能兑现	BN 2	
	合作企业会利用我们未注意或不了解的地方	BN 3	
	不关心合作伙伴的损失	BN 4	
	违背非正式协议可能获得更大的利益	BN 5	
	合作企业会利用意外事件逼迫我们让步	BN 6	

☞ 6.1.4　控制变量与标记变量指标体系构建

6.1.4.1　控制变量测度指标设计

研究表明，绩效研究的复杂就在于其是一个多维度影响因素共同作用的结果，这一要素特质在网络组织层面尤为凸显。因此，特定影响因素对网络绩效影响的研究过程中需要对一些普适性的变量加以控制，以防止其干扰研究成果的外部效度。本研究旨在探究孵化网络治理机制对网络绩效的直接与间接作用，但这仅是本研究中因变量（孵化网络绩效）的部分解释变量。为此，本研究需要引入一些未考虑的变量加以控制和分析。由于本文采用中观与微观相结合的跨层次研究范式，因此，控制变量同样从微观层与中观层两方面进行设计。其中，微观层控制变量的测度本研究借鉴 Zhou 等 [345] 的建议，选取企业规模和高新技术级别两个指标；中观层选择网络所在区域和网络年龄两个指标。

1. 企业规模

企业规模反映了主体经营实力与创新基础，较多研究已经指出这一指标能够对企业的日常运营、生产效率以及技术创新等环节产生重要影响，但是作用机理至今仍没有系统的定论。一方面，较大的规模能够为企业创新提供资金及技术保障；另一方面，规模较大的企业由于组织较为庞杂，其决策与运转效率及市场反应速度均会因此降低。本研究主要关注孵化网络治理机制对网络绩效的作用机理，在对网络绩效的聚焦过程中，企业规模并未成为本研究框架中的前置要素，将其作为控制变量能够在更大程度上还原孵化网络不同治理机制以及网络负效应对网络绩效的真实影响。

对于在孵企业规模的界定，本研究基于《中小企业标准暂行规定》和调研访谈，以在孵企业的年营业额作为划分标准，即年营业额低于 500 万元为小型在孵企业，年营业额 500 万元至 1000 万元为中型在孵企业，年营业额 1000 万元以上为大型在孵企业，并根据在孵企业规模的三个级别，将大型在孵企业的规模指标赋值为 7，中型在孵企业的规模指标赋值为 4，小型在孵企业的规模指标赋值为 1。

2. 高新技术级别

此外，在孵企业作为中小型初创企业，其最大的特点就是具有一定的核心技术及专利权，企业的创新及成长是围绕自身技术优势和强点而不断拓延。在孵企业绝大多数都属于高新技术企业，而政府部门进行的评级不仅反映了其技术创新能力，而且体现了其能够在创新发展过程中享受到的政策优惠及支持。高新技术等级一般可以分为国家级、省级和市级三个级别。对此，本文将在孵企业的高新技术等级也作为控制变量引入实证分析过程中，对于国家级赋值为 7，省级赋值为 4，市级及以下赋值为 1。

3. 网络所在区域

外部经济性成为区域性优势的重要解释依据。不可否认，这种国家创新系统内部不均衡的现象已成为区域间经济与社会发展差异化的重要内生影响因素。从局部来看，作为区域创新系统中重要的组织基础，孵化网络的运行会受到这些宏观外生因素的影响[306]。因此，为了降低区域性因素对实证结论的干扰，本研究选择孵化网络所在区域作为控制变量，控制其对孵化网络绩效的影响。其中，东部区域赋值为 1，中部区域赋值为 4，西部区域赋值为 7。需要说明的是，由于本次调研区域不包括成都、重庆两区域，所以赋值基本按照我国现有经济发展情况进行赋值。

4. 网络年龄

生命周期理论强调组织发展是一个逐渐积累和释放的过程，需要时间资本的投入。学术界不同视角下围绕组织年龄与组织绩效关系的研究积累了众多研究成果，但研究结论并未统一。学术界对二者之间关系的认知随着研究情境、研究对象的变化以及新研究变量的加入不断丰富。尽管研究结论并未系统化，但组织年龄与组织绩效关系仍是网络绩效研究过程中不可忽视的变量。基于此，本研究选择网络年龄加以控制，但有别于微观企业组织年龄有据可查，网络组织年龄判定较复杂且难以测度。因此，有些研究用网络核心节点组织的年龄代替网络组织年龄。虽然这种方法会产生随机误差，但从择优原则来说还是具有较强的可行性和外部效度。因此，本研究借鉴这一研究方法，用核心节点孵化器的年龄作为孵化网络年龄的基础，在此基础上为了降低随机误差扰动，最终从入孵企业达到 20 家的当年开始计算。10 年以上赋值 7，5 年到 10 年赋值 4，5 年以下赋值 1。

需要说明的是，按照 Qian[286] 对孵化网络中孵化器与在孵企业间契约关系实证研究范式中对控制变量设计的说明，在孵企业入孵时间以及政府资助同样被设计为控制变量。然而，考虑到我国孵化器对入孵时间有具体限定，时间一般在 3 年到 5 年，随地区和孵化器级别不同而存在一定差异，相较于国外宽松的在孵时间政策而言，按整年计量入孵时间的差异较小，无法体现我国在孵企业自身情况差异性影响因素的作用。此外，我国孵化器建设特别是国家级孵化器，都是国家主导筹建，即使是私营孵化器也会在一定程度上享受国家政策性补贴，这一情况明显有别于国外完全私营化的孵化器运营模式。基于上述考虑，本研究并未将上述两个因素设计为控制变量。

6.1.4.2 标记变量测度指标设计

除此之外，由于本次调研将所有变量汇集于同一问卷中，可能存在同源误差。为此，本研究选取心理学中用于个性研究的“消极情绪”作为标记变量，选择遵循标记变量与调研内容无关且标记变量 Cronbach’s α 通过检验这两个原则。消极情绪指标设计借鉴谢晶等 [346] 研究成果，详见表 6-8。

表 6-8　消极情绪测度指标

变量	测度题项	编码	参考文献
消极情绪 Negative Emotions （NE）	常感到紧张	NE 1	谢晶等（2011）
	害怕承担任务	NE 2	
	小挫折会有很大反映	NE 3	

6.2 调研问卷设计与内容

为了切实保证实证研究的真实性、有效性以及实践指导性，本研究将从设计、发放、过程、质量以及控制等方面通过多种方式确保问卷质量及其使用效果。

☞ 6.2.1 问卷设计流程

本文选择孵化网络为对象进行研究，其中涉及的网络治理机制、网络绩效和网络负效应等数据无法在公开数据库中获取。因此，本研究采用问卷式与访谈式相结合的调研方法来收集相关数据。虽然问卷定制性特征所造成的无法以统一范式获取资料且难以保障回收率成为问卷式调研的缺陷，但作为一种灵活简易并且针对性较强的调研方式能够有效获取第一手资料。同时，对于一些开放性的问题，特别是在预调研阶段，访谈式调研能够在一定层面作为调研式问卷的补充。因此，问卷设计的合理性和充分性成为保证资料搜集数量与质量的重要基础。

问卷调研具有灵活多变且简洁明了的特点，所以得到了国内外众多学者的采用，这一数据收集方式即调研者通过设计完成的问卷，以面对面、入户访谈、书面或电子邮件等多种渠道实现对被调研者的情况了解、意见反馈以及相关数据收集。调研问卷设计是否合理，其中量表能否保证所收集数据的信效度达到标准就显得尤为重要。特别是对同一变量进行测度的过程中，采取多个问项通过被调研者回答所收集到的数据将比单一问项得到的数据信度更高。所以，本研究在对同一变量进行测度时设计了多个问项，同时参照 Dunn 等 [347] 的建议，按如图 6-1 所示的问卷设计流程设计调研问卷。

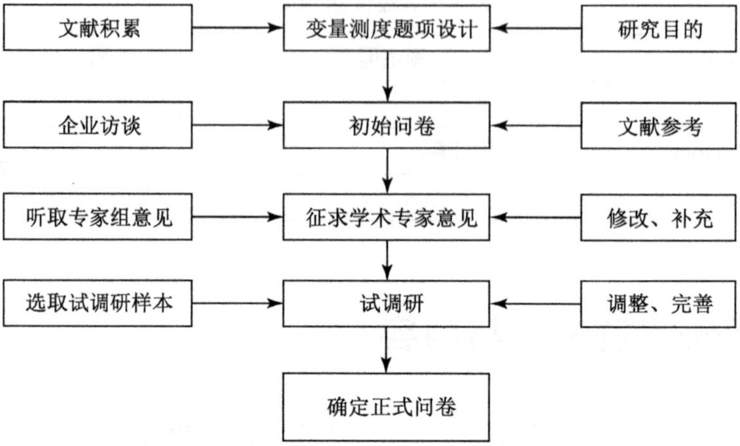

图 6–1　调研问卷设计流程

第一步，变量测度题项设计。在前期对孵化网络相关文献整理及总结的基础上，发现实证研究，特别是孵化网络治理与绩效方面的研究鲜有涉及。尽管现有围绕孵化网络治理与绩效研究并未形成系统的分析范式，但作为具有鲜明特征的创新网络，现有关于创新网络相关研究能够为本研究提供充分的理论支持。基于此，通过文献梳理和归纳，对本研究要素进行概念界定，并在此基础上对其进行指标和题项设计。

第二步，结合对孵化网络业界人士的访谈，进一步完善并凝练初始问卷。在参考相关已有研究对于各变量的界定与指标、问项设计的前提下，为了进一步实现问卷的全面性以及避免问项歧义的出现，首先对西安市高新区内 2 家国家级孵化器和 10 家在孵企业进行了访谈，在此基础上形成了初始问卷，这一步调研主要是对问卷措辞合理性和易懂性进行调整，便于企业被调研人员能够充分识懂问项。

第三步，就初始问卷征求相关专家、学者意见。通过以上两个步骤所制订的初始问卷在问题阐释、措辞方式等方面还会存在诸多问题，所以将初始问卷提交给了相关领域专家、学者进行修改意见的征询，基于反馈意见的整合对问卷进行调整和补充。

第四步，试调研。为了让被调研者更容易理解问卷中的问项，以及使问卷能够从整体上更为贴切地反映企业现状与特征，在开展正式调研前实施试调研十分必要。因此，在正式调研展开之前，首先选择了西安市高新区内的3家国家级孵化器和20家在孵企业作为试调研样本进行试调研，该环节包括上一步调研过程中的被调研对象。根据试调研的结果，对问项的表述方式、排列顺序进行了调整并对个别问项进行了删减或补充，以此对问卷做出进一步的完善。

第五步，确定正式问卷。通过初始问卷设计、专家意见征询以及试调研环节对于问卷的补充及完善，问卷的基本内容已经确定。在此基础上，对问卷的页面布局、字体字号以及专业名词解释等细节进行审查与修订，最终确定调研所使用的正式问卷（见附录）。

☞ 6.2.2 问卷防偏措施

虽然问卷调研这种数据收集方式具有众多优点，但是由于问卷题项多为主观判断类型，这便使得由此获得的数据与实际情况存在偏差的可能。而对于偏差产生的原因，Fowler[348]认为有4点原因，即被调研者不知道答案；被调研者对于问项相关信息无法回忆；被调研者没有如实回答的意愿以及被调研者对某些问项无法理解。本研究在参考彭新敏[349]提出的研究范式基础上，采取了如下措施来降低问卷结果出现偏差的概率。

1）为了更为高效地获取孵化网络相关信息，在调研过程中应具有针对性地选择对孵化网络比较熟悉的核心业务人员或高层管理者作为被调研对象。因此本研究选择被调研企业中具有三年以上工作经历的高层管理人员来填写问卷，并请答卷者针对自身不知道答案的问题向企业相关核心业务人员寻求帮助，由于他们对企业网络化活动以及技术创新情况较为熟悉，这便为问卷的真实性及完整性提供了保障。

2）通过设定问项所涉及的具体时间来应对被调研者由于长时间间隔而无法回忆所需答案的情况。因此，本研究所涉及问卷中必要题项对答卷者进行了时间上的说明——答案均以企业最近一年（年度）实际情况进行考量。

3）当问项中题项涉及被调研对象非公开信息时，被调研者会出于对问卷结果用途及保密性的顾忌而失去回答部分问题的意愿。鉴于此，本研究调研所用问卷在卷首部分明确说明，问卷中所有问项均未涉及企业的核心商业机密，而且所得问卷答案仅用于学术目的，承诺并确保资料在研究过程中完全保密。

4）为了避免学术名词带来被调研者难以理解的情况出现，本研究所涉及问卷将相关学术名词在卷首进行了明确的解释与界定，并对相关题项进行了适当的非学术性修饰。在此基础上，还通过试调研进一步验证了题项的可答性，在最大程度上避免问卷题项的措辞过于笼统及难以通俗化理解的问题。

☞ 6.2.3　问卷基本内容

定量分析孵化网络治理机制对网络绩效的作用机理，需要在理论分析、研究要素概念化界定以及关系推演的基础上，实证检验理论模型并验证研究假说。为了获取相关实证数据，需要利用大样本调研，通过问卷获取一手资料。为此，本研究调研问卷主要包括以下几方面内容。

1）被调研企业的基本情况。主要对企业所属行业、所有制形式、高新技术等级、创立时间、员工规模、年营业额以及答卷人职务等信息进行相应的问项设计，用以了解企业的基本情况，同时有助于后续分类统计工作的开展。此外，孵化网络所在区域以及网络年龄主要在访谈式调研阶段通过对孵化器实地调研获得相关资料，并将调研数据直接记入被调研企业相关信息内。

2）对孵化网络治理机制的测度。通过前期调研访谈发现，存在部分网络成员企业被调研人员对“网络治理机制”这一概念比较模糊甚至不理解。因此，本研究问卷对网络契约治理机制和网络关系治理机制概念进行较为通俗易懂的解释并以此设计题项，以使被调研人员理解网络治理机制是网络成员间以何种关系和方式进行互动和交易的基础。在此基础上，依据第 4 章研究内容，从网络契约治理机制和网络关系治理机制两个维度设计相应题项。

3）对孵化网络绩效的测度。依据本研究对孵化网络绩效内涵与维度划分的相关结论，问卷从孵化器运营情况、在孵企业成长情况以及网络协作效果三个方面进行数据搜集，并设计相应题项。

4）对孵化网络负效应的测度。此部分题项设计与孵化网络绩效题项的设计方式类似，都是在第 4 章理论分析与内涵界定的基础上，依据维度划分设计相应题项。

除调研问卷第一部分需要被调研对象以填空题和选择题的方式进行问卷填写外，其余内容均采用 7 点 Likert 量表进行题项设计。因为，统计学家研究发现 7 点 Likert 量表相较于其他奇数 Likert 量表具有更好的内部一致性 [350]。

6.3 样本选择与数据收集

6.3.1 研究样本的选取

京津地区、长三角地区以及珠三角地区是我国高新技术产业发展最为迅速和成果最为集中的区域，同时也是我国孵化器发展最早和最为活跃的地区。而西北地区由于其区位特点，虽然在孵化器及在孵企业数量上不及以上地区，但近年来的发展势头也很迅猛，仅西安现在已有 18 家国家级孵化器和 6 家省级孵化器。由于国家级孵化器实力雄厚，同时可以享受更好的政策支持，能够为在孵企业提供更良好的创业环境和创新资源，帮助其融入各自的孵化网络内以实现创新活动的网络式发展。因此，基于国家自然基金《企业孵化网络的生成、协同与治理研究》项目组调研活动的开展，选择京津地区、长三角地区、珠三角地区以及西安地区 16 家具有代表性的国家级孵化器及其在孵企业进行调研，具体调研城市以及孵化器分布如表 6-9 所示。

表 6-9　调研样本分布情况

区域	调研城市	被调研在孵企业所属孵化器	孵化器级别
京津地区（中部）	北京	中关村创业服务中心	国家级
		清华科技园	国家级
	天津	天津市科技创业服务中心	国家级

续表

区域	调研城市	被调研在孵企业所属孵化器	孵化器级别
珠三角地区（东部）	广州	广州市高新技术创业服务中心	国家级
		中山大学科技园	国家级
	深圳	深圳虚拟大学园	国家级
长三角地区（东部）	上海	上海市科技创业中心	国家级
	苏州	博济科技园	国家级
	南京	江苏省高新技术创业服务中心	国家级
		东南大学科技园	国家级
西部地区	西安	西安高新区创业园发展中心	国家级
		西安航空孵化器	国家级
		西安软件园发展中心	国家级
		西安光电子专业孵化器有限责任公司	国家级
		杨凌农业高新技术产业示范区创业服务中心	国家级
		宝鸡高新技术产业开发区高技术创业服务中心	国家级

本文的研究对象为孵化网络，其网络成员具有较强的显著性差异，现有研究常将其分为孵化器、在孵企业和外部创新主体三类。需要强调的是，本研究所聚焦的孵化网络是单一孵化器下所形成的孵化网络。其中，孵化器作为调研对象，主要是在预调研阶段以实地访谈的方式，利用半结构式问卷对一些网络现状及特性方面展开调研，其中包括本研究中控制变量网络区域与网络年龄数据的获取。不仅如此，本研究将孵化网络绩效下设三个维度，即孵化器运营绩效、在孵企业成长绩效以及网络协作绩效。因此，问卷设计以此为依据，但是受限于同一张问卷中不能出现针对不同研究对象的内容，所以本研究选择孵化网络中的在孵企业作为最终正式调研对象。

选择在孵企业作为本研究的调研对象主要出于以下几方面考虑。

1）在孵企业是孵化网络孵育增值网络目标的落脚点，在孵企业通过自身或孵化器的帮助能够获得更多网络信息，同时也是参与网络活动最多、活性最强的节点组织。因此，基于对网络协作绩效的测度，选择在孵企业作为调研对象具有显著可行性。

2）除了对自身成长绩效能够做出准确判断之外，在孵企业在入住孵化器过程以及后续孵化器服务支持过程中，能够不断增进和强化对孵化器的了解。而且，孵化器在不断完善创新服务和支持的过程中，其运营情况必须以公开数据的方式作为孵化网络内部信息进行公示。所以在孵企业在一定层面上能够对孵化器一般运用绩效做出较为准确的判断。而且，在孵企业与入住其他孵化器与嵌入其他孵化网络的同行业企业之间也会就其所属孵化器运营情况进行交流，所以对问卷中关于孵化器的问项能够较为准确地做出判断。

3）提高问卷调研的质量，保证问卷回收数量。对孵化器与在孵企业进行实地与问卷调研更便于组织安排，从而在有限的时间和资源投入下能够获取相对更高质量的调研资料。

☞ 6.3.2 问卷发放与回收

在确定调研区域及对象后，基于项目组与各孵化器及在孵企业所属地区管委会的有效沟通，以及陕西省科技资源统筹中心的帮助，调研活动得以顺利展开。首先，在西安市高新区国家级孵化器内随机选取部分在孵企业作为试调研样本进行了试调研，并通过该过程中发现和反馈的问题对初始问卷进行修正与完善。再结合专家、学者的意见进一步修订问卷后，对西北地区创业发展最具代表性的西安市6家国家级孵化器及部分在孵企业进行了实地调研，通过孵化器向其他未接受实地调研的在孵企业发放了调研问卷。随后，陆续在京津地区、珠三角地区以及长三角地区开展调研活动，在这三个地区共对10家国家级孵化器及其所属在孵企业进行了实地调研，在各孵化器的帮助下，调研问卷被顺利发放到各在孵企业。需要提前说明的是，鉴于本研究源于国家自然基金面上项目，调研方案、过程以及数据预处理均按照统计规范进行处理，为了验证国家自然基金中各子课题模型（包括本研究模型），已经提前做了残差检验，模型适用性检验通过。

本研究调研问卷主要通过以下两种方式进行发放和回收。

1. 现场填写

通过与以上4个地区的16家国家级孵化器进行事前沟通，在进行实地调研前孵化器已经选取了具有代表性的若干家在孵企业。在进入各地孵化器时，对在孵企业的调研活动便以研讨会的方式组织展开。孵化器相关负责人首先介绍内部在孵企业的总体现状，然后介绍代表企业来接受现场调研，最后获取本研究的电子版调研问卷以便对未参加现场调研的在孵企业进行后续补充调研。虽然这种方式的调研效果以及问卷有效回收率都是最好的，然而受限于组织调研过程中时间灵活性和企业样本量的制约，以现场填写方式发放的问卷仅占总问卷量的 21.39%。

2. 邮件发放

由于能够参与现场及入户调研的企业毕竟占较小比例，而后续实证研究对于数据量又有着较高要求，如果选择在各调研地区实施全面走访式入户调研，不仅会大大增加成本及时间投入，而且会使得所获取的数据丧失应有的时效性。因此，调研组选择将问卷电子版转交给孵化器，委托相关部门或管理人员通过其官方邮箱以电子邮件的方式向入驻该孵化器内的在孵企业发放问卷，从而在它们的帮助下完成后续调研工作。通过此种方式发放的问卷数量占问卷总数的 78.61%，有效回收率为 51.70%，低于现场填写方式的 96.25%。以上各种方式问卷的发放与回收情况如表 6-10 所示。

表 6-10 调查问卷发放及回收情况表

调研方式	发放份数	总回收数	有效问卷数	有效回收比率
现场填写	80	78	77	96.25%
邮件发放	294	200	152	51.70%
合计	374	278	229	61.23%

6.4 实证研究分析工具与方法

☞ 6.4.1 描述性统计分析

描述性统计分析是对实证研究中各研究变量所调研回收数据基本情况进行描述，用于分析各研究变量调研数据的分布情况。按照规范性实证分析要求，本研究采用 SPSS 17.0 统计软件对调研对象与调研数据进行描述性统计分析。首先，通过对调研对象的基本情况进行分布特性描述；其次，对各变量数据进行均值与标准差分析，进而掌握数据整体情况。

☞ 6.4.2 信度与效度分析

从研究过程的科学性及合理性出发，问卷的信效度需要得到足够的保证，这是后续开展因果关系实证检验的前提。陈晓萍[351]等管理学家强调，测量工具即量表的优劣需要通过信效度分析检验。而这也是通过数据分析进行实证研究中的重要基础性环节，是数据及实证分析结果有效性的重要保障。

首先，信度反映的是样本数据的一致性及稳定性。其中，问项所考察内容趋同性的测度能够反应问卷的一致性，而对同一调研对象多次反复调查，其结果的趋同性能够反应问卷的稳定性。通过相应的检验分析可以帮助研究者确定问卷的合理性，并在此基础上进行完善和修订。而在各种信度检验的方法中，α 系数评价法应用最为广泛。鉴于本研究对于各变量进行测量的题项均使用的是 7 点 Likert 量表，且对于各题项并未进行多次重复测度，所以本研究选取 α 系数并通过 SPSS 17.0 来完成对调研问卷所收集数据的信度分析。

其次，效度反映的是样本数据的有效性，即研究所设计的问卷能否准确地测度所需解决的问题。本研究从内容效度及结构效度两个方面对问卷综合效度进行分析，而由于在问卷设计流程中已经包括了试调研及修订和完善的过程，而且问卷设计均具有一定理论支持，因此所收集数据的内容效度在很大程度上已经得到了保证。结构效度又包括收敛效度及判别效度，其中收敛效度检验是分析单一研究要素下子题项的因子载荷，当因子载荷归于该要素中的数值较高时，就表明该问卷收敛效度较好。而对于反映各研究要素间差别程度的判别效度检验，则常采用因子分析法对其进行衡量。由于本研究的理论模型是建立在丰富的相关研究基础之上，并且问卷的设计也借鉴了前人研究的成果，其中相关题项在经过一定调整后依然保持原成熟量表的结构及内部逻辑性，加之验证性因子分析（Confirmatory Factor Analysis， CFA）较探索性因子分析（Explorary Fctor

Analysis，EFA）是一种更加强调以理论逻辑为导向的判别效度检验方法。因此，本研究利用 AMOS 21.0 统计软件，采用验证性因子分析方法来检验判别效度。

☞ 6.4.3 多元层级回归分析

多元回归适用于研究多个自变量与多个因变量间关系的统计学方法，能够反映一种现象或事物随多种现象和事物变动而相应产生随动的规律性。实证研究过程中，探究变量间不确定关系时采用相关分析，对确定关系的量化研究则需要采用回归分析，研究逻辑详见图 6-2。鉴于本研究在实证分析前已通过文献分析与理论推演，构建了研究变量间的关系模型并提出相关研究假说，因此在确定变量间相关关系的基础上，利用 SPSS 17.0 统计软件采用逐层回归的方法检验孵化网络治理机制对网络绩效的直接影响以及孵化网络负效应的中介作用。

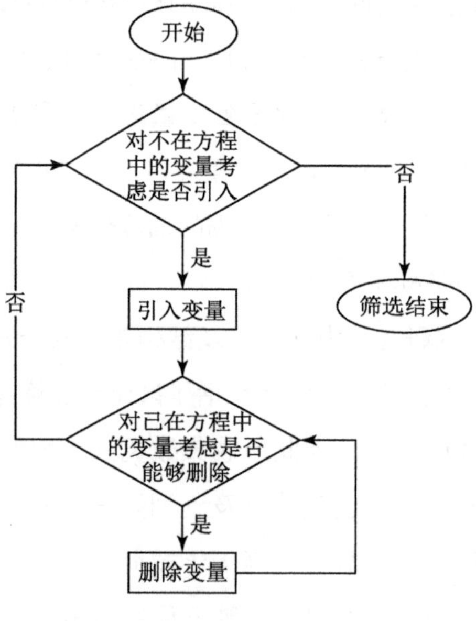

图 6-2 多元回归分析

6.5 本章小结

本章作为理论分析与实证分析的过渡性章节，在前述章节理论分析的基础上，对孵化网络治理机制、网络绩效以及网络负效应各变量进行指标设计，并对研究对象选择以及问卷完善方法做进一步说明。在此基础上，确定并详细介绍本研究所采用的研究方法与研究工具，以此为后续实证研究提供有效支撑。

第 7 章

模型假说检验

上一章对问卷设计及调研数据搜集过程做了详细说明。本章将在数据描述性统计分析及量表信效度检验的基础上，利用调研数据对第 5 章提出的研究假说，利用逐层回归分析的方法进行实证检验，并对实证检验结果进行讨论。

7.1 描述性统计分析

描述性统计分析是对调研回收数据进行特征分析和整理，以便研究者掌握样本分布情况及总体特征。本研究主要从样本及研究变量两方面对回收的 229 份有效问卷进行描述性统计分析。其中，主要包括被调研在孵企业所属行业、企业所有制形式、高新技术等级、创立时间、员工规模、年营业额和答卷人职务等，研究变量主要从均值和标准差两个指标进行统计性描述。

☞ 7.1.1 样本描述性统计分析

样本描述性统计结果详见表 7-1 ～表 7-4。

1. 被调研人员描述性统计

表 7-1 被调研人员职务分布统计表

职务	频次	百分比
董事长	13	5.68%
创业中心主任	22	9.62%

续表

职务	频次	百分比
总经理	53	23.14%
副经理 / 副主任	62	27.07%
办公室主任	50	21.83%
其他	29	12.66%
合计	229	100%

由表 7-1 可以看出，在所调研的人员当中，占比最大的是副经理 / 副主任，作为专业管理人员的副经理 / 副主任对孵化网络现状有较为详细的了解，这样可以保障问卷获取数据的真实性与有效性。

表 7-2　被调研人员学历分布统计表

学历	频次	百分比
研究生及以上	25	10.92%
本科	141	61.57%
大专	52	22.71%
高中或中专	8	3.49%
初中及以下	3	1.31%
合计	229	100.00%

由表 7-2 可知，在本次调研中参与人员的学历主要有研究生及以上、本科、大专、高中或中专、初中及以下。其中，学历为本科的研究对象所占比例最高，为 61.57%，其次为大专，为 22.71%，研究生及以上为 10.92%。数据表明，在孵企业员工大多是高学历人才，能够保证调研质量，这也从另一个侧面反映出在孵企业的创新性特质。

表 7-3　被调研人员年龄分布统计表

年龄	频次	百分比
20 ～ 30 岁	33	14.41%
31 ～ 40 岁	89	38.86%

续表

年龄	频次	百分比
41 ～ 50 岁	80	34.94%
51 岁以上	27	11.79%
合计	229	100%

表 7-3 数据显示调研对象年龄阶段分别处于 20 ～ 30 岁、31 ～ 40 岁、41 ～ 50 岁、51 岁以上。其中占比最大的是处于 31 ～ 40 岁的调研对象，为 38.86%，其次为 41 ～ 50 岁调研对象，为 34.93%，20 ～ 30 岁占比 14.41%，51 岁以上调研对象占比 11.79%。现有关于企业创新前置要素的研究发现，组织员工年龄年轻化对科技型创业企业具有一定积极作用。数据表明对于在孵企业这样的科技创业企业，职工年龄年轻化的情况符合现有相关研究结论。

2. 被调研企业描述性统计

表 7-4　被调研企业描述性统计

指标	分类	样本数（份）	百分比
行业领域	机械制造、化工及纺织	57	24.89%
	电子及通信设备	53	23.14%
	新能源及节能技术	32	13.97%
	交通运输设备制造	27	11.80%
	生物工程和医药制造	22	9.61%
	环保新材料	11	4.80%
	食品制造及农副食品加工	10	4.37%
	软件开发	5	2.18%
	其他产业	12	5.24%
	合计	229	100.00%
企业性质	国有企业	20	8.73%
	民营企业	185	80.79%
	中外合资企业	15	6.55%
	外商独资企业	9	3.93%
	合计	229	100.00%

续表

指标	分类	样本数（份）	百分比
高新技术等级	国家级	39	17.03%
	省级	141	61.57%
	市级	49	21.40%
	合计	229	100.00%
成立时间	2 年以下	61	26.64%
	2 ～ 5 年	139	60.70%
	5 年以上	29	12.66%
	合计	229	100.00%
员工人数	50 人以下	100	43.67%
	50 ～ 100 人	79	34.50%
	100 人以上	50	21.83%
	合计	229	100.00%
年销售额	500 万以下	54	23.58%
	500 万～ 1000 万	109	47.60%
	1000 万以上	66	28.82%
	合计	229	100.00%
所属网络区域	东部（苏、沪、广）	107	46.72%
	中部（津、京）	49	21.40%
	西部（西安）	73	31.88%
	合计	229	100.00%
所属网络年龄	5 年以下	61	26.64%
	5 ～ 10 年	141	61.57%
	10 年以上	27	11.79%
	合计	229	100.00%

从描述性统计分析结果来看，被调研在孵企业所属行业主要分布在机械制造、化工及纺织，电子及通信设备，新能源及节能技术，交通运输设备制造，生物工程和医药制造，环保新材料，食品制造及农副食品加工，软件开发及其他行业，其中尤以机械制造、化工及纺织，电子及通信设备、新能源及节能技术等

行业为主，这三大类行业中的被调研在孵企业数量超过调研总数的一半。一方面，这与创业重点领域的分布有关。目前全国范围内中小微新创企业尤其是入驻孵化器的在孵企业，其发展重心集中在机械制造、电子及通信设备、石油化工、新材料和新能源、交通运输设备制造、食品制造及农副食品加工、生物工程和医药制造、软件开发等领域，而描述性统计分析结果对这一现实情况有着较好的反映；另一方面，由分析结果可以看出，由于在孵企业所属行业一般都有一定的发展基础和创新积淀，这有助于加强企业对自身网络创新意识和能力培养与提升的重视。

如表 7-4 所示，被调研在孵企业中民营企业数量最多（占比达到 80.79%），外商独资企业最少（占比为 3.93%），中外合资企业和国有企业数量居中，分别为 15 家和 20 家。由此可见，现阶段创业企业主体为民营企业，它们是区域创新发展的主要推动力。从在孵企业高新技术等级分布可以看出，省级所占比例最大（占比达到 61.57%），国家级最少（占比为 17.03%），说明在孵企业作为中小型初创企业想要获取国家级别的政策性扶持与补贴还较为困难。从创立时间上来看，在孵企业多为成立不久的初创企业，其中处于成立 2 ～ 5 年的企业最多（占比达到 60.70%），处于成立 5 年以上的企业最少（占比为 12.66%）。这说明被调研企业能够反映在孵企业孵育发展整体情况——以新创企业为主体且当其发展成熟后就会毕业而离开孵化器。由于调研样本中处于成立 2 ～ 5 年的企业最多，而这部分在孵企业一方面已经成立一段时间，其对于孵化网络的嵌入与相应网络关系构建有着较为深刻的认识；另一方面，由于其仍处于创业初始阶段，创新风险较高和自身资源匮乏会促使在孵企业努力寻求孵化网络合作伙伴，通过网络能力开发及外部社会资本积累来实现自身的网络化创新发展，从而对孵化网络的依赖不断增强。因此，通过对这类企业进行调研，能够较为深入地反映孵化网络效力等问题。

☞ 7.1.2 研究变量描述性统计分析

表 7-5 对本文的研究变量：孵化器运营绩效（IOP）、在孵化企业成长绩效（PIE）、网络协作绩效（NCP）、孵化网络契约治理机制（FC）、孵化网络关

系治理机制（RG）、孵化网络结构负效应（SN）和孵化网络行为负效应（BN）以及消极情绪（NE）问项数据进行均值与标准差统计描述。数据显示，标准差均小于均值的 1/3 且大于 0.7，说明数据基本符合正态分布，并且在 7 点 Likert 量表中题项数据分布较为广泛，能够鉴别不同调研对象的回应差异。

表 7-5　研究变量的描述性统计

测度项	均值	标准差
IOP1	3.964	1.192
IOP2	4.025	1.216
IOP3	4.009	1.209
IOP4	3.996	1.204
IOP5	3.937	1.181
PIE1	4.109	1.249
PIE2	4.086	1.239
PIE3	4.034	1.219
PIE4	4.085	1.239
PIE5	4.097	1.244
NCP1	3.957	1.189
NCP2	3.930	1.178
NCP3	3.977	1.197
NCP4	4.034	1.219
FC 1	4.700	1.201
FC 2	4.886	1.262
FC 3	4.685	1.195
FC 4	4.568	1.156
FC 5	4.558	1.152
FC 6	4.572	1.158
FC 7	4.608	1.170
FC 8	4.594	1.165
FC 9	4.568	1.156
RG1	4.362	1.272

续表

测度项	均值	标准差
RG 2	4.338	1.262
RG 3	4.282	1.241
RG 4	4.336	1.262
RG 5	4.349	1.267
RG 6	4.201	1.211
RG 7	4.173	1.200
RG 8	4.223	1.218
RG 9	4.181	1.202
RG 10	4.305	1.250
RG 11	4.299	1.248
RG 12	4.291	1.244
SN 1	3.995	1.052
SN 2	3.986	1.049
SN 3	3.999	1.053
SN 4	4.029	1.064
SN 5	4.017	1.060
SN 6	3.995	1.052
SN 7	4.094	1.087
SN 8	4.071	1.079
SN 9	4.020	1.061
SN 10	4.070	1.078
SN 11	4.081	1.082
SN 12	3.946	1.034
BN 1	4.485	1.163
BN 2	4.526	1.176
BN 3	4.494	1.165
BN 4	4.511	1.171
BN 5	4.506	1.169
BN 6	4.527	1.176

续表

测度项	均值	标准差
NE1	3.978	0.937
NE2	3.909	0.916
NE3	3.913	0.917

7.2 信度与效度分析

为了确认调研量表合理性与可靠性，进而确保调研数据有效性及结果真实性，首先需要对量表信度与效度进行检验。在对各变量进行信效度检验之前，本研究首先对问卷方法的适用性及量表的整体信度进行检验。

☞ 7.2.1 量表整体性分析

对问卷整体进行巴特利球度检验和 KMO 检验，软件输出检验结果如表 7-6 所示。KMO=0.776 ＞ 0.7，表明数据适用于因子分析。

表 7-6 巴特利球度检验和 KMO 检验结果

取样足够度的 Kaiser-Meyer-Olkin 度量		0.776
Bartlett 的球形度检验	近似卡方	5335.506
	df	231
	Sig.	0.000

通过最大方差法对所得矩阵进行旋转，抽取出 6 个因子成为主因子，这 6 个主因子的特征值均大于 1。主因子个数与模型潜变量个数一致，方差累计贡献率达 82.130%，表明问卷结构效度良好，软件输出结果如表 7-7 所示。输出结果符合量表构建过程对潜变量的设置，即孵化网络契约治理机制（FC）、孵化网络关系治理机制（RG）、孵化网络结构负效应（SN）、孵化网络行为负效应（BN）、孵企网络绩效（INP）和消极情绪（NE）。

表 7-7 解释总方差

成分	初始特征值			提取平方和载入		
	合计	方差的 %	累积 %	合计	方差的 %	累积 %
1	9.413	42.785	42.785	9.413	42.785	42.785
2	2.406	10.937	53.722	2.406	10.937	53.722
3	1.987	9.034	62.756	1.987	9.034	62.756
4	1.734	7.882	70.638	1.734	7.882	70.638
5	1.397	6.349	76.987	1.397	6.349	76.987
6	1.131	5.143	82.130	1.131	5.143	82.130
…	…	…	…			
56	.012	.055	100.000			

提取方法：主成分分析

在此基础上，本研究对量表的整体信度进行检验，表 7-8 所示的软件输出结果显示 Cronbach's α 值为 0.949，说明量表整体信度较好。

表 7-8 可靠性统计量

Cronbach's α	项数
0.949	56

在此基础上，依据 Anderson 和 Gerbing[352] 的研究结论，通过构建变量间相关矩阵对研究变量进行相关性分析。如表 7-9 所示的结果显示，变量间相关系数在 0.300 ～ 0.750 之间且通过显著性检验，同时变量 AVE 的平方根值大于对应所在行与列的相关系数，说明量表判别效度通过检验。同时，表 7-9 相关性矩阵中各变量间相关系数均未超过 0.75，问卷各解释变量的膨胀因子均未超过 10（孵化网络绩效 VIF=2.030；网络结构负效应 VIF=1.769；网络行为负效应 VIF=1.631），说明变量间不存在多重共线性。同时，标记变量消极情绪 Cronbach's α=0.773 并且与其他变量相关性均不显著，满足标记变量选择标准且说明不存在数据同源误差的影响。为进一步说明同源误差不会影响本次研究结果的信效度，本研究借鉴 Grayson[353] 系数调整方法对相关矩阵进行系数化调

整，计算机运行后的调整结果在表 7-9 中对角线上半部灰色区域对应标示，结果显示调整前显著的相关关系在调整后仍然显著，进一步说明变量间关系不会受到同源误差的显著性威胁。

表 7-9 相关系数与判别效度

	1	2	3	4	5	6
1. 孵化网络绩效	**0.751**	−0.379***	−0.316***	0.519***	0.457***	
2. 网络结构负效应	−0.408***	**0.733**	0.390***	−0.329***	−0.405***	
3. 网络行为负效应	−0.331***	0.417***	**0.726**	−0.347***	−0.301***	
4. 契约治理机制	0.547***	−0.360***	−0.375***	**0.743**	0.185**	
5. 关系治理机制	0.485***	−0.431***	−0.314***	0.211**	**0.727**	
6. 消极情绪	−0.084	0.035	0.080	−0.043	−0.032	**0.738**
均值	4.017	4.025	4.538	4.637	4.278	3.933
标准差	1.212	1.062	1.170	1.180	1.240	0.923
AVE	0.564	0.537	0.527	0.552	0.528	0.545

注：1. 对角线黑体显示值为 AVE 的平方根；

2. 对角线下方相关系数为标记变量调整前系数，对角线上方阴影部分相关系数为标记变量调整后系数；

3.***$P < 0.01$；**$P < 0.05$。

☞ 7.2.2 孵化网络绩效信度与效度检验

在此，本研究首先对孵化网络绩效的测量指标进行信度分析。分析方法主要采用 α 信度系数（Cronbach's α）测量问卷信度，Cronbach's α 值越大，测量条款的信度越高。本研究以 0.7 为阈值标准，利用 SPSS 17.0 对孵化网络绩效各维度进行信度分析，结果如表 7-10 所示。孵化器运营绩效、在孵企业成长绩效以及网络协作绩效的 Cronbach's α 系数值分别为 0.849、0.830、0.841，均大于 0.7，且所有题项的 Cronbach's α if Item Deleted 系数值均小于所属维度的 Cronbach's α 系数值，表明此量表内部一致性较高，信度较好。

表 7-10　孵化网络绩效信度分析表

变量名称	维度	测度题项	Cronbach's α if Item Deleted	Cronbach's α
孵化网络绩效	孵化器运营绩效	IOP1	0.789	0.849
		IOP2	0.766	
		IOP3	0.835	
		IOP4	0.795	
		IOP5	0.809	
	在孵企业成长绩效	PIE1	0.808	0.830
		PIE2	0.825	
		PIE3	0.819	
		PIE4	0.795	
		PIE5	0.800	
	网络协作绩效	NCP1	0.828	0.841
		NCP2	0.830	
		NCP3	0.821	
		NCP4	0.810	

此外，本研究组合信度和平均变异抽取量均是通过验证性因子分析得出的因素负荷量计算而来，为了简化量表，将以上两指标与孵化网络绩效三个维度的二阶验证性因子分析的结果列于同一表中，结果详见表 7-11。结果显示，孵化网络绩效各维度的组合信度都在 0.8 以上且平均变异量抽取值均超过阈值 0.5。总体而言，孵化网络绩效量表的信度水平处于可以接受的范围之内。

效度检验方面，基于前文理论分析，本研究将孵化网络绩效划分为孵化器运营绩效（IOP）、在孵企业成长绩效（PIE）和网络协作绩效（NCP）三个维度，每个维度下包含不同题项。基于此，本研究利用 AMOS 21.0 软件对孵化网络绩效进行验证性因子分析，分析模型如图 7-1 所示，软件输出结果详见表 7-11，模型拟合指标结果详见表 7-12。

表 7-11　孵化网络绩效验证性因子分析结果

变量名称	维度	测度题项	因素负荷量	组合信度（CR）	平均变异量抽取值（AVE）
孵化网络绩效	孵化器运营绩效	IOP1	0.823	0.872	0.580
		IOP2	0.664		
		IOP3	0.855		
		IOP4	0.764		
		IOP5	0.600		
	在孵企业成长绩效	PIE1	0.652	0.849	0.534
		PIE2	0.830		
		PIE3	0.603		
		PIE4	0.705		
		PIE5	0.866		
	网络协作绩效	NCP1	0.833	0.843	0.576
		NCP2	0.807		
		NCP3	0.632		
		NCP4	0.748		

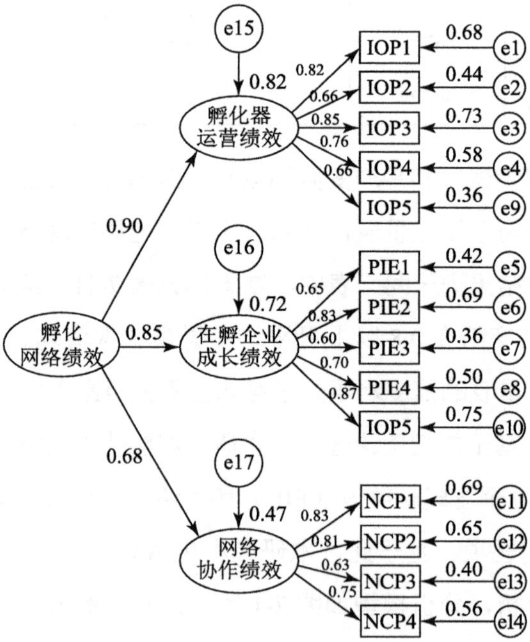

图 7-1　孵化网络绩效验证性因子分析模型

表 7-12 孵化网络绩效验证性因子分析模型拟合指标

拟合指标	χ^2/df	GFI	AGFI	IFI	CFI	PNFI	RMSEA
拟合结果	2.979	0.906	0.887	0.912	0.909	0.511	0.075

按照刘军[354]验证性因子分析示范过程中对拟合结果阈值的说明，χ^2/df 取值在 2 ～ 5，GFI、IFI、CFI 大于 0.900，AGFI 大于 0.800，PNFI 大于 0.500，RMSEA 小于 0.080，则认为模型拟合结果可以接受。因此，在孵化网络绩效验证性因子分析模型的拟合指标中，$\chi^2/df=2.979$，取值在 2 ～ 5，GFI=0.906、AGFI=0.887、IFI=0.912、CFI=0.909 均达到或超过阈值，PNFI=0.511 ＞ 0.5，RMSEA=0.075 ＜ 0.08，结果说明该二阶因子模型拟合度可以接受。同时，表 7-11 结果显示，孵化网络绩效所有显变量题项因素负荷量在 0.01 显著性水平下均超过阈值 0.5，且各维度平均变异抽取量 AVE 均超过 0.5 阈值，说明各维度具有较好的收敛效度。表 7-13 中孵化器运营绩效、在孵企业成长绩效和网络协作绩效的 AVE 平方根值均大于所对应行与列相关系数，说明量表具有较好的判别效度。

表 7-13 孵化网络绩效判别效度检验

	孵化器运营绩效	在孵企业成长绩效	网络协作绩效
孵化器运营绩效	（0.762）		
在孵企业成长绩效	0.611**	（0.731）	
网络协作绩效	0.484**	0.546**	（0.759）

注：表中括弧里为 AVE 的平方根，其他为各维度变量间的相关系数。

** $P < 0.5$。

☞ 7.2.3 孵化网络治理机制信度与效度检验

7.2.3.1 孵化网络契约治理机制信度与效度检验

利用 SPSS 17.0 对孵化网络契约治理机制各维度进行信度检验，结果如表 7-14 所示。各维度的 Cronbach's α 系数值分别为 0.847、0.790、0.839，均大于 0.7，且所有题项的 Cronbach's α if Item Deleted 系数值均小于所属维度的 Cronbach's α 系数值，表明此量表内部一致性较高，信度较好。

表 7-14　孵化网络契约治理机制信度分析表

变量名称	维度	测度题项	Cronbach's α if Item Deleted	Cronbach's α
孵化网络契约治理机制	规则制订	FC1	0.793	0.847
		FC2	0.745	
		FC3	0.828	
	合 规	FC4	0.712	0.790
		FC5	0.716	
		FC6	0.754	
	违规制裁	FC7	0.749	0.839
		FC8	0.690	
		FC9	0.817	

此外，本研究组合信度和平均变异抽取量均是通过验证性因子分析得出的因素负荷量计算而来，为了简化量表，将以上两指标与孵化网络契约治理机制三个维度的二阶验证性因子分析的结果列于同一表中，结果详见表 7-15。结果显示，孵化网络契约治理机制各维度的组合信度均在 0.7 以上，且平均变异量抽取值均超过阈值 0.5。总体而言，孵化网络契约治理机制量表的信度水平处于可以接受的范围之内。

表 7-15　孵化网络契约治理机制验证性因子分析结果

变量名称	维度	测度题项	因素负荷量	组合信度（CR）	平均变异量抽取值（AVE）
孵化网络契约治理机制	规则制订	FC1	0.872	0.794	0.563
		FC2	0.850		
		FC3	0.690		
	合 规	FC4	0.783	0.858	0.669
		FC5	0.771		
		FC6	0.695		
	违规制裁	FC7	0.881	0.875	0.702
		FC8	0.842		
		FC9	0.725		

效度检验方面，基于前文理论分析，本研究将孵化网络契约治理机制划分为规则制订、合规和违规制裁三个维度，每个维度下包含不同题项。基于此，本研究利用 AMOS 21.0 软件对孵化网络契约治理机制进行验证性因子分析，分析模型如图 7-2 所示，输出结果详见表 7-15，模型拟合指标结果详见表 7-16。

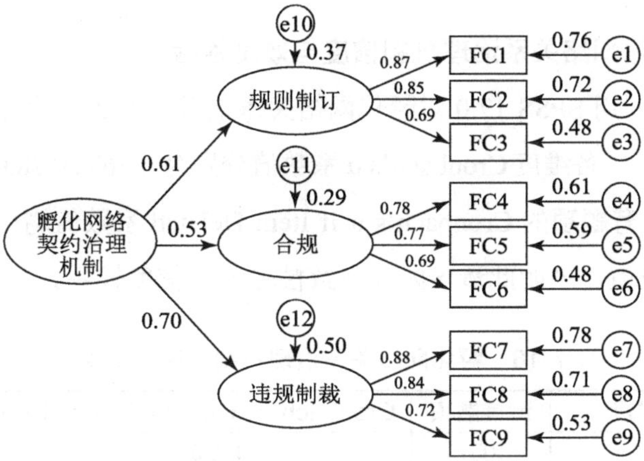

图 7-2 孵化网络契约治理机制验证性因子分析模型

表 7-16 孵化网络契约治理机制验证性因子分析模型拟合指标

拟合指标	χ^2/df	GFI	AGFI	IFI	CFI	PNFI	RMSEA
拟合结果	2.347	0.922	0.890	0.911	0.909	0.583	0.070

在孵化网络契约治理机制验证性因子分析模型的拟合指标中，$\chi^2/df=2.347$，取值在 2 ～ 5，GFI=0.922、AGFI=0.890、IFI=0.911、CFI=0.909 均达到或超过阈值，PNFI=0.583 > 0.5，RMSEA=0.070 < 0.08，结果表明该二阶因子模型拟合度可以接受。同时，表 7-15 结果显示，孵化网络契约治理机制所有显变量题项因素负荷量在 0.01 显著性水平下均超过阈值 0.5，且各维度平均变异量抽取值均超过 0.5 阈值，说明各维度具有较好的收敛效度。表 7-17 中规则制订、合规和违规制裁的 AVE 平方根值均大于所对应行与列相关系数，说明量表具有较好的判别效度。

表 7-17　孵化网络契约治理机制判别效度检验

	规则制订	合规	违规制裁
规则制订	(0.750)		
合规	0.426**	(0.818)	
违规制裁	0.391**	0.348**	(0.838)

注：表中括弧里为 AVE 的平方根，其他为各维度变量间的相关系数。
** $P < 0.5$。

7.2.3.2　孵化网络关系治理机制信度与效度检验

本研究同样利用 SPSS 17.0 对孵化网络关系治理机制各维度进行信度检验，结果如表 7-18 所示。各维度 Cronbach's α 系数值分别为 0.767、0.783、0.828、0.844，均大于 0.7，且所有题项的 Cronbach's α if Item Deleted 系数值均小于所属维度的 Cronbach's α 系数值，表明此量表内部一致性较高，信度较好。

表 7-18　孵化网络关系治理机制信度分析表

变量名称	维度	测度题项	Cronbach's α if Item Deleted	Cronbach's α
孵化网络关系治理机制	社会规范	RG1	0.726	0.767
		RG2	0.723	
		RG3	0.720	
	对信任和声誉的认知	RG4	0.736	0.783
		RG5	0.746	
		RG6	0.741	
	网络惯例	RG7	0.799	0.828
		RG8	0.763	
		RG9	0.801	
	联合制裁	RG10	0.801	0.844
		RG11	0.812	
		RG12	0.825	

此外，本研究组合信度和平均变异取量抽值均是通过验证性因子分析得出的因素负荷量计算而来，为了简化量表，将以上两指标与孵化网络关系治理机制四个维度的二阶验证性因子分析的结果列于同一表中，结果详见表 7-19。结果显示，孵化网络关系治理机制各维度的组合信度都在 0.8 以上且平均变异量抽取值均超过阈值 0.5。总体而言，孵化网络关系治理机制量表的信度水平处于可以接受的范围之内。

表 7-19 孵化网络关系治理机制验证性因子分析结果

变量名称	维度	测度题项	因素负荷量	组合信度（CR）	平均变异量抽取值（AVE）
孵化网络关系治理机制	社会规范	RG1	0.857	0.851	0.582
		RG 2	0.740		
		RG 3	0.654		
	对信任和声誉的认知	RG 4	0.849	0.863	0.634
		RG 5	0.592		
		RG 6	0.759		
	网络惯例	RG 7	0.841	0.763	0.598
		RG 8	0.679		
		RG 9	0.858		
	联合制裁	RG 10	0.551	0.803	0.551
		RG 11	0.888		
		RG 12	0.642		

效度检验方面，基于前文理论分析，本研究将孵化网络关系治理机制划分为社会规范、对信任和声誉的认知、网络惯例和联合制裁四个维度，每个维度下包含不同题项。基干此，本研究利用 AMOS 21.0 软件对孵化网络关系治理机制进行验证性因子分析，分析模型如图 7-3 所示，输出结果详见表 7-19，模型拟合指标结果详见表 7-20。

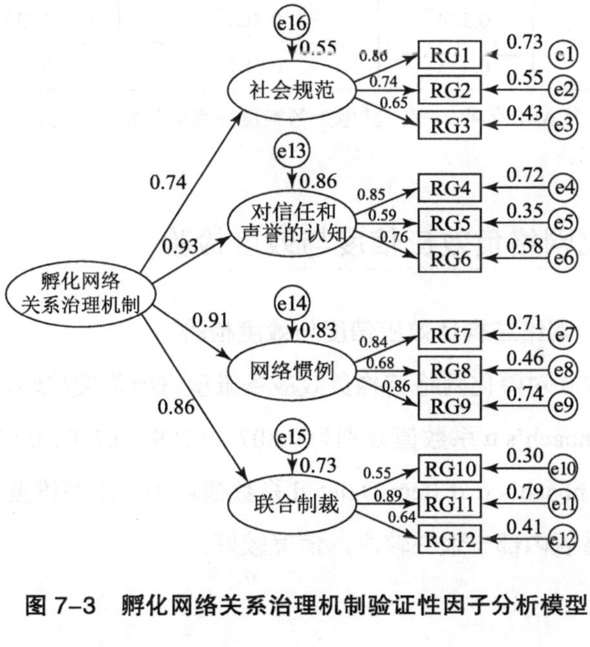

图 7–3 孵化网络关系治理机制验证性因子分析模型

孵化网络关系治理机制验证性因子分析模型的拟合指标中，χ^2/df=2.779，取值在 2 ～ 5，GFI=0.928、AGFI=0.905、IFI=0.927、CFI=0.919 均达到或超过阈值，PNFI=0.604 ＞ 0.5，RMSEA=0.070 ＜ 0.08，结果说明该二阶因子模型拟合度可以接受。同时，表 7-19 结果显示，孵化网络关系治理机制所有显变量题项因素负荷量在 0.01 显著性水平下均超过阈值 0.5，且各维度平均变异量抽取值均超过 0.5 阈值，说明各维度具有较好的收敛效度。表 7-21 中社会规范、对信任和声誉的认知、网络惯例和联合制裁的 AVE 平方根值均大于所对应行与列相关系数，说明量表具有较好的判别效度。

表 7-20　孵化网络关系治理机制验证性因子分析模型拟合指标

拟合指标	χ^2/df	GFI	AGFI	IFI	CFI	PNFI	RMSEA
拟合结果	2.799	0.928	0.905	0.927	0.919	0.604	0.070

表 7-21　孵化网络关系治理机制判别效度检验

	社会规范	对信任和声誉的认知	网络惯例	联合制裁
社会规范	（0.763）			
对信任和声誉的认知	0.452**	（0.796）		
网络惯例	0.374**	0.568**	（0.773）	
联合制裁	0.435**	0.587**	0.501**	（0.742）

注：表中括弧里为 AVE 的平方根，其他为各维度变量间的相关系数。
** $P < 0.5$。

☞ 7.2.4　孵化网络负效应信度与效度检验

7.2.4.1　孵化网络结构负效应信度与效度检验

通过 SPSS 17.0 对孵化网络结构负效应各维度进行信度检验，结果如表 7-22 所示。各维度 Cronbach’s α 系数值分别为 0.807、0.799、0.790、0.814，均大于 0.7，且所有题项的 Cronbach’s α if Item Deleted 系数值均小于所属维度的 Cronbach’s α 系数值，表明此量表内部一致性较高，信度较好。

此外，本研究组合信度和平均变异量抽取值均是通过验证性因子分析得出的因素负荷量计算而来，为了简化量表，将以上两指标与孵化网络结构负效应四个维度的二阶验证性因子分析的结果列于同一表中，结果详见表 7-23。结果显示，各维度的组合信度都在 0.8 以上且平均变异抽取量均超过阈值 0.5。总体而言，孵化网络结构负效应量表的信度水平处于可以接受的范围之内。

表 7-22　孵化网络结构负效应信度分析表

变量名称	维度	测度题项	Cronbach's α if Item Deleted	Cronbach's α
孵化网络结构负效应	僵化与惯性	SN1	0.767	0.807
		SN2	0.765	
		SN3	0.762	
	自我筛选	SN4	0.765	0.799
		SN5	0.776	
		SN6	0.770	
	网络臃肿	SN7	0.778	0.790
		SN8	0.743	
		SN9	0.761	
	创新乏力	SN10	0.780	0.814
		SN11	0.790	
		SN12	0.795	

效度检验方面，基于前文理论分析，本研究将孵化网络结构负效应划分为僵化与惯性、自我筛选、网络臃肿和创新乏力四个维度，每个维度下包含不同题项。基于此，本研究利用 AMOS 21.0 软件对孵化网络结构负效应进行验证性因子分析，分析模型如图 7-4 所示，输出结果详见表 7-23，模型拟合指标结果详见表 7-24。

表 7-23 孵化网络结构负效应验证性因子分析结果

变量名称	维度	测度题项	因素负荷量	组合信度（CR）	平均变异量抽取值（AVE）
孵化网络结构负效应	僵化与惯性	SN1	0.883	0.832	0.631
		SN2	0.610		
		SN3	0.767		
	自我筛选	SN4	0.687	0.793	0.566
		SN5	0.714		
		SN6	0.947		
	网络臃肿	SN7	0.861	0.843	0.642
		SN8	0.729		
		SN9	0.653		
	创新乏力	SN10	0.580	0.896	0.741
		SN11	0.703		
		SN12	0.860		

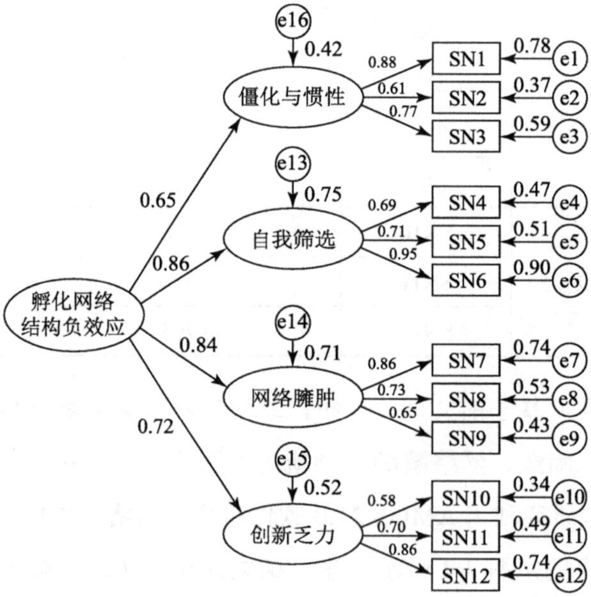

图 7–4 孵化网络结构负效应验证性因子分析模型

表 7-24 孵化网络结构负效应验证性因子分析模型拟合指标

拟合指标	χ^2/df	GFI	AGFI	IFI	CFI	PNFI	RMSEA
拟合结果	2.827	0.917	0.890	0.920	0.916	0.633	0.069

孵化网络结构负效应验证性因子分析模型的拟合指标中，χ^2/df=2.827，取值在 2 ～ 5，GFI=0.917、AGFI=0.890、IFI=0.920、CFI=0.916 均达到或超过阈值，PNFI=0.633 ＞ 0.5，RMSEA=0.069 ＜ 0.08，结果说明该二阶因子模型拟合度可以接受。同时，表 7-23 结果显示，孵化网络结构负效应所有显变量题项因素负荷量在 0.01 显著性水平下均超过阈值 0.5，且各维度平均变异取量抽值均超过 0.5 阈值，说明各维度具有较好的收敛效度。表 7-25 中，僵化与惯性、自我筛选、网络臃肿和创新乏力的 AVE 平方根值均大于所对应行与列相关系数，说明量表具有较好的判别效度。

表 7-25 孵化网络结构负效应判别效度检验

	僵化与惯性	自我筛选	网络臃肿	创新乏力
僵化与惯性	（0.794）			
自我筛选	0.341**	（0.752）		
网络臃肿	0.363**	0.547**	（0.801）	
创新乏力	0.324**	0.476**	0.400**	（0.861）

注：表中括弧里为 AVE 的平方根，其他为各维度变量间的相关系数。
** $P < 0.5$。

7.2.4.2 孵化网络行为负效应信度与效度检验

相较于孵化网络结构负效应，针对孵化网络行为负效应本研究并未对其做进一步的维度划分，而是借鉴并延续现有研究对网络机会主义行为等量表进行测度。

通过 SPSS 17.0 对孵化网络行为负效应进行信度检验，结果如表 7-26 所示。孵化网络行为负效应的 Cronbach's α 系数值为 0.790 ＞ 0.7，且所有题项的 Cronbach's α if Item Deleted 系数值均小于孵化网络行为负效应的 Cronbach's α 系数值，表明此量表内部一致性较高，信度较好。

表 7-26　孵化网络行为负效应信度分析表

变量名称	测度题项	Cronbach's α if Item Deleted	Cronbach's α
孵化网络行为负效应	BN1	0.739	0.790
	BN2	0.753	
	BN3	0.772	
	BN4	0.766	
	BN5	0.736	
	BN6	0.772	

效度检验方面，本研究利用 AMOS 21.0 软件对孵化网络行为负效应进行验证性因子分析，分析模型如图 7-5 所示，输出结果详见表 7-27，模型拟合指标结果详见表 7-28。

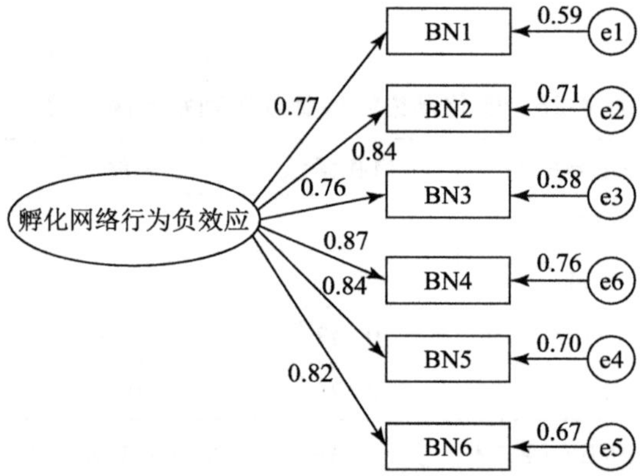

图 7-5　孵化网络行为负效应验证性因子分析模型

表 7-27　孵化网络行为负效应验证性因子分析

变量名称	测度题项	因素负荷量	组合信度（CR）	平均变异量抽取值（AVE）
孵化网络行为负效应	BN1	0.767	0.740	0.546
	BN2	0.842		
	BN3	0.761		
	BN4	0.871		
	BN5	0.839		
	BN6	0.818		

表 7-28 孵化网络行为负效应验证性因子分析模型拟合指标

拟合指标	χ^2/df	GFI	AGFI	IFI	CFI	PNFI	RMSEA
拟合结果	2.031	0.952	0.910	0.944	0.941	0.698	0.059

在孵化网络行为负效应验证性因子分析模型的拟合指标中，χ^2/df=2.031，取值在 2 ～ 5，GFI=0.952、AGFI=0.910、IFI=0.944、CFI=0.941 均达到或超过阈值，PNFI=0.698 > 0.5，RMSEA=0.059 < 0.08，结果说明该模型拟合度可以接受。同时，表 7-27 结果显示，孵化网络行为负效应所有显变量题项因素负荷量在 0.01 显著性水平下均超过阈值 0.5，且平均变异量抽取值均超过 0.5 阈值，说明具有较好的收敛效度。

☞ 7.2.5 标记变量信度与效度检验

通过 SPSS 17.0 对标记变量消极情绪进行信度检验，结果如表 7-29 所示。标记变量消极情绪的 Cronbach's α 系数值为 0.797 > 0.7，且所有题项的 Cronbach's α if Item Deleted 系数值均小于标记变量消极情绪的 Cronbach's α 系数值，表明此量表内部一致性较高，信度较好。

表 7-29 消极情绪信度分析

变量名称	测度题项	Cronbach's α if Item Deleted	Cronbach's α
消极情绪	NE1	0.750	0.797
	NE2	0.764	
	NE3	0.752	

效度检验方面，本研究利用 AMOS 21.0 软件对标记变量消极情绪进行验证性因子分析，分析的模型如图 7-6 所示，输出结果详见表 7-30，模型拟合指标结果详见表 7-31。

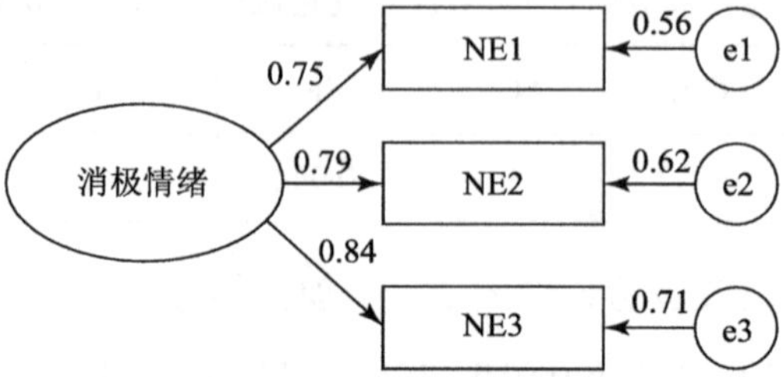

图 7-6　消极情绪验证性因子分析模型

表 7-30　消极情绪验证性因子分析结果

变量名称	测度题项	因素负荷量	组合信度（CR）	平均变异量抽取值（AVE）
消极情绪	NE1	0.748	0.763	0.614
	NE2	0.785		
	NE3	0.845		

表 7-31　消极情绪验证性因子分析模型拟合指标分析

拟合指标	χ^2/df	GFI	AGFI	IFI	CFI	PNFI	RMSEA
拟合结果	2.063	0.974	0.953	0.977	0.970	0.712	0.048

消极情绪验证性因子分析模型的拟合指标中，χ^2/df=2.063，取值在 2 ～ 5，GFI=0.974、AGFI=0.953、IFI=0.977、CFI=0.970 均达到或超过阈值，PNFI=0.712 ＞ 0.5，RMSEA=0.048 ＜ 0.08，结果说明该二阶因子模型拟合度可以接受。同时，表 7-30 结果显示，消极情绪所有显变量题项因素负荷量在 0.01 显著性水平下均超过阈值 0.5，且平均变异量抽取值均超过 0.5 阈值，说明量表具有较好的收敛效度。

7.3　假说检验

为了还原孵化网络运行的真实情况，本研究在将控制变量纳入研究框架的基础上，构建以下逐层回归模型，通过实证分析对第 5 章提出的研究假说进行检验。

模型1：控制变量与孵化网络绩效回归分析。

模型2：在模型1的基础上加入孵化网络契约治理机制及其平方项变量，对这些变量与孵化网络绩效进行回归分析。

模型3：在模型2的基础上加入孵化网络关系治理机制及其平方项变量，对这些变量与孵化网络绩效进行回归分析。

模型4：在模型3的基础上加入孵化网络结构负效应变量，对这些变量与孵化网络绩效进行回归分析。

模型5：在模型4的基础上加入孵化网络行为负效应变量，对这些变量与孵化网络绩效进行回归分析。

模型6：控制变量与孵化网络结构负效应回归分析。

模型7：在模型6的基础上加入孵化网络契约治理机制及其平方项变量，对这些变量与孵化网络结构负效应进行回归分析。

模型8：在模型7的基础上加入孵化网络关系治理机制及其平方项变量，对这些变量与孵化网络结构负效应进行回归分析。

模型9：控制变量与孵化网络行为负效应回归分析。

模型10：在模型9的基础上加入孵化网络契约治理机制及其平方项变量，对这些变量与孵化网络行为负效应进行回归分析。

模型11：在模型10的基础上加入孵化网络关系治理机制及其平方项变量，对这些变量与孵化网络行为负效应进行回归分析。

☞ 7.3.1　孵化网络治理机制对网络绩效影响的假说检验

为了探究孵化网络治理机制对网络绩效的影响，本研究从孵化网络契约治理机制和关系治理机制两个维度实证分析其对孵化网络绩效的影响。为此，本研究利用模型1、模型2和模型3进行综合统计分析。利用统计软件SPSS 17.0进行数据分析，数据分析过程以及输出结果详见表7-32（模型回归系数）、表7-33（模型拟合指标）和表7-34（模型方差检验）。

表 7-32 模型回归系数 [a]

模型		非标准化系数		标准系数	t	Sig.	共线性统计量	
		B	标准误差	试用版			容差	VIF
1	（常量）	3.553	0.106		33.523	0.000		
	企业规模	0.006	0.071	0.016	0.091	0.928	0.168	5.939
	创新级别	0.153	0.073	0.272	2.564	0.011	0.974	1.027
	网络区域	-0.001	0.025	-0.002	-0.027	0.979	0.974	1.027
	网络年龄	0.194	0.076	0.301	5.177	0.000	0.677	1.339
2	（常量）	3.915	0.092		93.756	0.000		
	企业规模	0.005	0.027	0.011	0.172	0.864	0.168	5.940
	创新级别	0.153	0.076	0.272	2.898	0.011	0.973	1.027
	网络区域	-0.004	0.010	-0.011	-0.382	0.703	0.973	1.027
	网络年龄	0.198	0.087	0.401	6.285	0.000	0.668	1.453
	契约治理机制	0.057	0.088	0.199	7.333	0.000	0.999	1.001
	契约治理机制平方项	-0.195	0.068	-0.306	-33.270	0.000	0.999	1.001
3	（常量）	3.841	0.095		32.317	0.000		
	企业规模	0.017	0.026	0.040	0.640	0.523	0.163	6.123
	创新级别	0.050	0.060	0.162	1.836	0.061	0.962	1.040
	网络区域	0.000	0.009	-0.003	-0.103	0.918	0.969	1.031
	网络年龄	0.222	0.077	0.487	9.292	0.000	0.642	1.731
	契约治理机制	0.053	0.087	0.183	7.102	0.000	0.979	1.021
	契约治理机制平方项	-0.188	0.069	-0.289	-26.506	0.000	0.673	1.485
	关系治理机制	0.196	0.083	0.377	3.437	0.001	0.902	1.110
	关系治理机制平方项	0.068	0.059	0.077	0.102	0.921	0.813	1.218

a. 因变量：孵化网络绩效。

表 7-33 模型拟合指标 [d]

模型	R	R^2	调整 R^2	标准估计的误差	更改统计量				
					R^2 更改	F 更改	df1	df2	Sig. F 更改
1	0.450[a]	0.203	0.178	0.33883	0.203	30.128	4	224	0.000
2	0.566[b]	0.320	0.277	0.47544	0.118	33.411	2	222	0.000

续表

模型	R	R^2	调整 R^2	标准估计的误差	更改统计量				
					R^2 更改	F 更改	df1	df2	Sig. F 更改
3	0.653[c]	0.426	0.372	0.44559	0.106	34.412	2	220	0.000

a. 预测变量：（常量），网络年龄，创新级别，网络区域，企业规模。

b. 预测变量：（常量），网络年龄，创新级别，网络区域，企业规模，契约治理机制，契约治理机制平方项。

c. 预测变量：（常量），网络年龄，创新级别，网络区域，企业规模，契约治理机制，契约治理机制平方项，关系治理机制，关系治理机制平方项。

d. 因变量：孵化网络绩效。

表 7-34　模型方差检验 [d]

模型		平方和	df	均方	F	Sig.
1	回归	20.019	4	3.005	169.041	0.000[a]
	残差	2.502	224	0.015		
	总计	22.521	228			
2	回归	19.299	6	3.216	193.660	0.000[b]
	残差	3.222	222	0.017		
	总计	22.521	228			
3	回归	19.720	8	2.465	168.932	0.000[c]
	残差	2.801	220	0.015		
	总计	22.521	228			

a. 预测变量：（常量），网络年龄，创新级别，网络区域，企业规模。

b. 预测变量：（常量），网络年龄，创新级别，网络区域，企业规模，契约治理机制，契约治理机制平方项。

c. 预测变量：（常量），网络年龄，创新级别，网络区域，企业规模，契约治理机制，契约治理机制平方项，关系治理机制，关系治理机制平方项。

d. 因变量：孵化网络绩效。

1. 孵化网络契约治理机制对网络绩效的影响

为了探究孵化网络契约治理机制对网络绩效的影响，本研究构建模型 1 和模型 2。

模型 1 结果如表 7-32 显示，控制变量中高新技术级（β=0.272，$P<0.05$）

与网络年龄（β=0.301，$P < 0.00$）显著性影响孵化网络绩效，同时模型 F 值检验通过，说明解释变量与因变量具有显著性关系，模型通过检验。

模型 2 结果如表 7-32 显示，当加入新的解释变量孵化网络契约治理机制及其平方项后，控制变量中高新技术级（β=0.272，$P < 0.05$）与网络年龄（β=0.401，$P < 0.00$）仍显著性影响孵化网络绩效，而孵化网络契约治理机制与孵化网络绩效间存在显著性正向关系（β=0.199，$P < 0.00$），且孵化网络契约治理机制平方项与孵化网络绩效存在显著负向相关关系（β=−0.306，$P < 0.00$），如表 7-33 所示，相较模型 1，模型 2 调整 R^2 增加了 0.118，同时模型 F 值检验通过，说明解释变量与因变量具有显著性关系，模型通过检验。

基于上述统计分析结果，自变量孵化网络契约治理机制回归结果显著正相关，且孵化网络契约治理机制平方项显著负相关，按照温忠麟等[355]对回归曲线关系的判断标准（详见表 7-35），说明自变量孵化网络契约治理机制对因变量孵化网络绩效呈显著倒 U 型影响。

表 7-35　曲线模型系数判断标准

图形	倒 U 型曲线		U 型曲线	
一次项回归系数	正向显著	不显著	负向显著	不显著
二次项回归系数	负向显著		正向显著	

2. 孵化网络关系治理机制对网络绩效的影响

为了探究孵化网络关系治理机制对网络绩效的影响，本研究构建模型 3。

模型 3 结果如表 7-32 显示，当加入新的解释变量孵化网络关系治理机制及其平方项后，控制变量网络年龄显著性影响孵化网络绩效（β=0.487，$P < 0.00$），而创新级别则表现出较弱的显著性正向影响（β=0.162，$P < 0.10$），孵化网络契约治理机制与孵化网络绩效存在显著性正向关系（β=0.183，$P < 0.00$），且孵化网络契约治理机制平方项与孵化网络绩效仍然存在显著负向相关关系（β=−0.289，$P < 0.00$）；孵化网络关系治理机制对孵化网络绩效存在显著正向关系（β=0.377，$P < 0.01$），孵化网络关系治理机制平方项与孵化网络绩效不存在显著相关关系（β=0.077，$P > 0.10$）。如表 7-33 所示，相较模型 2，模型 3

调整 R^2 增加了 0.106，同时模型 F 值检验通过，说明解释变量与因变量具有显著性关系，模型通过检验。

基于上述统计分析结果，自变量孵化网络契约治理机制回归结果显著正相关，且孵化网络契约治理机制平方项仍显著负相关，说明自变量孵化网络契约治理机制对因变量孵化网络绩效的倒 U 型影响仍然存在。同时，新增自变量孵化网络关系治理机制回归结果正向显著，而孵化网络关系治理机制平方项却不显著，说明孵化网络关系治理机制对因变量孵化网络绩效呈显著正向影响。

☞ 7.3.2 孵化网络负效应对网络绩效影响的假说检验

为了探究孵化网络负效应对网络绩效的影响，本研究从孵化网络结构负效应和行为负效应两个维度实证分析其对孵化网络绩效的影响。为此，本研究利用模型 4 和模型 5 进行综合分析。需要说明的是，由于模型 1、模型 2 和模型 3 中的因变量同是孵化网络绩效，为了保证模型的解释效度，对孵化网络负效应与网络绩效影响进行回归检验仍需要在模型 1、模型 2 和模型 3 的基础上采用逐层回归进行分析。利用统计软件 SPSS 17.0 进行数据分析，输出结果详见表 7-36（模型回归系数）、表 7-37（模型拟合指标）和表 7-38（模型方差检验）。

表 7-36 模型回归系数 [a]

模型		非标准化系数		标准系数	t	Sig.	共线性统计量	
		B	标准误差	试用版			容差	VIF
1	（常量）	3.553	0.106		33.523	0.000		
	企业规模	0.006	0.071	0.016	0.091	0.928	0.168	5.939
	创新级别	0.153	0.073	0.272	2.564	0.011	0.974	1.027
	网络区域	−0.001	0.025	−0.002	−0.027	0.979	0.974	1.027
	网络年龄	0.194	0.076	0.301	5.177	0.000	0.677	1.339

续表

模型		非标准化系数		标准系数	t	Sig.	共线性统计量	
		B	标准误差	试用版			容差	VIF
2	（常量）	3.915	0.092		93.756	0.000		
	企业规模	0.005	0.027	0.011	0.172	0.864	0.168	5.940
	创新级别	0.153	0.076	0.272	2.898	0.011	0.973	1.027
	网络区域	−0.004	0.010	−0.011	−0.382	0.703	0.973	1.027
	网络年龄	0.198	0.087	0.401	6.285	0.000	0.668	1.453
	契约治理机制	0.057	0.088	0.199	7.333	0.000	0.999	1.001
	契约治理机制平方项	−0.195	0.068	−0.306	−33.270	0.000	0.999	1.001
3	（常量）	3.841	0.095		32.317	0.000		
	企业规模	0.017	0.026	0.040	0.640	0.523	0.163	6.123
	创新级别	0.050	0.060	0.162	1.836	0.061	0.962	1.040
	网络区域	0.000	0.009	−0.003	−0.103	0.918	0.969	1.031
	网络年龄	0.222	0.077	0.487	9.292	0.000	0.642	1.731
	契约治理机制	0.053	0.087	0.183	7.102	0.000	0.979	1.021
	契约治理机制平方项	−0.188	0.069	−0.289	−26.506	0.000	0.673	1.485
	关系治理机制	0.196	0.083	0.377	3.437	0.001	0.902	1.110
	关系治理机制平方项	0.068	0.059	0.077	0.102	0.921	0.813	1.218
4	（常量）	3.153	0.106		22.820	0.000		
	企业规模	0.009	0.022	0.022	0.408	0.684	0.163	6.133
	创新级别	0.004	0.009	0.012	0.517	0.605	0.959	1.043
	网络区域	−0.002	0.008	−0.006	−0.258	0.797	0.969	1.032
	网络年龄	0.200	0.075	0.432	8.010	0.000	0.618	2.022
	契约治理机制	0.037	0.077	0.129	5.583	0.000	0.901	1.110
	契约治理机制平方项	−0.145	0.061	−0.223	−14.812	0.000	0.670	1.523
	关系治理机制	0.190	0.081	0.338	2.559	0.011	0.901	1.110
	关系治理机制平方项	0.077	0.055	0.090	0.173	0.846	0.810	1.209
	网络结构负效应	−0.179	0.068	−0.318	−3.317	0.001	0.904	1.109

续表

模型		非标准化系数		标准系数	t	Sig.	共线性统计量	
		B	标准误差	试用版			容差	VIF
5	（常量）	3.043	0.109		4.036	0.000		
	企业规模	0.002	0.022	0.006	0.105	0.916	0.162	6.187
	创新级别	0.005	0.008	0.013	0.592	0.554	0.959	1.043
	网络区域	-0.004	0.007	-0.011	-0.488	0.626	0.965	1.036
	网络年龄	0.178	0.064	0.383	10.051	0.000	0.598	2.620
	契约治理机制	0.035	0.007	0.121	5.347	0.000	0.891	1.122
	契约治理机制平方项	-0.139	0.071	-0.218	-14.891	0.000	0.655	1.639
	关系治理机制	0.161	0.064	0.276	6.026	0.000	0.890	1.122
	关系治理机制平方项	0.003	0.440	0.004	0.006	0.995	0.807	1.203
	网络结构负效应	-0.157	0.072	-0.290	-8.321	0.000	0.890	1.123
	网络行为负效应	-0.093	0.064	-0.164	-3.330	0.001	0.310	3.229

a. 因变量：孵化网络绩效。

表 7-37　模型拟合指标[f]

模型	R	R^2	调整 R^2	标准估计的误差	更改统计量				
					R^2 更改	F 更改	df1	df2	Sig. F 更改
1	0.450[a]	0.203	0.178	0.33883	0.203	30.128	4	224	0.000
2	0.566[b]	0.320	0.277	0.47544	0.118	30.411	2	222	0.000
3	0.653[c]	0.426	0.372	0.44559	0.106	34.412	2	220	0.000
4	0.658[d]	0.433	0.386	0.38277	0.007	69.239	1	219	0.000
5	0.693[e]	0.480	0.428	0.37311	0.047	10.999	1	218	0.001

a. 预测变量：（常量），网络年龄，创新级别，网络区域，企业规模。

b. 预测变量：（常量），网络年龄，创新级别，网络区域，企业规模，契约治理机制，契约治理机制平方项。

c. 预测变量：（常量），网络年龄，创新级别，网络区域，企业规模，契约治理机制，契约治理机制平方项，关系治理机制，关系治理机制平方项。

d. 预测变量：（常量），网络年龄，创新级别，网络区域，企业规模，契约治理机制，契约治理机制平方项，关系治理机制，关系治理机制平方项，网络结构负效应。

e. 预测变量：（常量），网络年龄，创新级别，网络区域，企业规模，契约治理机制，契约治理机制平方项，关系治理机制，关系治理机制平方项，网络结构负效应，网络行为负效应。

f. 因变量：孵化网络绩效。

表 7-38　模型方差检验[f]

模型		平方和	df	均方	F	Sig.
1	回归	20.019	4	3.005	169.041	0.000[a]
	残差	2.502	224	0.015		
	总计	22.521	228			
2	回归	19.299	6	3.216	193.660	0.000[b]
	残差	3.222	222	0.017		
	总计	22.521	228			
3	回归	19.720	8	2.465	168.932	0.000[c]
	残差	2.801	220	0.015		
	总计	22.521	228			
4	回归	20.465	9	2.274	211.223	0.000[d]
	残差	2.056	219	0.011		
	总计	22.521	228			
5	回归	20.577	10	2.058	201.153	0.000[e]
	残差	1.944	218	0.010		
	总计	22.521	228			

a. 预测变量：（常量），网络年龄，创新级别，网络区域，企业规模。

b. 预测变量：（常量），网络年龄，创新级别，网络区域，企业规模，契约治理机制，契约治理机制平方项。

c. 预测变量：（常量），网络年龄，创新级别，网络区域，企业规模，契约治理机制，契约治理机制平方项，关系治理机制，关系治理机制平方项。

d. 预测变量：（常量），网络年龄，创新级别，网络区域，企业规模，契约治理机制，契约治理机制平方项，关系治理机制，关系治理机制平方项，网络结构负效应。

e. 预测变量：（常量），网络年龄，创新级别，网络区域，企业规模，契约治理机制，契约治理机制平方项，关系治理机制，关系治理机制平方项，网络结构负效应，网络行为负效应。

f. 因变量：孵化网络绩效。

1. 孵化网络结构负效应对网络绩效的影响

为了探究孵化网络结构负效应对网络绩效的影响，本研究构建模型4。

模型4结果如表7-36显示，当加入新的解释变量孵化网络结构负效应后，控制变量网络年龄显著性影响孵化网络绩效（β=0.432，P < 0.00），孵化网络契约治理机制对孵化网络绩效存在显著性正向关系（β=0.129，P < 0.00），而孵化网络契约治理机制平方项与孵化网络绩效仍然存在显著负向相关关系（β=−0.223，P < 0.00）；孵化网络关系治理机制对孵化网络绩效存在显著正向关系（β=0.338，P < 0.05），孵化网络关系治理机制平方项与孵化网络绩效不存在显著相关关系（β=0.090，P > 0.10）；新加入解释变量孵化网络结构负效应与孵化网络绩效间存在显著负向相关关系（β=−0.318，P < 0.01）。如表7-37所示，相较模型3，模型4调整 R^2 增加了0.007，同时模型F值检验通过，说明解释变量与因变量具有显著性关系，模型通过检验。

基于上述统计分析结果，自变量孵化网络契约治理机制回归结果显著正相关，且孵化网络契约治理机制平方项仍显著负相关，说明自变量孵化网络契约治理机制对因变量孵化网络绩效呈显著倒U型影响仍然存在；孵化网络关系治理机制回归结果正向显著，而孵化网络关系治理机制平方项却不显著，说明自变量中孵化网络关系治理机制对因变量孵化网络绩效呈显著正向影响。同时，新增自变量孵化网络结构负效应对因变量孵化网络绩效呈显著负向影响。

2. 孵化网络行为负效应对网络绩效的影响

为了研究孵化网络行为负效应对网络绩效的影响，本研究构建模型5。

模型5结果如表7-36显示，当加入新的解释变量孵化网络行为负效应后，控制变量中网络年龄显著性影响孵化网络绩效（β=0.383，P < 0.00），孵化网络契约治理机制对孵化网络绩效存在显著性正向关系（β=0.121，P < 0.00），且孵化网络契约治理机制平方项与孵化网络绩效仍然存在显著负向相关关系（β=−0.218，P < 0.00）；孵化网络关系治理机制对孵化网络绩效存在显著正向关系（β=0.276，P < 0.00），孵化网络关系治理机制平方项与孵化网络绩效不存在显著相关关系（β=0.004，P > 0.10）。新加入解释变量孵化网络行为负效应（β=

−0.164，$P < 0.01$）与原有解释变量孵化网络结构负效应（β=−0. 290，$P < 0.00$）均与孵化网络绩效存在显著负相关关系。如表 7-37 所示，相较模型 4，模型 5 调整 R^2 增加了 0.047，同时模型 F 值检验通过，说明解释变量与因变量具有显著性关系，模型通过检验。

基于上述统计分析结果，自变量孵化网络契约治理机制回归结果显著正相关，且孵化网络契约治理机制平方项仍显著负相关，说明自变量孵化网络契约治理机制对因变量孵化网络绩效的倒 U 型影响仍然存在；孵化网络关系治理机制回归结果正向显著，而孵化网络关系治理机制平方项却不显著，说明自变量中孵化网络关系治理机制对因变量孵化网络绩效呈显著正向影响。同时，新增自变量孵化网络行为负效应与原有解释变量孵化网络结构负效应均对因变量孵化网络绩效呈现显著负向影响。

☞ 7.3.3 孵化网络治理机制对网络负效应影响的假说检验

为了探究孵化网络治理机制对网络负效应的影响，本研究构建模型 6、模型 7、模型 8、模型 9、模型 10、模型 11，实证分析孵化网络契约治理机制和关系治理机制对孵化网络结构负效应及行为负效应的影响。

1. 孵化网络契约治理机制和关系治理机制对孵化网络结构负效应的影响

本研究利用统计软件 SPSS 17.0 进行数据分析，数据分析过程及输出结果详见表 7-39（模型回归系数）、表 7-40（模型拟合指标）和表 7-41（模型方差检验）。

表 7-39　模型回归系数 [a]

模型		非标准化系数		标准系数	t	Sig.	共线性统计量	
		B	标准误差	试用版			容差	VIF
6	（常量）	3.741	0.016		107.357	0.000		
	企业规模	−0.002	0.011	−0.024	−0.005	0.996	0.168	5.939
	创新级别	0.001	0.004	0.016	0.225	0.823	0.974	1.027
	网络区域	0.000	0.004	0.002	0.032	0.975	0.974	1.027
	网络年龄	0.001	0.007	0.025	0.142	0.888	0.677	1.339

续表

模型		非标准化系数		标准系数	t	Sig.	共线性统计量	
		B	标准误差	试用版			容差	VIF
7	（常量）	3.691	0.009		193.330	0.000		
	企业规模	−0.002	0.006	−0.025	−0.265	0.791	0.168	5.940
	创新级别	0.000	0.002	0.003	0.076	0.939	0.973	1.027
	网络区域	0.000	0.002	0.009	0.224	0.823	0.973	1.027
	网络年龄	0.002	0.004	0.049	0.509	0.611	0.668	1.453
	契约治理机制	−0.067	0.042	−0.075	−0.077	0.930	0.999	1.001
	契约治理机制平方项	0.152	0.062	0.261	20.725	0.000	0.999	1.001
8	（常量）	3.126	0.613		78.205	0.000		
	企业规模	0.003	0.005	0.048	0.561	0.575	0.163	6.123
	创新级别	0.002	0.002	0.027	0.758	0.449	0.962	1.040
	网络区域	0.000	0.002	0.008	0.230	0.819	0.969	1.031
	网络年龄	−0.009	0.004	−0.023	−0.077	0.933	0.642	1.731
	契约治理机制	−0.006	0.002	−0.142	−0.103	0.918	0.979	1.021
	契约治理机制平方项	0.127	0.042	0.232	15.015	0.000	0.673	1.485
	关系治理机制	−0.169	0.056	−0.320	−2.341	0.020	0.902	1.110
	关系治理机制平方项	0.053	0.045	0.053	0.337	0.954	0.813	1.218

a. 因变量：网络结构负效应。

表 7-40 模型拟合指标 [d]

模型	R	R^2	调整 R^2	标准估计的误差	更改统计量				
					R^2 更改	F 更改	df1	df2	Sig. F 更改
6	0.029[a]	0.001	−0.020	0.05185	0.001	0.042	4	224	0.997
7	0.313[b]	0.097	0.040	0.05860	0.096	25.265	2	222	0.000
8	0.543[c]	0.295	0.233	0.06509	0.198	29.988	2	220	0.000

a. 预测变量：（常量），网络年龄，创新级别，网络区域，企业规模。

b. 预测变量：（常量），网络年龄，创新级别，网络区域，企业规模，契约治理机制，契约治理机制平方项。

c. 预测变量：（常量），网络年龄，创新级别，网络区域，企业规模，契约治理机制，契约治理机制平方项，关系治理机制，关系治理机制平方项。

d. 因变量：网络结构负效应。

表 7-41　模型方差检验 d

模型		平方和	df	均方	F	Sig.
6	回归	19.98	4	3.135	67.821	0.000c
	残差	2.547	224	0.016		
	总计	22.527	228			
7	回归	20.369	6	2.274	22.334	0.000d
	残差	2.159	222	0.011		
	总计	22.527	228			
8	回归	21.407	8	2.058	20.042	0.000e
	残差	1.121	220	0.010		
	总计	22.527	228			

a. 预测变量：（常量），网络年龄，创新级别，网络区域，企业规模。

b. 预测变量：（常量），网络年龄，创新级别，网络区域，企业规模，契约治理机制，契约治理机制平方项。

c. 预测变量：（常量），网络年龄，创新级别，网络区域，企业规模，契约治理机制，契约治理机制平方项，关系治理机制，关系治理机制平方项。

d. 因变量：网络结构负效应。

模型 6 结果如表 7-39 显示，控制变量与孵化网络结构负效应间不存在显著性关系，模型 F 值检验未通过，整体拟合效果并未达到显著水平。

模型 7 结果如表 7-39 显示。控制变量与孵化网络结构负效应不存在显著性关系。新增解释变量孵化网络契约治理机制与孵化网络结构负效应不存在显著性关系（β=−0.075，$P>0.10$），而孵化网络契约治理机制平方项与孵化网络结构负效应存在显著正向关系（β=0.261，$P<0.00$），根据表 7-35 曲线模型系数标准说明孵化网络契约治理机制与孵化网络结构负效应间存在显著 U 型关系。如表 7-40 所示，相较模型 6，模型 7 调整 R^2 增加了 0.096，且模型通过 F 值显著性检验。

模型 8 结果如表 7-39 显示，控制变量与孵化网络结构负效应不存在显著性关系。孵化网络契约治理机制与孵化网络结构负效应不存在显著性关系（β=−0.042，$P>0.10$），而孵化网络契约治理机制平方项与孵化网络结构负效应存在显著正向关系（β=0.232，P ＜ 0.00）；新增解释变量孵化网络关系治理机制与孵化网络结构负效应存在显著负向相关关系（β=–0.320，P ＜ 0.05），而孵化网络关系治理机制平方项与孵化网络结构负效应不存在显著性关系（β=–0.053，P ＞ 0.10）。如表 7-40 所示，相较模型 7，模型 8 调整 R^2 增加了 0.198，且模型通过 F 值显著性检验。

2. 孵化网络契约治理机制和关系治理机制对孵化网络行为负效应的影响

本研究利用统计软件 SPSS 17.0 进行数据分析，数据分析过程及输出结果详见表 7-42（模型回归系数）、表 7-43（模型拟合指标）和表 7-44（模型方差检验）。

模型 9 结果如表 7-42 显示，控制变量与孵化网络行为负效应不存在显著性关系，模型 F 值检验未通过，整体拟合效果未达到显著水平。

模型 10 结果如表 7-42 显示，控制变量与孵化网络行为负效应不存在显著性关系。新增解释变量孵化网络契约治理机制与孵化网络结构行为负效应呈显著负相关（β=–0.175，P ＜ 0.00），而孵化网络契约治理机制平方项与孵化网络行为负效应不存在显著性关系（β=0.014，P ＞ 0.10）。如表 7-43 所示，相较模型 9，模型 10 调整 R^2 增加 0.097，且模型 F 值检验通过。

模型 11 结果如表 7-42 显示，控制变量与孵化网络结构负效应不存在显著性关系。孵化网络契约治理机制与孵化网络行为负效应呈显著负相关（β=–0.137，P ＜ 0.00），而孵化网络契约治理机制平方项与孵化网络行为负效应不存在显著性关系（β=0.020，P ＞ 0.10）；新增解释变量孵化网络关系治理机制与孵化网络行为负效应呈显著负相关（β=–0.363，P ＜ 0.00），而孵化网络关系治理机制平方项与孵化网络行为负效应不存在显著性关系（β=0.022，P ＞ 0.10）。如表 7-43 所示，相较模型 10，模型 11 调整 R^2 增加 0.241，且模型 F 值检验通过。

在此，本文将模型 1 到模型 11 回归结果进行数据汇总，结果详见表 7-45。

表 7-42 模型回归系数 [a]

模型		非标准化系数		标准系数	t	Sig.	共线性统计量	
		B	标准误差	试用版			容差	VIF
9	（常量）	4.723	0.178		26.524	0.000		
	企业规模	0.002	0.120	0.003	0.018	0.985	0.168	5.939
	创新级别	0.014	0.047	0.022	0.298	0.766	0.974	1.027
	网络区域	0.001	0.042	0.001	0.016	0.987	0.974	1.027
	网络年龄	0.009	0.073	0.021	0.122	0.903	0.677	1.339
10	（常量）	4.272	0.103		51.305	0.000		
	企业规模	0.015	0.067	0.021	0.219	0.827	0.168	5.940
	创新级别	0.005	0.026	0.008	0.208	0.835	0.973	1.027
	网络区域	−0.007	0.023	−0.012	−0.310	0.757	0.973	1.027
	网络年龄	0.019	0.041	0.045	0.468	0.640	0.668	1.453
	契约治理机制	−0.085	0.019	−0.175	−4.409	0.000	0.999	1.001
	契约治理机制平方项	0.006	0.053	0.014	0.017	0.988	0.999	1.001
11	（常量）	4.094	0.114		29.596	0.000		
	企业规模	0.024	0.060	0.035	0.398	0.691	0.163	6.123
	创新级别	0.018	0.023	0.028	0.784	0.434	0.962	1.040
	网络区域	0.002	0.021	0.004	0.114	0.909	0.969	1.031
	网络年龄	−0.095	0.039	−0.026	−0.225	0.823	0.642	1.731
	契约治理机制	−0.067	0.017	−0.137	−3.861	0.000	0.979	1.021
	契约治理机制平方项	0.007	0.042	0.020	0.220	0.823	0.673	1.485
	关系治理机制	−0.155	0.049	−0.363	−6.988	0.000	0.902	1.110
	关系治理机制平方项	0.015	0.051	0.022	0.586	0.558	0.813	1.218

a. 因变量：网络行为负效应。

表 7-43　模型拟合指标[d]

模型	R	R^2	调整 R^2	标准估计的误差	更改统计量				
					R^2 更改	F 更改	df1	df2	Sig. F 更改
9	0.033[a]	0.001	−0.019	0.04937	0.001	0.052	4	224	0.995
10	0.313[b]	0.098	0.044	0.05769	0.097	36.376	2	222	0.000
11	0.582[c]	0.339	0.278	0.06132	0.241	30.099	2	220	0.000

a. 预测变量：（常量），网络年龄，创新级别，网络区域，企业规模。

b. 预测变量：（常量），网络年龄，创新级别，网络区域，企业规模，契约治理机制，契约治理机制平方项。

c. 预测变量：（常量），网络年龄，创新级别，网络区域，企业规模，契约治理机制，契约治理机制平方项，关系治理机制，关系治理机制平方项。

d. 因变量：网络行为负效应。

表 7-44　模型方差检验[d]

模型		平方和	df	均方	F	Sig.
9	回归	19.969	4	6.707	74.955	0.000[a]
	残差	3.682	224	0.091		
	总计	23.651	228			
10	回归	19.104	6	7.351	73.088	0.000[b]
	残差	4.511	222	0.101		
	总计	23.615	228			
11	回归	18.471	8	6.059	76.817	0.000[c]
	残差	5.144	220	0.079		
	总计	23.615	228			

a. 预测变量：（常量），网络年龄，创新级别，网络区域，企业规模。

b. 预测变量：（常量），网络年龄，创新级别，网络区域，企业规模，契约治理机制，契约治理机制平方项。

c. 预测变量：（常量），网络年龄，创新级别，网络区域，企业规模，契约治理机制，契约治理机制平方项，关系治理机制，关系治理机制平方项。

d. 因变量：网络行为负效应。

表 7-45 模型层级回归分析结果

	模型 1	模型 2	模型 3	模型 4	模型 5	模型 6	模型 7	模型 8	模型 9	模型 10	模型 11
	孵化网络绩效（Beta）					网络结构负效应（Beta）			网络行为负效应（Beta）		
控制变量											
企业规模	0.016	0.011	0.040	0.022	0.006	−0.024	−0.025	0.048	0.003	−0.021	0.035
高新技术级别	0.272**	0.272**	0.162*	0.012	0.013	0.016	0.003	0.027	0.022	0.008	0.028
网络所在区域	−0.002	−0.011	−0.003	−0.006	−0.011	0.002	0.009	0.008	0.001	−0.012	0.004
网络年龄	0.301***	0.401***	0.487***	0.432***	0.383***	0.025	0.049	−0.023	0.021	0.045	−0.026
自变量											
契约治理机制		0.199***	0.183***	0.129***	0.121***		−0.075	−0.042		−0.175***	−0.137***
契约治理机制平方项		−0.306***	−0.289***	−0.223***	−0.218***		0.261***	0.232***		0.014	0.020
关系治理机制			0.377***	0.338**	0.276***			−0.320**			−0.363***
关系治理机制平方项			0.077	0.090	0.004			0.053			0.022
中介变量											
网络结构负效应				−0.318***	−0.290***						
网络行为负效应					−0.164***						
Adj R^2	0.178	0.277	0.372	0.386	0.428	−0.020	0.040	0.233	−0.019	0.044	0.278
ΔR^2		0.118	0.106	0.007	0.047		0.096	0.198		0.097	0.241
F–Value	30.128***	33.411***	34.412***	69.239***	10.999***	0.042	25.265***	29.988***	0.052	36.376***	30.099***

注：1. *、**、*** 分别代表 10%、5%、1% 水平下显著；

2. N=229；

3. 回归系数为标准化系数（Beta 值）。

☞ 7.3.4 孵化网络负效应对网络治理机制与网络绩效关系中介效应的假说检验

中介效应具有严格的检验过程，学术界对中介效应的研究范式较为统一。在此，本研究借鉴 Nina 等[356]提出的采用多元回归检验中介效应的方法，检验逻辑过程如下。

如果自变量 X 通过某一变量 M 对因变量 Y 产生影响，则将 M 称之为 X 和 Y 的中介变量。同时，可用图 7-7 中所示的三个方程①、②和③来描述变量之间的关系。

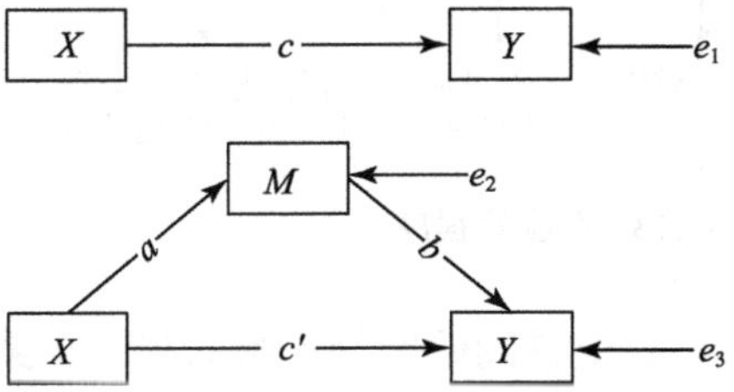

$Y=cX+e_1$ ①

$M=aX+e_2$ ②

$Y=c'X+bM+e_3$ ③

图 7–7 中介效应模型图

验证 M 是否起到中介作用或是中介效应显著性的检验程序如图 7-8 所示。

1）对系数 c 显著性进行检验，如果显著则进入下一环节，不显著则终止该检验程序。

2）对系数 a 和 b 显著性进行检验，如果两者均显著，则说明自变量 X 对因变量 Y 的部分影响会通过中介变量 M 的传导来实现，进而进入下一环节；当系数 a 或 b 中至少有一个不显著时，则 M 能否起到中介作用还不能够得以确定，应转到第 4 环节。

3）对系数 c' 的显著性进行检验，如果该系数不显著，则证明了 M 在该影响过程中起到完全中介作用，即自变量 X 对因变量 Y 的影响是完全通过 M 传导得以实现的；如果该系数不显著，则证明 M 起到部分中介作用。

4）进行 Sobel 检验，如果未通过检验，则证明 M 中介效应不显著；如果通过检验，则证明 M 中介效应显著。

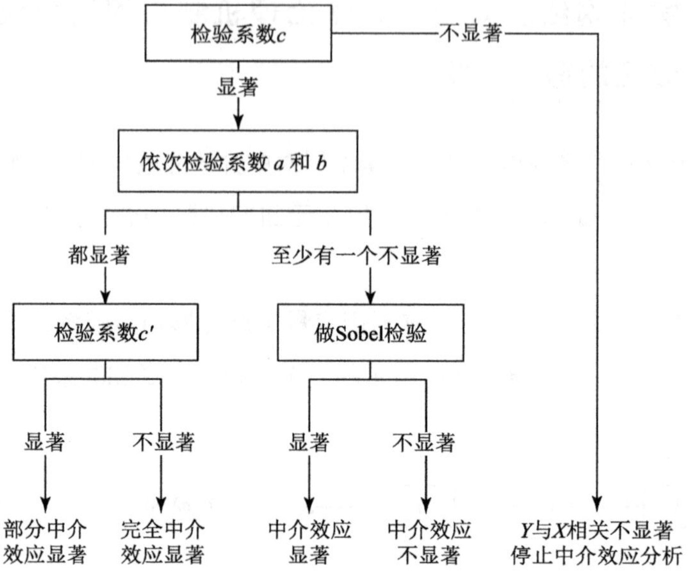

图 7–8　中介效应检验程序

基于上述分析以及上一部分针对不同变量间研究假设检验模型结果（详见表7-45）进行中介效应分析，结果详见表 7-46。

表 7-46　模型层级回归分析结果

路径系数	变量关系			验证模型	验证将结果
c	孵化网络治理机制	→	孵化网络绩效		
	孵化网络契约治理机制	→	孵化网络绩效	1、2	倒 U 型
	孵化网络关系治理机制	→	孵化网络绩效	1、2、3	正相关
a	孵化网络治理机制	→	孵化网络负效应		
	孵化网络契约治理机制	→	孵化网络结构负效应	6、7	U 型
	孵化网络契约治理机制	→	孵化网络关系负效应	9、10	负相关
	孵化网络关系治理机制	→	孵化网络结构负效应	6、8	负相关
	孵化网络关系治理机制	→	孵化网络关系负效应	9、11	负相关
b	孵化网络负效应	→	孵化网络绩效		
	孵化网络结构负效应	→	孵化网络绩效	1、4	负相关
	孵化网络关系负效应	→	孵化网络绩效	1、5	负相关

续表

路径系数	变量关系			验证模型	验证将结果
c'	孵化网络治理机制	→	孵化网络绩效		
	孵化网络契约治理机制	→	孵化网络绩效（网络结构负效应中介）	1、2、3、4	倒U型减弱
		→	孵化网络绩效（网络行为负效应中介）	1、2、3、5	倒U型减弱
	孵化网络关系治理机制	→	孵化网络绩效（网络结构负效应中介）	1、3、4	正相关减弱
		→	孵化网络绩效（网络行为负效应中介）	1、3、5	正相关减弱

通过对各层级模型标准化回归系数值的变化进行判断，当中介变量（孵化网络结构负效应和行为负效应）作为新变量所进入的模型与前面未进入的模型比较后发现，自变量（契约治理机制或契约治理机制二次项，以及关系治理机制）在显著性水平不变的情况下，标准化系数值均逐渐变小。因此，可以判断孵化网络结构负效应和行为负效应在孵化网络治理机制对网络绩效影响中起到部分中介作用。

7.3.5 模型非线性关系及中介效应补充检验

鉴于以上研究结论中存在非线性关系，为此本研究进一步针对这些非线性关系以及非线性关系下的中介效应进行检验。

1. 模型非线性关系补充检验

为了以更加直观的方式就孵化网络契约治理机制对网络绩效的倒U型影响以及孵化网络契约治理机制对网络结构负效应的U型影响做进一步检验，本研究采用图示方法进行检验，验证结果如下。

按照表7-32中模型2的层级回归结果，利用SPSS 17.0软件对孵化网络契约治理机制与网络绩效进行二次项曲线估计，输出结果如图7-9所示，二者间存在显著倒U型关系。

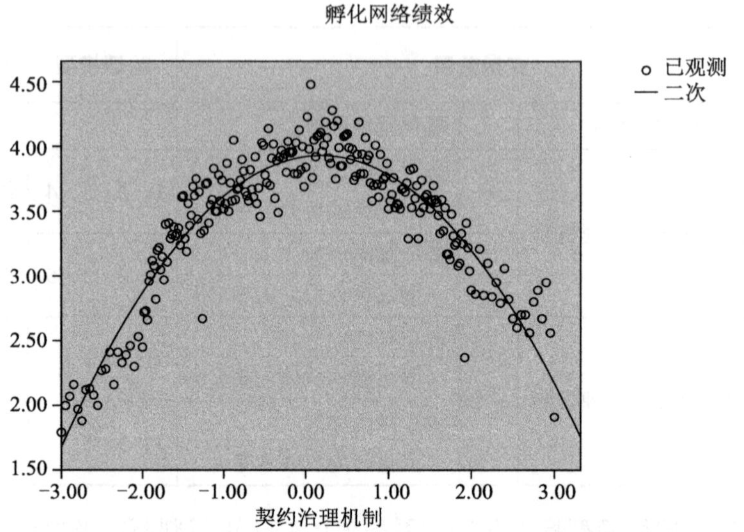

图 7–9 孵化网络契约治理机制与孵化网络绩效呈倒 U 型关系

根据回归方程 $Y=-0.195X^2+0.057X+3.915$，图中倒 U 型曲线拐点本研究采用 Cohen 等[357]提出的公式（$Z_x=-b_1/2b_2$）求得，其中 Z_x 是自变量中心化处理值，b_1 是一次项非标准化回归系数，b_2 是二次项非标准化回归系数，曲线拐点取值（$X=0.146$、$Y=3.919$）。在此基础上，通过对模型进行 Y 轴对称中心化处理，回归方程转化为 $Y=0.195\ (Z_x-0.146^2+3.919)$，依据此方程当 Z_x 取值由 –3 变为 –2 时孵化网络绩效提升 51.88%（由 1.989 上升到 3.021）；当 Z_x 取值由 –2 变为 –1 时孵化网络绩效提升 21.25%（由 3.021 上升到 3.663），从 Z_x 为 0 点起，随着契约治理机制取值增大，孵化网络绩效逐渐降低，当 Z_x 取值由 1 变为 2 时孵化网络绩效降低 13.98%（由 3.777 下降到 3.249），当 Z_x 取值由 2 变为 3 时孵化网络绩效降低 28.26%（由 3.249 下降到 2.331）。结果显示，契约治理机制与孵化网络绩效间起初呈现正相关趋势，但随着契约治理机制取值增大，二者之间正相关减弱，当超过 Z_x 值为 0 点后，二者间呈现出逐渐增大的负相关关系，说明孵化网络契约治理机制对网络绩效存在倒 U 型影响。

另外，按照表 7-39 中模型 7 的层级回归结果，利用 SPSS 17.0 软件对孵化网络契约治理机制与网络结构负效应进行二次项曲线估计，输出结果如图 7-10 所示，二者间存在显著 U 型关系。

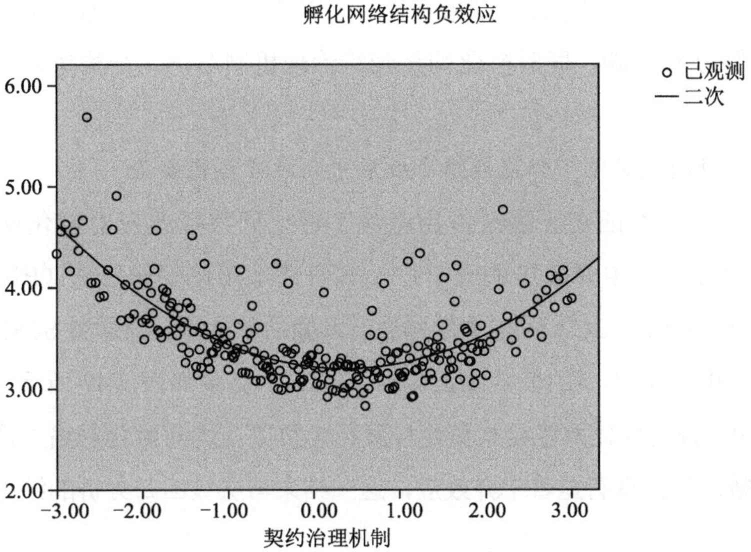

图 7-10　孵化网络契约治理机制与网络结构负效应呈 U 型关系

根据回归方程 $Y=-0.152X^2-0.067X+3.691$，图中 U 型曲线拐点本研究同样采用 Cohen 等 [357] 提出的公式（$Z_x=-b_1/2b_2$）求得，其中 Z_x 是自变量中心化处理值，b_1 是一次项非标准化回归系数，b_2 是二次项非标准化回归系数，曲线拐点取值（$X=0.220$、$Y=3.631$）。在此基础上，通过对模型进行 Y 轴对称中心化处理，回归方程转化为 $Y=0.152$（$Z_x-0.220^2+3.631$），依据此方程当 Z_x 取值由 –3 变为 –2 时孵化网络结构负效应下降 15.88%（由 5.207 下降到 4.380）；当 Z_x 取值由 –2 变为 –1 时孵化网络结构负效应下降 11.94%（由 4.380 下降到 3.857），从 Z_x 为 0 点起，随着契约治理机制取值增大，孵化网络结构负效应逐渐增大，当 Z_x 取值由 1 变为 2 时孵化网络结构负效应提升 10.45%（由 3.723 提升到 4.113），当 Z_x 取值由 2 变为 3 时孵化网络结构负效应提升 16.85%（由 4.113 提升到 4.806）。结果显示，孵化网络契约治理机制与孵化网络结构负效应间起初呈现负相关趋势，但随着契约治理机制取值增大，二者之间负相关减弱，当超过 Z_x 值为 0 点后，二者间呈现出逐渐增大的正相关关系，说明契约治理机制对孵化网络结构负效应存在 U 型影响。

图示分析结果与回归分析结果一致，证明孵化网络契约治理机制对网络绩效具有显著倒 U 型影响，同时孵化网络契约治理机制对网络结构负效应具有显著 U 型影响。

2. 非线性模型关系下孵化网络负效应中介效应补充检验

为了进一步验证在非线性作用影响下孵化网络负效应对孵化网络治理机制与网络绩效影响中介效应的显著性，本研究采用偏差修正法（Bias-corrected percentile Bootstrap，BC）对样本数据进行区间估计检验，即通过 SPSS 17.0 软件对中介效应进行 95% 下的偏差修正检验（BC），结果如表 7-47 所示，置信区间内不包括 0，说明孵化网络结构负效应及行为负效应均对孵化网络关系治理机制与网络绩效间关系具有显著中介效应，这一结果与层级回归分析的结果一致。

表 7-47　孵化网络关系治理机制与网络绩效中介效应的显著性检验

中介变量	BC 重复抽样次数	置信区间		中介效应值
		上限	下限	
网络结构负效应	1000	0.007	0.165	0.087
	2000	0.012	0.172	0.086
	5000	0.012	0.171	0.086
网络行为负效应	1000	0.076	0.261	0.156
	2000	0.078	0.270	0.157
	5000	0.077	0.270	0.157

由于孵化网络契约治理机制与网络绩效在网络负效应的作用下存在非线性关系，无法采用上述方法进行中介效应检验。因此本研究借鉴 Hayes 和 Preacher[358] 提出的瞬时中介效应方法进行检验，通过计算中介变量对自变量一阶偏导与因变量对中介变量一阶偏导的乘积，如式（7-1）所示。

$$\theta = \frac{\partial M(X)}{\partial X}\frac{\partial Y(X,M)}{\partial M} \tag{7-1}$$

选取自变量（孵化网络契约治理机制）4 个特定值：$\overline{X}-\sigma$、$\overline{X}$、$\overline{X}+\sigma$ 和 Max(X)，在 95% 置信下利用 SPSS 17.0 软件采用 Bootstrap 方法对网络负效应中介作用的显著性进行检验，结果如表 7-48 所示。由于孵化网络契约治理机制与网络行为负效应间存在线性关系，且网络行为负效应与孵化网络绩效间同样存在线性关系，依据式（7-1）可知 θ 值为常数。这一结果在表 7-48 中得到同样的验证，当自变量取值变化时，瞬间中介效应保持在 0.089 且置信区间不包含 0，结果说明网络行为负效应对孵化网络契约治理机制与孵化网络绩效关系的中介效应显著。同时，由于孵化网络契约治理机制与网络结构负效应间存在 U 型关系，而网络结构负效应与孵化网络绩效存在斜率为负的线性关系，由式（7-1）可知，网络结构负效应在孵化网络契约治理机制与网络绩效间的瞬时中介效应值随孵化网络契约治理机制增高而降低。这一结果在表 7-48 中也得到验证，在 BC 重复抽样为 1000 次（或 2000 次）情况下，当契约治理机制从 $\overline{X}-\sigma$ =3.457 上升到均值 $\overline{X}$ =4.637，瞬时中介效应值有 0.177 降至 0.039，对应置信区间从不包含 0 变到包含 0，说明正面瞬时中介效应从显著变为不显著；当取值从均值 $\overline{X}$ 变为 $\overline{X}+\sigma$ = 5.817，瞬时中介效应由 0.039 降至 –0.099，置信区间仍包含 0，说明中介效应仍不显著；当取值从 $\overline{X}+\sigma$ 变为 Max(*X*)=6.570，瞬时中介效应降至 –0.211，但其对应的置信区间不包含 0，说明负面中介效应变为显著。由此得证，随着孵化网络契约治理机制的增强，孵化网络结构负效应在契约治理机制与网络绩效间关系的正面瞬时中介效应逐渐减弱，当契约治理机制增强到一定程度后，网络结构负效应转变为显著性的负面瞬时中介效应。由此得出，孵化网络结构负效应对孵化网络契约治理机制与网络绩效关系存在一定程度上显著非连续性中介作用。

表 7-48 孵化网络契约治理机制与孵化网络绩效中介效应显著性检验

中介变量	自变量取值	BC 重复抽样次数	置信区间		中介效应值
			上限	下限	
网络结构负效应	3.457	1000	0.079	0.366	0.177
		2000	0.079	0.365	0.177
	4.637	1000	−0.025	0.121	0.039
		2000	−0.023	0.121	0.039
	5.817	1000	−0.271	0.002	−0.099
		2000	−0.275	0.004	−0.099
	6.570	1000	−0.491	−0.058	−0.211
		2000	−0.514	−0.063	−0.211

续表

中介变量	自变量取值	BC 重复抽样次数	置信区间		中介效应值
			上限	下限	
网络行为负效应	3.457	1000	0.021	0.160	0.089
		2000	0.026	0.163	0.089
	4.637	1000	0.021	0.160	0.089
		2000	0.026	0.163	0.089
	5.817	1000	0.021	0.160	0.089
		2000	0.026	0.163	0.089
	6.570	1000	0.021	0.160	0.089
		2000	0.026	0.163	0.089

7.4 研究结果讨论

☞ 7.4.1 总体研究结论

通过上述定量分析，对本研究假说检验结果总结如表 7-49 所示。

结果显示，除假说 H6 不支持和 H9 部分支持外，其他假说均通过验证。

表 7-49 假说检验结果

假设		检验结果
H1	孵化网络契约治理机制对孵化网络绩效具有倒 U 型影响	支持
H2	孵化网络关系治理机制对孵化网络绩效具有正向影响	支持
H3	孵化网络契约治理机制对网络结构负效应具有 U 型影响	支持
H4	孵化网络契约治理机制对网络行为负效应具有负向影响	支持
H5	孵化网络关系治理机制对网络结构负效应具有负向影响	支持
H6	孵化网络关系治理机制对网络行为负效应具有 U 型影响	不支持
H7	孵化网络结构负效应对孵化网络绩效具有负向影响	支持
H8	孵化网络行为负效应对孵化网络绩效具有负向影响	支持
H9	孵化网络结构负效应在孵化网络契约治理机制与网络绩效间起中介作用	部分支持
H10	孵化网络结构负效应在孵化网络关系治理机制与网络绩效间起中介作用	支持
H11	孵化网络行为负效应在孵化网络契约治理机制与网络绩效间起中介作用	支持
H12	孵化网络行为负效应在孵化网络关系治理机制与网络绩效间起中介作用	支持

☞ 7.4.2 孵化网络治理机制对网络绩效影响的检验结果讨论

本研究从孵化网络契约治理机制和关系治理机制两个维度下分别验证其对网络绩效的影响。实证研究结果显示，孵化网络契约治理机制对网络绩效呈现出一种倒U型的显著性影响，说明随着网络契约治理机制的不断强化，孵化网络契约治理机制对网络绩效的积极作用逐渐减弱，并逐步表现出消极影响的变化趋势，当契约治理机制在孵化网络组织达到一定强度后，消极的负面影响会逐渐抵消契约治理机制为孵化网络带来的绩效提升，进而表现出不断增强的负面影响。与孵化网络契约治理机制所表现出的非线性影响不同，孵化网络关系治理机制则表现出显著正向影响。实证结果说明，随着孵化网络关系治理机制的不断强化，孵化网络绩效能够得到显著提升。

基于以上实证结论说明，适当的契约治理有助于孵化网络成员建立有效稳固的互动关系，并为合作提供合法性保障，但是过犹不及。过度强化契约对网络的治理反而造成孵化网络的封闭和创新乏力。这一研究结果同样说明，契约治理机制在提升孵化网络绩效方面存在局限性，当孵化网络依赖契约协议和法律制度规制网络主体但又缺乏行之有效的办法确保契约内容与关系模式间的匹配性时，网络主体间的互动与合作模式便会陷入“熟悉陷阱”，从而限制了网络组织创新效力。这一点与Mouzas和Blois[359]的研究结论相似，其认为契约所具有的时点性会将网络合作禁锢于经验主义困境中。这一研究结论也在一定程度上解释了Reuver和Bouwman[14]提出的“网络契约治理机制失效和对创新存在抑制作用”的结论。而在关系治理机制作用的背景下，孵化网络主体间灵活的强连接网络关系有助于提高互动效率与合作信心，为孵化网络绩效提供更大支持，这也验证了Gammelgaard[360]等所强调的“网络发展需要兼顾合作的紧密性与主体的灵活性”。在创新支持不足、孵育能力有限的孵化网络中，管理者与政策制定者在通过契约治理孵化网络的过程中需要更加谨慎地将其控制在一定程度内，防止过低或过高的契约治理对网络绩效造成负面影响。同时，通过社会网络的嵌入与网络文化的建设加强关系治理机制，增强网络主体间互动关系与合作信心，促进对孵育过程的支持并提升孵化网络绩效。需要说明的是，本研究旨在分析和描述孵化网络治理机制对网络绩效的影响，这种实证性分析是对其作用机理的揭示，而并非通过规范性分析对不同治理机制做出孰优判断。

☞ 7.4.3 孵化网络负效应对网络绩效影响的检验结果讨论

实证结果显示，孵化网络结构负效应与行为负效应均能负向影响网络绩效。和谐理论将组织结构与成员间的互动行为视作网络优势与组织发展的来源。然而，相较于其他企业网络，孵化网络结构的分层、小世界和无标度特征以及网络主体间互动的复杂性更加显著，其在发挥加速创新、提升资源整合优势的同时，网络缺陷与机会主义行为的威胁引发了网络负效应研究的必要性。为此，本研究将中观层网络结构与微观层网络行为纳入同一研究框架，通过整合现有网络结构风险与网络机会主义研究，提出孵化网络负效应概念，并系统分析了网络负效应的作用机理。这一研究基本是对现有相关研究结论在孵化网络组织的验证，结果并未出现悖论。通过对象化的实证分析进一步验证了已有的观点，特别是对 Maurer 和 Ebers[361] 所提出的“网络是一种负担”这一观点做了实证性解释。

研究结果表明，如果不能有效规避和控制网络负效应，成员间合作动机与网络环境都会受到影响，为了避免被合作伙伴利用和陷入网络“僵局”中，网络主体会选择减少合作甚至退出孵化网络。因此，孵化网络管理者应提高网络警觉性，特别是作为孵化网络关键组织的孵化器，应利用其参与网络互动机会多，对网络主体信息掌握全面的优势，将网络负效应控制和预警防范作为工作重点之一，建立健全孵化网络管控和风险预警系统，为孵化网络治理效果与网络绩效的提升提供有效的前馈控制与决策依据。

☞ 7.4.4 孵化网络治理机制对网络负效应影响的检验结果讨论

治理是一种对无效甚至破坏性组织要素和连接机制具有一定靶向作用的系统框架。对于治理这种“排忧解难”思想的信奉，使得孵化网络治理机制对网络负效应影响的研究被赋予了一种与生俱来“不证自明”的色彩。然而，孵化网络契约治理机制对网络绩效非线性的影响关系却并不能用简单的“对症下药”来解释，因此，对孵化网络负效应影响的研究，是揭示孵化网络治理机制作用机理的有效视角。

前文实证结果表明，孵化网络关系治理机制能够有效抑制孵化网络结构负效应和行为负效应。虽然，孵化网络契约治理机制同样能够有效抑制孵化网络行为负效应，但其与孵化网络结构负效应间却呈现出一种非线性的U型关系。换言之，孵化网络契约治理机制最初能够有效抑制孵化网络结构负效应，但随着契约治理的强化，这种抑制作用逐渐减弱并消失，此时如果孵化网络契约治理机制继续加强，这种抑制作用反而表现出一种逐渐加强的促进作用，即契约治理反而放大了孵化网络结构负效应对网络绩效的负面影响。这一结论也为孵化网络契约治理机制与网络绩效间倒 U 型关系的解释奠定了逻辑基础。

因此，孵化网络治理机制对网络负效应所表现出的不同作用机理，既是对部分学者在研究过程中对契约这种正式治理机制研究持谨慎态度的佐证，同样也给管理者和政策制定者予以同样的建议。积极鼓励和引导孵化网络成员建立多元化的互动关系有利于网络协调和可持续性发展，但并不是任何一种治理机制都能以健康和持续的路径发挥作用。管理者与政策制定者应该严密跟踪网络运行状态，避免过度依赖契约的快速建立关系以及强制性而形成的经验主义困境，应该结合网络组织现状与市场环境将契约治理机制控制在合理范围内，而不是要求所有的持续性互动、合作和交易都必须建立在签订正式契约协议的基础上。

☞ 7.4.5 网络负效应对孵化网络治理机制与网络绩效关系中介效应的检验结果讨论

按照中介效应的研究范式，实证结果表明，孵化网络负效应在孵化网络治理机制影响网络绩效的过程中起到了中介作用。需要强调的是，虽然孵化网络结构负效应在孵化网络契约治理机制对网络绩效影响过程中呈现出一种非连续的中介作用，但这并不影响本研究的最终结论，即孵化网络结构负效应与行为负效应在孵化网络契约治理机制和关系治理机制对网络绩效影响的不同路径中均具有部分中介作用。需要说明的是，这一结论中部分中介作用中的“部分”是对中介效果的说明，是介于“完全中介”与“无中介”效应的中间状态。而“非连续”则是对孵化网络契约治理机制影响网络绩效过程中，孵化网络结构负效应中介作用持续性状态的描述，说明在孵化网络契约治理机制影响网络绩效的过程中，孵化网络结构负效应的部分中介作用会出现“空档期”，在这一时期内，孵化网络结构负效应的部分中介作用是一种失效的状态。但限于本研究范畴中并未设计针对这一非连续情况造成中介作用失效问题的进一步研究，所以相关研究在实证其存在部分中介作用的基础上并未展开。

以上研究中，孵化网络关系治理机制对网络负效应具有显著负向影响的结论与部分学者观点并不一致，Johnson 等 [362] 认为关系治理机制对网络合作创新具有倒 U 型影响，强调关系治理的增强会提高网络边际成本并带来机会主义扩散。这一结论也得到 Wang 和 Li[363] 的支持，其认为随着网络规模的扩大，关系治理机制会降低信息扩散效率，造成网络信息不对称，进而诱发网络机会主义倾向。结论的差异究其原因可能在于：关系作为重要的社会资本已成为维系网络连接与合作的重要基础，特别是积聚大量新创企业的孵化网络，在新创缺陷的制约下网络主体更愿意通过与熟悉的企业合作来降低网络风险，因此关系治理机制通过隐含的社会规范与网络惯例规制网络行为效果的存续性更好。另外，现有网络治理理论多强调契约治理机制对网络发展的积极作用 [258][364]。而本研究发现，网络行为负效应能够发挥传导契约治理机制对网络绩效积极影响的作用，但网络结构负效应的中介作用存在非线性的传导趋势，会随着契约治理机制的增强由正面中介效应转变为负面中介效应。在证实契约治理机制与网络绩效间倒 U 型关系的同时，也说明契约治理机制对正式制度与契约内容的过度依赖是以网络结构优化受限并牺牲孵化网络绩效为代价。这一结论有助于我们重新审视高度契约治理可能引发的网络连锁负面影响。尽管如此，我们不能完全否定或是放弃对孵化网络的契约治理，为了发挥契约治理优势并降低其诱发网络负效应的影响，孵化网络管理者与政策制定者应在不断完善入孵机制的同时，建立健全网络契约制度（如义务和责任条款、决策和控制条款、沟通交流条款、争端解决条款等），通过弹性治理与相机治理的配合来提高契约治理机制的长效性，如孵化器第三方监督与仲裁、再议权益等。另一方面，关系治理机制对孵化网络绩效的积极作用要求管理者应将促建重点放在网络主体社会关系上，通过建立有效的互动平台以引导官、产、学、研之间良好互动以及创新资源跨组织边界的交流，进而不断强化网络主体间的互动张力与合作信心。

☞ 7.4.6 控制变量检验结果讨论

虽然，控制变量不属本研究要素范畴，但出于结论实践指导性的要求，本文在此对其实证检验结果同样做进一步说明。

研究发现，控制变量中高新技术级别和网络年龄均在一定程度上显著影响孵化网络绩效，尽管高新技术级别的影响较微弱甚至消失。这一结果表明，创新仍是孵化网络绩效的重要动力要素，其不仅是微观主体绩效的基础，更是网络协作任务的核心。因此，积极提升网络中创新项目的级别将有利于网络整体和企业自身的发展。其影响较弱的原因可能在于创新级别并不完全等同于经济效益，所以提高创新项目商业化的成功率至关重要，而这也成为评价孵化器运营乃至整个孵化网络绩效的重要指标。另外，网络年龄对孵化网络绩效所表现出的显著积极影响，能够很好地说明网络资源积累与协作效率是一个逐渐积累和磨合的过程，这一结论要求管理者和政策制定者应将孵化网络建设与管理视为一项战略任务进行规划，而不应只是追求短期存量和单一规模层面的成绩。这一结论再一次强调管理者与政策制定者在孵化网络建设与管理和维护过程中应将可持续发展作为基本战略性原则予以贯彻，才能逐渐释放网络不断积累的活性优势。

除此之外，企业规模和网络区域对孵化网络绩效的影响并不显著，说明技术创新在全国范围内不平衡的现象正在逐渐弱化，以孵化网络为增长极的区域创新系统正在发挥着愈发重要的作用。因此，对孵化网络建设与管理的投入和扶持在各级政府乃至国家层面仍需要继续加强。而在同是中小企业的创业企业集群中，微观主体的规模对孵化网络绩效的影响同样不显著，这一方面可能源于本研究对孵化网络绩效内涵与维度的界定不仅仅是微观节点绩效的组合；另一方面，是因为微观节点的规模经济并不是网络规模经济和范围经济的简单逻辑支撑，效率和创新才是撬动网络的关键支点。对在孵企业的扶持不仅是一个“养大”企业的过程，更应该是一个“育强”的历程。因此，对在孵企业的创新扶持应该树立创新能力为先的原则，而不仅是以达到规模、顺利毕业为最终目标，这一点对于创业企业以及管理者而言同样重要。

7.5 本章小结

本章在上述理论研究基础上，对本研究提出的假说进行实证检验。按照实证规范分析要求。首先，通过调研数据对调研对象及研究变量进行统计性描述，以此掌握样本基本情况以及调研数据中变量数据的基本分布情况。其次，对本研究所采用的调研量表进行信度与效度检验，对内部一致性、内容效度、聚合效度与判别效度的检验结果表明量表具有较好的信效度。同时，对调研数据同源误差与多重共线性潜在影响加以检验，实证分析结果显示以上两种风险并不显著。最后，通过构建回归模型组合，对研究假说进行逐一验证，并在此基础上采用图示与偏差修正法对非线性关系做补充性验证，分析结果表明，在 12 条假说中，仅有孵化网络关系治理机制对网络行为负效应具有 U 型影响未通过，以及孵化网络结构负效应在孵化网络契约治理机制与网络绩效间起中介作用部分通过，其余研究假说均通过检验。在此基础上，根据研究假说验证结果对实证研究结论加以说明和讨论。

第 8 章 结论与展望

8.1 研究工作总结

孵化网络集聚创新资源进而推动创新发展，已成为创业与创新实践的最佳选择。随着“十三五”规划与各地科技小巨人项目的深入开展，在强调“创新强国”治国理念的同时，为孵化网络发挥孵育机制、提高网络绩效、促进区域经济发展创造了新的契机。然而，与传统企业网络组织相比，孵化网络中心度高、异质性强及其所特有的小世界、无标度和分层结构特征与主体关系复杂性是造成孵化网络运行乏力的根源[3]。为此，已有学者开始关注孵化网络运行效率，Tiago 和 Elsa 指出与外部科研机构建立联系以及孵化器对连接关系的管理是网络运行成功的关键；Zhong 则认为有效的网络知识治理能够提高网络成员间的互动协同性，进而提升孵化网络运行效率；Nisakorn 和 Tritos 基于资源观视角分析了网络资源治理对大学孵化网络的影响，同时强调完善的基础建设与网络主体关系协调是孵化网络稳定高效运行的重要保障。可见，学者们已经逐步意识到孵化网络治理对网络运行效力与效率的影响。因此，想要在速度经济时代促建孵育机制、实现孵育增值的网络目标，就迫切需要孵化网络治理与网络绩效方面的研究。

综观现有研究成果，一方面，学者多从孵化器与在孵企业微观主体绩效及其互动效果诠释网络绩效，这种基于孵育机制效力视角下对孵育增值网络目标的解析并没有将外部创新主体和网络连通性纳入研究框架中；另一方面，网络治理对象是嵌入网络环境下的多主体，网络稳定高效运行不仅取决于网络优势效力，仅通过网络视角下构建多主体治理机制与网络绩效直接关系的双变量模型难以揭示它们之间的内在作用与影响机理。虽然部分学者对孵化网络运行的前置因素进行了实证，并引入孵化器领导能力、资源共享、网络协同性、社会资本等变量，研究对孵化网络绩效影响的正向传导机制，但对基于结构与行为的网络负面效应及其对孵化网络绩效的影响机理并未充分揭示，从而造成孵化网络研究的失衡和缺乏指导性。因此，对孵化网络绩效的研究需要在充分诠释孵育增值网络目标的基础上，从网络治理核心——治理机制入手，构建一个基于网络负效应传导机制的跨层次分析框架来分析孵化网络治理机制对网络绩效的影响，能够在还原网络“两面性”本质的基础上，打通孵化网络治理主体与网络绩效间的逻辑通道，从而为孵化网络高效运行提供有效的创新理论支撑与实践指导。

为了将上述逻辑在定量分析的层面展开，本文主要进行了以下几方面的研究。

1）在网络组织、联盟组织、集群组织绩效研究基础上，从孵化网络目标孵育增值的视角切入，从微观节点绩效以及中观协作绩效诠释孵化网络绩效内涵，并在实证研究过程中进一步构建孵化网络绩效多维多级测度指标。

2）在对前人网络治理及网络治理机制研究进行梳理和归纳的基础上，选择正式契约与社会关系两个维度界定并解构孵化网络治理机制内涵与外延，同时在实证研究过程中进一步构建孵化网络契约治理机制与关系治理机制的测度指标。

3）在现有网络组织结构与行为研究的基础上，从中观结构与微观网络行为两个维度对孵化网络特征进行分析，并将结构特性归纳为分层、小世界与无标度；行为特征则归纳为不确定性、事前投资、高协调成本和保守倾向几个方面。在此基础上，延续孵化网络特征分析逻辑，借鉴网络风险和机会主义行为等相关研究结论，提出孵化网络负效应概念，并从网络结构与网络行为两个维度对其进行解构和诠释，最终在实证研究过程中进一步构建孵化网络结构负效应以及行为负效应的测度指标。

4）通过文献梳理和理论推演，构建本研究理论框架并提出 12 条研究假说。参照并借鉴前人量表研究成果，通过指标体系构建和调研问卷的设计与完善，使用统计软件对调研数据进行分析并验证研究假说。通过假说验证结果对研究模型进行纠错修正，进而解释孵化网络治理机制、网络负效应对网络绩效的影响机理。

8.2 主要研究结论

1. 孵化网络治理机制对网络绩效的直接影响

孵化网络契约治理机制与关系治理机制能够以不同的效果直接影响孵化网络绩效。首先，孵化网络契约治理机制对网络绩效呈显著倒 U 型影响，其作用由最初积极的正向作用逐渐演变为抑制作用；其次，相较于孵化网络契约治理机制对网络绩效的非线性影响，孵化网络关系治理机制对孵化网络绩效则表现出一种显著的线性正向影响。

2. 孵化网络治理机制对孵化网络负效应的影响

网络治理发挥效力正是通过网络治理机制对网络“问题”的抑制作用得以实现的。本研究发现，孵化网络治理机制对网络负效应影响过程并不一样。其中，孵化网络关系治理机制能够同时抑制网络结构负效应和行为负效应；而孵化网络契约治理机制在抑制网络行为负效应的同时，对孵化网络结构负效应却呈现出显著 U 型影响。

3. 孵化网络治理机制对网络绩效的间接影响——孵化网络负效应的中介作用

孵化网络治理机制作为网络治理的核心要素，其对网络绩效的影响并不是一种简单二元关系，这一点从孵化网络契约治理机制对网络绩效的倒 U 型影响即可看出。因此，深入探究孵化网络治理机制对网络绩效的影响机理需要引入新的变量，从作用机理入手展开深入研究。通过实证研究得出：孵化网络结构负效应与行为负效应在孵化网络治理机制对网络绩效的影响过程中具有部分中介作用。但其中，在孵化网络契约治理影响网络绩效的过程中，孵化网络结构负效应表现出一种显著的非连续性部分中介作用。

8.3 研究创新点

1. 对孵化网络本体研究及相关理论的创新

（1）孵化网络绩效结构与维度划分研究

跨层次的研究范式在孵化网络组织研究范畴中同样投射出“中观—微观”的耦合分层结构。通过对孵化网络组织的解构，本研究借鉴并跨层次分析了孵化网络绩效这一概念的内涵与外延，同时对孵化网络绩效进行维度划分与操作化研究。更为重要的是，这一研究能够将网络治理理论框架中“目标”与“绩效”间的逻辑关系作为孵化网络绩效维度划分和要素标定的准则，由此在充分诠释孵化网络“孵育增值”网络目标的基础上，延续“行为—结果”绩效理论研究的逻辑标定。进而，在本体视角下进一步丰富了对“孵化网络是什么”和“有什么用”等问题的探索。

（2）孵化网络特征分析与网络负效应内涵研究

学术界对孵化网络本体的解释更多呈现出一种聚焦于其生成及其对企业影响的相对离散的现状，然而这种试图描绘孵化网络“来龙去脉”的研究态势，正在逐渐弱化对孵化网络本体的深入刻画。因此，本文延续跨层次的研究范式，借鉴和谐理论将组织结构与成员间的互动行为视作网络优势与组织发展的来源。然而，相较于其他企业网络，孵化网络结构的复杂性与异质性以及网络主体间互动的复杂性更加显著，其在发挥加速创新、提升资源整合优势的同时，网络缺陷与机会主义行为的威胁引发了网络负效应研究的必要性。为此，本研究将中观层网络结构与微观层网络主体行为纳入同一研究框架，通过整合现有网络风险与网络机会主义研究，在借鉴和谐理论体系中“和则”与“谐则”思想的基础上提出孵化网络负效应概念，还原网络真实情况的同时以问题为标靶的研究范式进一步为后续实证研究奠定了重要的理论基础。

2. 对网络治理实证研究及相关理论的创新

（1）基于负效应的研究情境设计

网络治理的核心在于机制，而机制的价值需要设计和安排，并以此通过一种手段得以发挥作用。因此，“有的放矢”成为实现上述诉求，进而设计关键路径的原则，需要一种“标靶”为网络治理机制设计提供充分的依据。因此，孵化网络存在的问题或负面影响不仅成为本文关键研究要素，更成为本研究的情境要素，并以此将孵化网络治理机制与网络绩效纳入同一研究框架，还原网络治理机制研究必要性的本真。这一研究情境的设计和融入在强调现有网络治理研究中对“理”关注的同时，进一步完善了对标靶的“治”。由此，本研究中对网络问题这一情境的设计能够对现有孵化网络实证研究以及治理机制相关理论做出系统性完善。

（2）孵化网络治理机制与网络绩效复杂关系模型构建与检验

孵化网络治理机制对网络绩效的影响研究，构建了一种微观网络主体关系行为与中观网络运行间跨层次的分析范式。这种对孵化网络绩效前置因素——网络治理机制的研究，将孵化网络现有理论研究框架做了进一步延伸，完善并形成了孵化网络“生成—运行—治理”的研究体系。而基于正式契约与社会关系的孵化网络治理机制研究，同样符合 Carmeli 和 Azeroual[365] 所提出的社会交换理论对网络关系和行为的描述，即契约式正式关系与信任式非正式关系是网络发展与主体间互动的基础；其次，本研究探索性分析了网络负效应对孵化网络治理机制与网络绩效关系的中介效应，这种传导效应的探究不仅为理论界治理和绩效关系研究提供了简单有效的视角和路径设计依据，同时能够进一步在实证层面为孵化网络不同治理机制效力优势提供理论支撑。在此，将本项目理论与实证研究创新处通过纵向对比归纳为表 8-1。

表 8-1　研究创新归纳

研究（贡献）领域	现有或过往研究观点与结论	本文研究范式	创新模式
孵化网络特征	聚焦微观视角下对孵化网络结构特征的描绘，如结构洞等	从中观层结构与微观层主体行为揭示孵化网络特征属性	整合、深化
孵化网络绩效	仅是理论层面对“宏观—中观—微观”范式的强调	基于孵化网络特征与组织目标导向跨层次将孵化网络绩效解构为关键主体及其协作绩效	延伸

续表

研究（贡献）领域	现有或过往研究观点与结论	本文研究范式	创新模式
孵化网络负效应	聚焦孵化网络优势及其对创新绩效的影响	问题导向下跨层次解释并解构孵化网络负效应概念及其影响	竞争、深化
网络治理机制	强调对网络运行“理”的作用，如生成机制、共享机制等	问题导向下强调“治”对治理机制设计的重要性，揭示不同治理机制效力，即对网络绩效的复杂影响	完善、深化

8.4 研究局限性与展望

☞ 8.4.1 研究局限性

本研究采用定性分析与定量实证研究相结合的研究范式，在技术路线与研究框架设计的基础上，利用统计软件对研究假说进行逐一验证，最终解决研究问题，实现研究目标。但由于本人能力、时间以及相关调研投入有限，本研究仍存在以下不足。

1. 孵化网络宏观层次绩效没有设计

网络组织作为一种微观组织集群是区域创新系统的重要支撑。因此，现有研究将网络绩效层次划分为微观、中观和宏观三个层次。孵化网络作为创新型网络组织，组织效力所实现的绩效也应该从以上三个层次展开研究。但由于本研究调研投入有限，对区域性宏观层次绩效的研究无法深入，相关资料与数据搜集和获取困难较大。因此，本研究所提出的孵化网络绩效还存在不完善的地方。然而，在社会研究领域中，任何一个研究都无法将所用要素穷尽，一方面要素的完整性很难实现；另一方面现有研究方法对很多要素的研究可能无法在定量研究层面得以实现，这也为后续研究提供了新的思路。

2. 孵化网络两类治理机制（契约治理机制与关系治理机制）间交互影响

多元回归分析过程中多自变量间的交互作用难以避免。因此，本研究中孵化网络契约治理机制与关系治理机制两个自变量间可能同样存在相互间的影响。现有研究围绕二者替代、互补和混合关系已经有所涉及，虽然并未形成系统、完善的研究结论，但这一领域的兴起也从一个侧面说明，孵化网络契约治理机制与关系治理机制间存在一定关系。这种交互关系对其他研究变量的影响并未纳入本研究理论框架。究其原因，本研究旨在探究孵化网络治理机制对网络绩效直接与间接的影响机理，而并不是对二者交互关系的聚焦。

3. 实证研究过程不足

首先，本研究采用横截面数据进行实证分析，考虑到孵化网络绩效可能需要时间积累才能产生效果，因此，时间透镜下网络治理的长效机制研究很有必要。其次，在实证研究过程中，本研究未对孵化网络周期加以控制，同时效度检验结果中部分指标的AGFI值并未达到指标最佳值0.900，模型与指标仍有进一步优化的空间，未来可针对指标设计与模型构建方面做进一步的完善。

8.4.2 未来研究展望

首先，孵化网络宏观绩效内涵分析以及除治理机制外其他前置因素的探究成为完善孵化网络绩效研究的重要突破口。一方面，从系统性的宏观、中观和微观层面完善了孵化网络绩效内涵研究；另一方面，特别是将孵化网络特征融入前置因素探究过程，能够从定量层面完善孵化网络绩效测度指标体系。这一研究领域既可以为后续定量研究中以孵化网络绩效作为基础变量，将更多要素纳入孵化网络效力研究框架体系内提供创新依据，同时还能够进一步完善孵化网络“目标—运行—绩效”的组织效力研究框架。

其次，随着孵化网络的不断演化，组织生命周期理论视角下对不同网络治理机制间交互作用及其对本文实证结论的影响研究，有助于完善孵化网络治理研究。虽然，已有学者涉及不同网络治理机制间关系研究，但孵化网络治理机制在网络演化不同阶段效力研究能够为孵化网络治理模式构建提供有效的支持，同时将本研究实证结论与结构和网络不同演化周期特性相结合做进一步研究，能够为孵化网络管理者与政策制定者提供更多的决策依据。这一研究同样有利于解释 Creso Sá 和 Lee 以及 Ebbers 提出的，关于孵化网络契约关系与非正式关系转变的假说。

最后，针对本研究中孵化网络结构负效应所表现出的非连续性部分中介作用的探究，能够进一步提升相关研究结论的实操效果，特别是对阈值和非连续区间范围的实证分析，将有助于管理者对失效区域的控制，进而形成一种多阶段复合式的监管机制以及网络治理机制的设计理念。在理论方面，中介作用非连续性研究能够进一步完善学术界对中介作用“部分或是完全”判断的主流范式，从而形成“部分 / 完全—连续 / 间断”的中介作用检验范式。

问卷编号	

附录

孵化企业调查问卷

尊敬的女士／先生：

您好！

诚挚感谢您在百忙之中参与我们的项目调研工作。本项目问卷是两项国家自然科学基金（面上）项目“企业孵化网络的生成、协同与治理研究”和“网络能力、孵化网络、被孵企业创新绩效关系研究”调查研究的重要组成部分。问卷调研内容旨在客观了解孵化网络现状、运营效果与治理情况，以及网络中存在的负面影响和消极因素对孵化网络运营的影响，以此展开研究，进而为孵化网络促建和管理以及政府相关部门制定相关政策提供切实有效的指导依据。

问卷答案仅反映真实情况，并无对错之分，请据实勾选即可（电子版问卷可采用“黄色”标注方式选择答案）。项目组保证本次问卷调研所涉及所有内容均只用于科研工作，问卷内容未涉及贵企业商业信息，同时不会泄露个人与企业相关资料，您的问卷对本项目研究工作非常重要，所以敬请您认真如实填答。如果您希望了解本项目研究内容，请您按照问卷后的联系方式发送邮件即可。最后，对您的配合再次致以最诚挚的谢意。

注意事项：为便于您顺利准确地填写问卷，请您仔细阅读以下问卷中的术语解释。

孵化网络：围绕贵企业孵化过程形成的异质性较高的创新支持网络，在该组织中，包含孵化器和在孵企业以及政府机构、高校及科研院所、中介服务机构、在孵企业客户及供应商等。

孵化网络绩效：网络成员在孵化器影响下相互依赖、相互补充、资源共享，通过一系列协同互动的交互作用，提升孵育机制主体绩效与网络成员协作效果所实现的网络孵育增值。这一绩效最终通过孵化器与在孵企业的运营情况以及网络成员间协作效果得以评价。

契约治理机制：企业通过协商制订具有法律效应的正式合同，以书面协定的方式与孵化网络中的其他成员建立合作伙伴关系和开展交易，并包括对未来特定行为的承诺，对网络行为范围和内容的明示及违约实施程序的规制。

关系治理机制：与孵化网络中其他企业通过共享的社会规范、彼此信任、声誉形象、行业惯例等社会机制引导和规制网络成员行为，并以此建立合作伙伴关系和开展交易。

网络结构负效应：孵化网络由结构性惯性与缺陷所导致的网络效力下降，具体表现为网络成员密集且太多，相互间合作灵活性较差，创新积极性与合作效果差。

网络行为负效应：孵化网络中的成员在连接网络关系及其互动与合作过程中，企业行为所导致的网络效力下降，具体表现为搭便车、敲竹杠、败德和派系等机会主义行为。

第一部分：个人／企业基本情况（企业情况请按照上一年度情况填写）

1. 姓名：________性别：男□ 女□

2. 联系方式（E-mail）____________________联系电话：____________________

3. 现任职位：□董事长／总经理／董事□副总经理／总经理助理□部门经理□其他

4. 企业名称______________，企业成立时间______________年

5. 企业位于（请填园区或孵化器）______________，企业已毕业______（是／否）

6. 企业入驻孵化器的时间：□ 1～3 年　□ 3～5 年　□ 5 年以上（不足 1 年算 1 年）

7. 企业性质：□国有企业　□民营企业　□中外合资企业　□外商独资企业

8. 企业人数：□ 50 人以下　□ 50 ～ 100 人　□ 100 人以上

9. 行业属性：

□机械制造、化工及纺织　□电子及通信设备　□新能源及节能技术

□交通运输设备制造　□生物工程和医药制造　□环保新材料

□食品制造及农副食品加工　□软件开发　□其他产业

10. 企业技术等级：□国家级　□省级　□市级

11. 企业年销售额：□ 500 万以下　□ 500 万～ 1000 万　□ 1000 万以上

12. 企业所在孵化器综合竞争力：请按竞争力的由弱到强依次赋予 1 ～ 5 分，请打分

第二部分：孵化网络绩效

请按照贵企业的实际情况，在您认为合适的分值上打 √（电子版可用“黄色”标注）

序号	孵化器运营绩效	不同意→同意 1 2 3 4 5
01	贵企业所在孵化器具有较高的年度毕业率	□ □ □ □ □
02	贵企业所在孵化器具有较高的每千平方米孵化面积的在孵企业数	□ □ □ □ □
03	贵企业所在孵化器具有较快的在孵企业增长速度	□ □ □ □ □
04	贵企业所在孵化器具有较好的高新技术市场化效果	□ □ □ □ □
05	贵企业所在孵化器具有较强的企业净资产收益能力	□ □ □ □ □
序号	在孵企业成长绩效	不同意→同意 1 2 3 4 5
01	贵企业具有较高的净收益	□ □ □ □ □
02	贵企业具有较高的投资回报	□ □ □ □ □
03	贵企业拥有较多的专利	□ □ □ □ □
04	贵企业在新业务（新产品、新市场）的开发方面比其他企业更快	□ □ □ □ □
05	贵企业新业务数量占企业业务总数的比重较大	□ □ □ □ □
序号	网络协作绩效	不同意→同意 1 2 3 4 5
01	贵企业所在孵化网络中合作成员具较强的互信	□ □ □ □ □
02	贵企业所在孵化网络能够很好地履行公平原则	□ □ □ □ □
03	贵企业所在孵化网络具有较高的信息共享的程度	□ □ □ □ □
04	贵企业所在孵化网络中的成员间具有较为统一的运营与协作目标	□ □ □ □ □

第三部分：孵化网络契约治理机制

请按照贵企业的实际情况，在您认为合适的分值上打√（电子版可用“黄色”标注）

序号	规则制订	不同意→同意 1 2 3 4 5
01	贵企业在合同中规定合作方必须要承担的角色、责任和利益分配	□ □ □ □ □
02	贵企业在合同中有明确的解决分歧和冲突的方案和措施	□ □ □ □ □
03	贵企业需要在合同中明确所有合作细节才会开展合作	□ □ □ □ □
序号	合规	不同意→同意 1 2 3 4 5
01	贵企业依据合同制订网络发展战略目标	□ □ □ □ □
02	贵企业依据合同规定进行网络交易活动	□ □ □ □ □
03	贵企业定期对合作过程中各方所承担任务的进程和质量进行检查	□ □ □ □ □
序号	违规制裁	不同意→同意 1 2 3 4 5
01	贵企业所在孵化器对孵化网络内企业进行监督和约束	□ □ □ □ □
02	当企业出现违约行为能够依据合同及时予以处罚	□ □ □ □ □
03	相关法律和制度可以减少成员企业的违约行为	□ □ □ □ □

第四部分：孵化网络关系治理机制

请按照贵企业的实际情况，在您认为合适的分值上打√（电子版可用“黄色”标注）

序号	社会规范	不同意→同意 1 2 3 4 5
01	贵企业更愿意与具有共同社会价值观与习俗的其他网络成员合作	□ □ □ □ □
02	企业间双赢和互惠能够促使孵化网络成员间的交易顺利进行	□ □ □ □ □
03	孵化网络中的企业合作过程中常伴有非正式的社会性交流	□ □ □ □ □
序号	对信任和声誉的认知	不同意→同意 1 2 3 4 5
01	孵化网络企业间的合作会受到信任的影响	□ □ □ □ □
02	孵化网络中存在的声誉会约束贵企业的投机行为	□ □ □ □ □
03	信任与声誉是贵企业选择合作伙伴和持续交易的重要决策依据	□ □ □ □ □

续表

序号	网络惯例	不同意→同意 1 2 3 4 5
01	贵企业会参照其他网络企业行为开展交易	
02	孵化网络中存在成员共同墨守的规范	
03	孵化网络中集体惯例减少了成员企业间的信息不对称	
序号	联合制裁	不同意→同意 1 2 3 4 5
01	贵企业会与合作方相互协调以共同解决冲突	□□□□□
02	孵化网络中违规行为会受到网络成员共同的制裁和惩罚	□□□□□
03	违规记录会成为企业标签长期存在并能够抑制企业违规倾向	□□□□□

第五部分：孵化网络结构负效应

请按照贵企业的实际情况，在您认为合适的分值上打√（电子版可用“黄色”标注）

序号	僵化与惯性	不同意→同意 1 2 3 4 5
01	贵企业与孵化网络中其他企业合作方式与内容一直没有改变	□□□□□
02	贵企业与孵化网络中其他企业一直延续相同的合作模式	□□□□□
03	贵企业自主行为受限于其他孵化网络成员	□□□□□
序号	自我筛选	不同意→同意 1 2 3 4 5
01	贵企业只愿意选择和自己有相似结构与行为的孵化网络成员合作	□□□□□
02	贵企业只愿意和现有合作伙伴尝试新的合作	□□□□□
03	价值观匹配性成为贵企业选择合作伙伴的关键标准	□□□□□
序号	网络臃肿	不同意→同意 1 2 3 4 5
01	贵企业所在孵化网络中过多的网络成员加剧了竞争	
02	贵企业所在孵化网络中过多的合作伙伴需要投入大量资本	
03	贵企业所在孵化网络中备选合作伙伴太多造成难以选择	
序号	创新乏力	不同意→同意 1 2 3 4 5
01	贵企业所在孵化网络中研发合作效率低	□□□□□
02	贵企业所在孵化网络中企业不愿为合作创新投入更多精力和资源	□□□□□
03	贵企业所在孵化网络中企业研发成果市场化能力弱	□□□□□

第六部分：孵化网络行为负效应

请按照贵企业的实际情况，在您认为合适的分值上打√（电子版可用“黄色”标注）

序号	网络行为负效应	不同意→同意 1 2 3 4 5
01	与贵企业合作的企业会隐瞒不利信息	□□□□□
02	与贵企业合作的企业允诺一些事情但后来没有兑现	□□□□□
03	与贵企业合作的企业会利用贵企业未注意或了解的地方	□□□□□
04	与贵企业合作的企业不关心合作伙伴的损失	□□□□□
05	与贵企业合作的企业违背非正式协议可能获得更大的利益	□□□□□
06	与贵企业合作的企业会利用意外事件逼迫贵企业让步	□□□□□

第七部分：个人工作情绪

请按照贵企业的实际情况，在您认为合适的分值上打√（电子版可用“黄色”标注）

序号	个人工作情绪	不同意→同意 1 2 3 4 5
01	日常工作中常感到紧张	□□□□□
02	日常工作中害怕承担任务	□□□□□
03	日常工作中面对小挫折会有很大反应	□□□□□

您再次检查一下是否有遗漏问题，如有疑问可致电联系人咨询。最后，再次感谢您对本项目调研工作的支持。

参考文献

[1] Reueh J J, Arinoa O M. Entrepreneurial Alliances[M]. Upper Saddle: Pcarson Education lnc, 2011.

[2] Sharif M, Nawaz. Technological innovation governance for winning the future[J]. Technological Forecasting and Social Change, 2012, 79(3): 595-604.

[3] Feng T M, Lee J, Liu K, et al. Assessing government-supported technology-based business incubators: Evidence from China[J]. International Journal of Technology Management, 2014, 65(1-4): 24-48.

[4] Barbero J L, Casillas J C, Wright M, et al. Do different types of incubators produce different types of innovations?[J]. Journal of Technology Transfer, 2014, 39(2): 151-168.

[5] McAdam M, McAdam R. The networked incubator: The role and operation of entrepreneurial networking with the university science park incubator[J]. The international Journal of Entrepreneurship and Innovation, 2006, 7(2): 87-97.

[6] Lin, Wood L C, Lu Q. Improving business incubator service performance in China: The role of networking resources and capabilities[J]. Service Industries Journal, 2012, 32(13): 2091-2114.

[7] 陈劲, 郑刚. 创新管理[M]. 北京: 北京大学出版社, 2009.

[8] 党兴华, 郑登攀. 对《创新网络17年研究文献述评》的进一步述评——技术创新网络的定义、形成与分类[J]. 研究与发展管理, 2011, 23(3): 9-15.

[9] 彭伟, 符正平. 权变视角下联盟网络与新创企业成长关系研究[J]. 管理学报, 2014, 11(5): 659-668.

[10] Tortoriello M, Reagans R, McEvily B. Bridging the knowledge gap: The inlluence of strong tics, nctwork cohesion, and network range on the transfer of knowledge between organizational units[J]. Organization Science, 2012, 23(4): 1024-1039.

[11] 李维安, 林润辉, 范建红. 网络治理研究前沿与述评[J]. 南开管理评论, 2014, 17(5): 42-53.

[12] 林润辉, 张红娟, 范建红. 基于网络组织的协作创新研究综述[J]. 管理评论, 2013, 25(6): 31-46.

[13] 刘志春, 陈向东. 科技园区创新生态系统与创新效率关系研究[J]. 科研管理, 2015, 36(2): 26-31+144.

[14] Reuver M, Bouwman H. Governance mechanisms for mobile service innovation in value networks[J]. Journal of Business Research, 2012, 65(3): 347-354.

[15] Williamson O E. Transaction-cost economics: The governance of contractual relations[J]. Journal of Law and Economics, 1979, 22(2): 233-261.

[16] Dyer J H, Singh H. The relational view: Cooperative strategy and sources of interorganizational competitive advantage[J]. Acadamac Management Review, 1998, 23(4): 660-679.

[17] Heide J B. Inter-organizational governance in marketing channels[J]. Journal of Marketing, 1994, 58(1): 71-85.

[18] Dhanaraj C, Parkhe A. Orchestrating innovation networks[J]. Acadamac Management Review , 2006, 31(3): 659-669.

[19] Lorenzoni G, Lipparini A. The leveraging of interfirm relationships as a distinctive organizational capability: A longitudinal study[J]. Strategic Management Journal, 1999, 20(4): 317-338.

[20] 李维安, 王德禄. IT治理及其模型的比较分析[J]. 首都经济贸易大学学报, 2005 (5): 44-48.

[21] 刘晓文, 于瑾. 一种面向企业电子商务的治理参考模型[J]. 科技管理研究, 2011 (7): 202-205.

[22] 李维安, 吴德胜, 徐皓. 网上交易中的声誉机制——来自淘宝网的证据[J].南开管理评论, 2007, 10(5): 36-46.

[23] 孙国强, 石海瑞. 网络组织负效应的实证分析[J]. 科学学与科学技术管理, 2011, 32(7): 24-30.

[24] Somsuk N, Laosirihongthong T. A fuzzy AHP to prioritize enabling factors for strategic management of university business incubators: Resource-based view[J]. Technological Forecasting & Social Change, 2014, 85(85): 198-210.

[25] Clarysse B, Wright M, Locket A, et al Spinning out new ventures: A typology of incubation strategies from European research institutions[J]. Journal of Business Venturing, 2005, 20(2): 183-216.

[26] Bakouros Y L, Dimitri C M, Nikos C V. Science park, a high tech fantasy? An analysis of the

science parks of Greece[J]. Technovation, 2002, 22(2): 123-128.

[27] Tamásy T. Rethinking technology-oriented business incubators: Developing a robust policy instrument for entrepreneurship, innovation, and regional development? [J]. Growth and Change, 2007, 38(3): 460-473.

[28] Zedtwitz M V, Grimaldi R. Are service profiles incubator-specific? Result from an empirical investigation in Italy[J]. Journal of Technology Transfer, 2006, 31(4): 459-468.

[29] Rice M P. Co-production of business assistance in business incubators: An exploratory study[J]. Journal of Business Venturing, 2002, 17(2): 163-187.

[30] Schwartz M, Hornych C. Cooperation patterns of incubator firm sand the impact of incubator specialization: Empirical evidence from Germany[J]. Technovation, 2010, 30(9): 485-495.

[31] Elisa S. Are science parks and incubators good “brand names” for spin-offs? The ease study of Turin[J]. Journal of Teehnological Transfer, 2011, 36(2): 203-232 .

[32] Ariza-Montes J A, Muniz N M. Virtual ecosystems in social business incubation[J]. Journal of Electronic Commerce in Organizations, 2013, 11(3): 27-45.

[33] Tiago R, Elsa H. The role of science parks incubators technovation in converging countries: Evidence from and business portugal[J]. Journal of Business Venturing, 2010, 30(4): 278-290.

[34] Zhong H. Study on the knowledge network and innovation mechanism of incubators[J]. Management Science & Engineering, 2012, 22(9): 1618-1623.

[35] Joanne L S, Scillitoe J L, Chakrabarti A K. The role of incubator Interactions in assisting new ventures[J]. Technovation, 2009, 30(3): 155-167.

[36] 孙凯, 鞠晓峰, 李煜华. 基于变异系数法的企业孵化器运行绩效评价[J]. 哈尔滨理工大学学报, 2007, 12(3): 165-167.

[37] 张力. 孵化互动、专用性人才和被孵企业成功毕业[J]. 南开管理评论, 2012, 15(1): 93-101.

[38] Uno H, Wang Z H, Nagaoka Y, et al. Improvements in the performance of an incubation-type planar patch clamp biosensor using a salt bridge electrode and a plastic (PMMA) substrate[J]. Sensors and Actuators, 2014, 193(31): 660-668.

[39] Cooper C E, Hamel S A, Connaughton S L. Motivations and obstacles to networking in a university business incubator[J]. Journal of Technology Transfer, 2012, 37(2): 433-453.

[40] Barnett M L, King A A. Good fences make good neighbors: A longitudinal analysis of an industry self-regulatory institution[J]. Academy of Management Journal, 2008, 51(6): 1150-1170.

[41] 王国红, 周建林, 邢蕊. 社会资本、联合价值创造与创新孵化绩效关系研究[J]. 预测, 2015,

34(3): 34-39.

[42] Sean M H, David M D. A systematic review of business incubation research[J]. Journal of Technology Transfer, 2004, 29(1): 55-82.

[43] Soetanto D P, Jack S L. Business incubators and the networks of technology-based firms[J]. Journal of Technology Transfer, 2013, 38(4): 432-453.

[44] 杨霞. 实现区域孵化器网络化的制度困境及对策[J]. 软科学, 2003, 17(5): 39-47.

[45] 冉进财, 厉伟. 科技企业孵化器网络化组织的发展及运作模式探讨[J]. 煤炭工程, 2006, 45(9): 105-107.

[46] 刘丙泉, 梁静国, 吴玉桐. 区域孵化器网络绩效的模糊群决策[J]. 华东经济管理, 2008, 22(10): 36-39.

[47] 唐丽艳, 周建林, 王国红. 社会资本、在孵企业吸收能力和创新孵化绩效的关系研究[J]. 科研管理, 2014, 35(7): 51-59.

[48] 唐丽艳, 张静, 王国红. 基于二次孵化的孵化产业基地运行模式研究[J]. 科学学与科学技术管理, 2009, 30(11): 141-145.

[49] 邱国栋, 马鹤丹. 创新孵化与风险投资互联的区域创新系统研究[J]. 中国软科学, 2010 (2): 97-106.

[50] Lin H M, Huang H C, Lin C P, et al How to manage strategic alliances in OEM-based industrial clusters: Network embeddedness and formal governance mechanisms[J]. Industrial Marketing Management, 2012, 41(3): 449-459.

[51] 李春发, 王雪红, 杨琪琪. 生态产业共生网络核心企业领导力与网络绩效关系研究[J]. 软科学, 2014, 28(9): 69-73.

[52] 李振华, 赵黎明. 多中心治理区域孵化网络特征与动态能力建设[J]. 科研管理, 2014, 35(6): 77-83.

[53] 张雷勇. 我国产学研共生网络治理研究[D]. 合肥: 中国科学技术大学, 2015.

[54] Pena I. Business incubation centers and new firm growth in the Basque country[J].Small Business Economics, 2004, 22(3): 223-236.

[55] 张力, 刘新梅, 戚汝庆. 孵化器“内网络”的构建与扩张——结构模型与实证分析[J]. 科学学与科学技术管理, 2012, 33(9): 5-12.

[56] Leydesdorlf L. The triple helix quadruple helix and an n-tuple of helices: Explanatory models for analyzing the knowledge-based economy?[J]. Journal of the Knowledge Economy, 2012, 3(1): 25-35.

[57] Ostrom E. Beyond market and states: Polycentric governance of complex economic systems[J].

American Economic Review, 2009, 100(4): 641-672.

[58] Chan K F, Lau T. Assessing technology incubator programs in the Science park: The good, the bad and the ugly[J]. Technovation, 2005, 25(10): 1215-1228.

[59] Damgaard B. Do policy networks lead to network governing[J]. Public Administration, 2006, 84(3): 637-691.

[60] Creso Sá, Lee H. Science, business, and innovation: Understanding networks in technology-based incubators[J]. R&D Management, 2012, 42(3): 243-253.

[61] Leora R, Asaf D. Technological incubators and the social construction of innovation networks: An raelicase study[J]. Technovation, 2005, 25(2): 59-67.

[62] Stuart T E, Sorenson O. Strategic networks and entrepreneurial ventures[J]. Strategic Entrepreneurship Journal, 2007, 1(1): 211-227.

[63] Rosa G, Alessandro G. Business incubators and new venture creation: Anassessment of incubating models[J]. Technovation, 2005, 25(3): 111-121.

[64] Löfsten H, Lindelöf P. R&D networks and product innovation patterns-academic and nonacademic new technology-based firms on Science Parks[J]. Technovation, 2005, 25(9): 1025-1037.

[65] Dettwiler P, Löfsten H, Lindelöf P. Utility of location: A comparative survey between small new technology-based firms located on and off Science Parks-Implications for facilities management[J]. Technovation, 2006, 26(4): 506-517.

[66] Bergek A, Norrman C. Incubator best practice: A framework[J]. Technovation, 2008, 65(1/2): 3-14.

[67] Hackett S M, Dilts D M. Areal options-driven theory of business incubation[J]. Journal of Technology Transfer, 2004, 29(1): 41-54.

[68] Peters L, Rice M, Sundararajan M. The role of incubators in the entrepreneurial process[J]. Journal of Technology Transfer, 2004, 29(1): 83-91.

[69] 王卫东.企业孵化器发展的国际比较研究[J]. 科学学与科学技术管理, 2006, 27(2): 161-164.

[70] 张锡宝. 网络型孵化器及其对我国科技孵化器发展的启示[J]. 科技管理研究, 2007, 20(9): 67-68.

[71] 王会龙, 池仁勇. 区域科技孵化网络的构建及其创新效应[J]. 中国软科学, 2004(4): 210-215.

[72] 邹伟进, 郑凌云. 中国企业孵化器网络化演进：基于网络治理理论分析[J]. 中国地质大学学报(社会科学版), 2010, 10(1): 104-109.

[73] 周建华. 企业孵化器网络构建与绩效评价研究[D]. 长沙: 中南大学, 2011.

[74] 叶飞, 徐学军. 基于虚拟企业的绩效协同模糊监控系统设计研究[J]. 当代财经, 2001, 18(5): 34-40.

[75] 高天光. 孵化器内企业集群的知识溢出问题[J]. 科学学与科学技术管理, 2006, 21(6): 145-147.

[76] 张喜征, 单泪源. 基于事件驱动的中小科技企业孵化器知识共享机制研究[J]. 科学学与科学技术管理, 2008, 28(4): 92-95.

[77] 蒋勤峰, 田晓明, 王重鸣. 企业动态能力测量之实证研究——以270家孵化器入孵企业为例[J]. 科学学研究, 2008, 26(3): 604-611.

[78] 曾鑫, 赵黎明. “科技企业孵化器、风险投资、创业企业”三方合作网络研究[J]. 中国科技论坛, 2011, (8): 62-66.

[79] 赵黎明, 张玉洁. 基于网络治理的科技企业孵化器网络与单创投合作研究[J]. 科学学与科学技术管理, 2012, 33(3): 18-23.

[80] 王荣. 上海科技企业孵化器网络建设实践探索[J].中国新技术新产品, 2007, 18(12): 47-50.

[81] 陈健. 中国科技企业孵化器网络化发展的探讨[J]. 情报探索, 2004, 22(4): 69-73.

[82] 王柏轩, 刘小元. 网络组织与科技企业孵化器的运行研究[J]. 技术与创新管理, 2005, 2(26): 130-135.

[83] 刘担. “一个硅谷”：美国的启示[J]. 世界知识, 2000, 31(6): 31-33.

[84] 张炜, 邢潇. 科技企业孵化器服务项目与服务绩效关系实证研究[J]. 科学学与科学技术管理, 2006, 27(4): 159-164.

[85] 李志能, 张洁, 郁义鸿. 美国孵化器的发展沿革[J]. 上海经济研究, 2000, 15(7): 38-44.

[86] 常林朝, 邵俊岗. 基于资源外取的企业孵化器开放式运行模式研究[J]. 科技进步与对策, 2007, 24(10): 24-27.

[87] 李恒光. 基于3C 的科技企业孵化器动态绩效评价模型[J]. 辽东学院学报(社会科学版), 2007, 9(6): 175-179.

[88] 葛宝山, 王艺博. 企业孵化器网络绩效的权变机理研究[J]. 吉林大学社会科学学报, 2013 (3): 58-65.

[89] 王艺博. 外部环境、孵化网络对孵化绩效影响的实证研究[D]. 长春: 吉林大学, 2013.

[90] 严玲, 邓娇娇, 吴绍艳. 临时性组织中关系治理机制核心要素的本土化研究[J]. 管理学报, 2014, 11(6): 906-914.

[91] Poppo L, Zenger T. Do formal contracts and relational governance function as substitutes or complements?[J]. Strategic Management Journal, 2002, 23(8): 707-725.

[92] Mever A D, Tusk A S, Hidings G R. Configurationally approaches to organizational analysis[J].

Academy of Management Journal, 1993, 36(6): 1175-1195.

[93] Jones C, Hesterly W S, Borgatti S P. A General theory of network governance: exchange conditions and social mechanisms[J].The Academy of Management Review, 1997, 22(4): 911-945.

[94] 孙国强. 网络组织治理机制论[M]. 北京：中国科学技术出版社, 2005.

[95] 党兴华, 肖瑶. 基于跨层级视角的创新网络治理机理研究[J]. 科学学研究, 2015, 32(12): 1894-1908.

[96] Larson A. Network dyads in entrepreneurial settings: A study of the governance of exchange relationships[J]. Administrative Soience Quarterly, 2011, 37(1): 76-104.

[97] Newbert S, Tornikoski E T. Supporter net works and network growth: A continneney model of ornanizational emergence[J]. Srruall Business Ecorrornics, 2012, 39(1): 141-159.

[98] Granovetter M. The impact of social structure on economic outcomes[J]. Journal of Economic Perspectives, 2014, 19(1): 33-50.

[99] Capaldo A, Messeni P A. In search of alliance-level relational capabilities: Balancing innovation value creation and appropriability in R&D alliances[J]. Scandinavian Journal of Management, 2011, 27(3): 273-286.

[100] Teece D J. Explicating dynamicapabilities: The nature and microfoundations of (sustainable) enterprise performance[J]. Strategic Management Journal, 2007, 28 (13): 1319-1350.

[101] Greve A, Salaff J. Social networks and entrepreneurship[J]. Entrepreneurship: Theory and Practice, 2003, 28(1): 1-22.

[102] Ness H. Governance, negotiations, and alliance dynamics: Explaining the evolution of relational practice[J]. Journal of Management Studies, 2009, 46(3): 451-80.

[103] Heide J B, John G. Do norms matter in marketing relationships?[J]. Journal of Marketing, 1992, 56(2): 32-44.

[104] Wathne K H, Heide J B. Opportunism in interfirm relationships: Forms, outcomes, and solutions[J]. Journal of Marketing, 2000, 64(4): 36-51.

[105] 丁绒, 孙延明, 叶广宇. 增强惩罚的企业联盟合作规范机制: 自组织演化视角[J]. 管理科学, 2014, 27(1): 11-20.

[106] 刁丽琳, 朱桂龙. 产学研合作中的契约维度、信任与知识转移——基于多案例的研究[J]. 科学学研究, 2014, 32(6): 890-901.

[107] 曾德明, 贾曙光. 吸收能力视角下联盟企业关系资本对创新能力影响研究[J]. 中国科技论坛, 2011(5): 21-26.

[108] 黄劲松. 产学研合作的混合治理模式研究[J]. 科学学研究, 2015, 35(1): 69-75.

[109] Kogut B. The network as knowledge: Generative rules and the emergence of structure[J]. Strategic Management Journal, 2002, 87(21): 405-425.

[110] 王斌. 基于网络结构的集群知识网络共生演化模型的实证研究[J]. 管理评论, 2014, 26(9): 128-138.

[111] Schreiner M, Kale P, Corsten D. What really is alliance management capability and how does it impact alliance outcomes and success?[J]. Strategic Management Journal, 2009, 30(13): 1395-1419.

[112] Liu Y, Li Y, Tao L, et al. Relationship stability, trust and relational risk in marketing channels: Evidence from China[J]. Industrial Marketing Management, 2008, 37(4): 432-446.

[113] 汪永星, 赵西萍, 周密, 等. 人际信任、知识特性在知识转移作用机制中的调节效应研究[J]. 软科学, 2012, 26(9): 24-29.

[114] 马永远, 江旭. 战略联盟伙伴间特征与联盟管理实践转移[J]. 管理科学, 2014, 27(5): 1-11.

[115] 王伟光, 冯荣凯, 尹博. 基于动态演化的产学研合作创新机制研究——兼论辽宁省产学研合作应对策略[J]. 辽宁大学学报(哲学社会科学版), 2012, 40(1): 70-77.

[116] 王伟光, 冯荣凯, 尹博. 产业创新网络中核心企业控制力能够促进知识溢出吗？[J].管理世界, 2015(6): 99-109.

[117] Larson A, Starr J. A network model of ornanization formation[J]. Eutrepreueurship: Theory and Prcactice, 1993, 17(2): 5-15.

[118] Olson M. The logic of collective action: Public goods and the theory of groups[M].Cambridge MA: Harvard University Press, 1971.

[119] 高洁, 糜仲春, 魏久紧. 企业技术创新网络治理机制研究[J]. 科技进步与对策, 2007, 24(9): 133-136.

[120] Das T K, Teng B S. Instabilities of strategic alliances: An internal tensions perspective[J]. Organization Science, 2000, 11(1): 77-101.

[121] Li J J, Poppo L, Zhou K Z. Relational mechanisms, formal contracts, and local knowledge acquisition by international subsidiaries[J]. Strategic Management Journal, 2010, 31(4): 349-370.

[122] Williamson O E. Comparative economic organization: The analysis of discrete structural alternatives[J]. Administrative Science Quarterly, 1991, 36(2): 269-296.

[123] Brown J R, Cobb A, Lusch R F. The roles played by interorganizational contracts and justice in marketing channel relationships[J]. Journal of Business Research, 2006, 59(2): 166-175.

[124] Poppo L, Zhou, Zheng K, Zenger, et al. Examining the conditional limits of relational governance: Specialized assets, performance ambiguity, and long-standing ties[J]. Journal of Management Studies, 2008, 45(7): 1195-1216.

[125] Jap S D, Ganesan S. Control mechanisms and the relationship life cycle: Implications for safeguarding specific investments and developing commitment[J]. Journal of Marketing Research, 2000, 37(6): 227-245.

[126] Yu S H. Social capital, absorptive capability, and firm innovation[J]. Technological Forecasting & Social Change, 2013, 80(3): 1261-1270.

[127] Andrews R. Organizational social capital, structure and performance[J]. Human Relations, 2010, 63(5): 583-608.

[128] Eisenhardt K, Jeffrey A M. Dynamic capabilities: What are they?[J]. Strategic Management Journal, 2000, (21): 1105-1121.

[129] Kern T, Willcocks L. Exploring information technology outsourcing relationships: Theory and practices[J]. Journal of Strategic Information Systems, 2000, 9(4): 321-350.

[130] James B O, Shad S M. Catching falling stars: A human resource response to social capital's detrimental effect of information overload on star employees[J]. Academy of Management Review, 2013, 37(3): 396-418.

[131] Macneil I R. Towards a learning organisation in practice: the importance of facilitative learning in management development[C]. In the first conference on H. R. D. research and practice across Europe, Kingston Business School, London, 2000.

[132] Zaheer A, Venkatraman N. Relational governance as an interorganizational strategy: An empirical test of the role of trust in economic exchange[J]. Strategic Management Journal, 1995, 16(5): 373-392.

[133] Jeltje M K, Vosselman E G J. Management control of interfirm transactional relationships: The case of industrial renovation and maintenance[J]. Accounting Organizations and Society, 2000, 25(1): 51-77.

[134] Claro D P, Hagelaar G, Omta O. The determinants of relational governance and performance: How to manage business relationships?[J]. Industrial Marketing Management, 2003, 32(8): 703-716.

[135] Poppo L, Zhou, K, Zenger T. Examining the conditional limits of relational governance: Specialized assets, performance ambiguity, and long-standing ties[J]. Journal of Management Studies, 2008, 45(7): 1195-1216.

[136] Mesquita L F, Anand J, Brush T H. Comparing the resource-based and relational views: Knowledge transfer and spillover in vertical alliances[J].Strategic Management Journal, 2008, 29(9): 913-941.

[137] Gibson C B, Birkinshaw J. The antecedents, consequences and mediating role of organizational ambidexterity[J]. Academy Management Journal, 2004, 47(2): 209-226.

[138] Pitelis C N. The co-evolution of organizational value capture, value creation and sustamable advantage[J]. Organization Studies, 2009, 30(10): 1115-1139.

[139] Martinez J, Jarillo J C. The evolution of research on coordination mechanisms in multinational corporations[J]. Journal of International Business Studies, 1989, 20(3): 489-514.

[140] 郝斌, 李佳琳, 万尚. 企业间关系伙伴选择研究最新进展探析[J]. 外国经济与管理, 2014, 36(1): 55-64.

[141] Guo C, Miller J K. Guanxi dynamics and entrepreneurial firm creation and development in China[J]. Management and Organization Review, 2010, 6(2): 267-291.

[142] Li P P. Entrepreneurship as a new context for trust research[J]. Journal of Trust Research, 2013, 3(1): 1-10.

[143] 白鸥, 魏江, 斯碧霞. 关系还是契约：服务创新网络治理和知识获取困境[J]. 科学学研究, 2015, 33(9): 1432-1440.

[144] Dekker H C. Control of inter-organizational relationships: Evidence on appropriation concerns and coordination requirements[J]. Accounting Organizations and Society, 2004, 9(1): 27-49.

[145] Dries, Faems, Maddy, et al. Toward an integrative perspective on alliance governance: Connecting contract design, trust dynamics and contract Application[J]. Academy of Management Journal, 2008, 51(6): 1053-1078.

[146] 黄劲松, 郑小勇. 是契约、信任还是信心促成了产学研合作？——两个产学研联盟案例的比较研究[J]. 科学学研究, 2015, 33(5): 734-740.

[147] Eyuboglu N, Buja A. Quasi-darwinian selection in marketing relationships[J]. Journal of Marketing, 2007, 71(4): 48-62.

[148] Wuyts S, Geyskens I. The formation of buyer-supplier relationships: Detailed contract drafting and close partner selection[J]. Journal of Marketing, 2005, 69(4): 103-17.

[149] 张宝建, 孙国强, 任晓悦. 网络组织治理模式研究述评[J]. 商业研究, 2015(3): 36-45.

[150] 吴友群, 赵京波, 王立勇. 产学研合作的经济绩效研究及其解释[J]. 科研管理, 2014, 53(7): 147-153.

[151] Kale P, Dyer J, Singh H. Value creation and success in strategic slliances: Alliancing skill and

the role of alliance structure and system[J]. European Management Journal, 2001, 19(5): 463-471.

[152] Dunning J H. Reappraising the eclectic paradigm in an age of alliance capitalism[J]. Journal of International Business Studies, 1995, 26(3): 461-491.

[153] Ahuja M, Galvin J. Socialization in Virtual Groups[J]. Journalof Management, 2003, 29(2): 161-185.

[154] 李维安, 等 . 网络组织：组织发展新趋势[M]. 北京：经济科学出版社 , 2003.

[155] 林润辉 , 张红娟 , 范建红 , 等 . 企业集团网络治理评价研究——基于宏基的案例分析[J]. 公司治理评论, 2009, 1(4): 29-44.

[156] 孙国强, 范建红. 网络组织治理绩效影响因素的实证分析[J]. 数理统计与管理, 2013, 31(2): 296-306.

[157] 李成龙, 刘智跃. 产学研耦合互动对创新绩效影响的实证研究[J].科研管理, 2013, 34(3): 23-30.

[158] 杨伟, 周青, 方钢. 产业联盟的组织复杂度、牵头单位与合作创新率[J]. 科学学研究, 2015, 33(5): 713-722.

[159] Lunnan R, Haugland S A. Predicting and measuring alliance performance: a multidimensional analysis[J]. Strategic Management Journal, 2008, 29(5): 545-556.

[160] Arranz N F, De Arroyabe J C. Can innovation network projects result in efficient performance?[J]. Technological Forecasting and Social Change, 2012, 79(3): 485-497.

[161] 韩炜, 杨俊, 张玉利. 创业网络混合治理机制选择的案例研究[J]. 管理世界, 2014(2): 118-136.

[162] Hakansson H, Sharma D. Strategic alliances in a network perspective[M]. London: Sage Publicatiolls, 1996.

[163] 芮鸿程. 联盟型网络组织的动因与运作规则探析[J]. 财经科学, 2002(2): 54-58.

[164] 彭正银. 网络治理理论探析[J]. 中国软科学, 2002(3): 51-55.

[165] 孙国强, 范建红. 网络组织治理机制与绩效的典型相关分析[J]. 经济管理, 2005(12): 50-55.

[166] Mesquita L F, Anand J, Brush T H. Comparing the resource-based and relationla Views knowledge transfer and spillover in vertical alliances[J].Strategic Management Journal, 2008, 29(9): 913-941.

[167] 徐和平, 孙林岩, 慕继丰. 产品创新网络及其治理机制研究[J].中国软科学, 2003(6): 77-82.

[168] Gotsi M, Wilson A M. Corporate reputation: Seeking a definition corporate Communication[J]. An International Journal, 2001, 6(1): 24-30.

[169] 邓渝, 邵云飞. 多层次创新网络协同治理研究: 结构、机制与知识收益[J]. 科技进步与对策, 2015, 32(20): 18-22.
[170] Teece D J, Pisano G, Shuen A. Dynamic capabilities and strategic management[J]. Strategic Management Journal, 1997, 18(7): 509-533.
[171] Fiegenbaum A, Hart S, Dan S. Strategic Reference Point Theory[M]. South-Western College Publishing, 1996.
[172] 孙耀君. 西方管理学名著提要[M]. 江西: 江西人民出版社, 1998.
[173] 席酉民. 和谐理论与战略研究[D]. 西安: 西安交通大学, 1987.
[174] 黄丹, 席酉民. 和谐管理理论基础: 和谐的诠释[J].管理工程学报, 2001, 15(3): 69-72.
[175] 席酉民. 和谐理论[M] .贵州: 贵州人民出版社, 1989.
[176] 刘鹏, 席酉民. 和谐理论: 系统视角与时间透镜下的组织过程模型[J].系统工程理论与实践, 2012, 32(11): 2467-2472.
[177] Ansoff H I. Corporate strategy: An analytic approach to business policy for growth and expansion[M]. New York : McGraw-Hill Book, 1965.
[178] Lee S, Park G, Yoon B, et al. Open innovation in SMEs: An intermediated network model[J]. Research Policy, 2010, 39(2): 290-300.
[179] 哈肯. 协同学异论[M]. 北京: 原子能出版社, 1984.
[180] 解学梅, 刘丝雨. 协同创新模式对协同效应与创新绩效的影响机理[J]. 管理科学, 2015, 28(2): 27-39.
[181] Lee H, Kelley D, Lee J, et al. SME survival: The impact of internationalization, technology resources, and alliances[J]. Journal of Small Business Management, 2012, 50(1): 1-19.
[182] 欧黎明, 朱秦. 社会协同治理：信任关系与平台建设[J]. 中国行政管理, 2009(5): 118-121.
[183] 沙勇忠, 解志元. 论公共危机的协同治理[J]. 中国行政管理, 2010(4): 73-77.
[184] 何水, 蓝李焰. 中国公共危机管理的困境与出路——一个宏观的分析[J]. 湖北经济学院学报, 2008(1): 91-95.
[185] Zhang Shujie, Preece R. Designing and implementing customs-business partnerships: A possible framework for collaborative governance[J]. World Customs Journal, 2011, 5(1): 43-62.
[186] 孙国强, 石海瑞. 网络组织负效应理论研究进展[J]. 未来与发展, 2009, (11): 31-34.
[187] 宋径漂. 基于嵌入视角的网络组织负效应形成机理研究[D]. 太原: 山西财经大学, 2011.
[188] 杨得前, 严广乐, 李红. 产学研合作中的机会主义及其治理[J]. 科学学与科学技术管理, 2006, 27(9): 38-41.
[189] 徐二明, 徐凯. 资源互补对机会主义和战略联盟绩效的影响研究[J]. 管理世界, 2012(1):

93-100.

[190] 任星耀, 朱建宇, 钱丽萍, 等. 渠道中不同机会主义的管理：合同的双维度与关系规范的作用研究[J]. 南开管理评论, 2012, 15(3): 12-21.

[191] 巴斯夏. 和谐经济论[M].北京: 中国社会科学出版社, 1995.

[192] 连远强. 产业集群系统的和谐发展析论[J]. 科技管理研究, 2006, 26(4): 75-79.

[193] 井然哲, 覃正. 企业集群系统自组织和谐发展探析[J]. 科学学研究, 2005, 23(4): 550-554.

[194] 孙国强, 邱玉霞, 李俊梅. 网络组织风险传导的动态演化路径研究[J]. 中国管理科学, 2015, 23(2): 170-176.

[195] 孟庆红, 戴晓天, 李仕明. 价值网络的价值创造、锁定效应及其关系研究综述[J].管理评论, 2011, 23(12): 139-147.

[196] 梅莉. 涉外企业网络组织负效应生成机理与测定研究[J]. 物流工程与管理, 2012, 34(7): 97-100.

[197] Carayannis E, Rogers E, Kurihara K. High-technology spin-offs from government R&D laboratories and research universities[J]. International Journal ofTechnovation, 1998, 18(1): 1-11.

[198] Hoang H, Antoncic B. Network-based research inentrepreneurship: Acritical review[J]. Journal of Business Venturing, 2003, 17(2): 1-23.

[199] 孙国强, 朱艳玲. 模块化网络组织的风险及其评价研究——来自一汽企业集团网络的经验证据[J]. 中国工业经济, 2011(8): 139-148.

[200] 蔡宁, 杨闩柱, 吴结兵. 企业集群风险的研究：一个基于网络的视角[J]. 中国工业经济, 2003(4): 59-64.

[201] 龙勇, 周晶. 供应链协同技术创新中的协作能力及其影响[J]. 软科学, 2015, 29(1): 47-52.

[202] 张利飞, 吕晓思, 张运生. 创新生态系统技术依存结构对企业集成创新竞争优势的影响研究[J]. 管理学报, 2014, 11(2): 229-237.

[203] 任志安. 企业知识共享网络的治理研究[J]. 科技进步与对策, 2006, 23(3): 97-101.

[204] Watts D J, Strogatz S H. Collective dynamics of small-world networks[J]. Nature, 1998, 393(6684): 440-442.

[205] Barabás A, Albert R. Emergence of scaling in random network[J]. Science, 1999, 286 (5439): 509-512.

[206] 史定华. 无标度网络：基础理论和应用研究[J]. 电子科技大学学报, 2010, 39(5): 644-650.

[207] Ravasz, Somera A L, Mongru D A, et al. Hierarchical organization of modularity in metabolic networks[J]. Science, 2002, 297(5586): 1551-1555.

[208] 黄萍, 张许杰, 刘刚. 小世界网络的研究现状与展望[J]. 情报杂志, 2007, 26(4): 65-68.

[209] Gay B, Dousset B. Innovation and network structural dynamics: Study of the alliance network of a major sector of the biotechnology industry[J]. Research Policy, 2005, 34(10): 1457-1475.

[210] 朱海燕, 韦忠善. 小世界网络和无标度网络的同一演化模型[J]. 钦州学院学报, 2006, 21(6): 38-41.

[211] 杜海峰, 等. 小世界网络与无标度网络的社区结构研究[J]. 物理学报, 2007, 56(12): 6886-6893.

[212] Guimerà R, Amaral L. Functional cartography of complex metabolic networks[J]. Nature, 2005, 433(7028): 895-900.

[213] 冯锋, 王亮. 产学研合作创新网络培育机制分析——基于小世界网络模型[J]. 中国软科学, 2008, (11): 82-86+95.

[214] 冯锋, 李徐伟, 司尚奇. 基于无标度网络的产学研合作网络功能及培育机制研究[J]. 科学学与科学技术管理, 2009, 30(9): 27-30.

[215] Amaral L, Scala A, Barthélémy M, et al. Classes of small-world networks[J]. Proceedings of the National Academy of Sciences, 2000, 97(21): 11149-11152.

[216] 王国红, 周建林, 唐丽艳. 小世界特性的创新孵化网络知识转移模型及仿真研究[J]. 科学学与科学技术管理, 2014, 35(5): 53-63.

[217] 王国红, 周建林, 邢蕊. 基于双重扩散过程的创新孵化网络内知识扩散方选择策略研究[J]. 科学学与科学技术管理, 2015, 36(4): 105-114.

[218] Newman M E J. The structure of scientific collaboration networks[J]. Working Papers, 2001, 98(2): 404-409.

[219] Albert R, Barabasi A L. Statistical Mechanics of Complex Networks[J]. Reviews of Modern Physics, 2002, 74(1): 47-97.

[220] Liljeros F, Edling C R, Amaral L A N, et al. The web of human sexual contacts[J]. Nature, 2001, 411(6840): 907-908.

[221] Jeong H, Tambor B, Albert R, et al. The Large-scale organization of metabolic networks[J]. Nature, 2001, 407(6804): 651-654.

[222] 冯锋, 张瑞青, 闰威. 基于小世界网络模型的企业创新网络特征分析[J]. 科学学与科学技术管, 2006, 27(9): 87-91.

[223] 冯锋, 王凯. 产业集群内知识转移的小世界网络模型分析[J]. 科学学与科学技术管, 2007, 28(7): 88-91.

[224] 吴文清, 张海红，赵黎明. 孵化器内创业企业知识网络涌现研究[J]. 科学学与科学技术管

理, 2014, 35(12): 109-118.

[225] 邓丹, 李南, 田慧敏. 基于小世界网络的NPD团队交流网络分析[J]. 研究与发展管理, 2005, 17(4): 83-86.

[226] 李果, 高建民, 高智勇. 基于小世界拓扑模型的复杂系统安全分析[J]. 机械工程学报, 2008, 44(5): 86-91.

[227] Cowan R, Jonard N, Ozman M. Knowledge dynamics in a network industry[J]. Technology Forecasting and Social Change, 2004, 71(5): 464-484.

[228] 黄玮强, 装新田, 姚爽. 基于创新合作网络的产业集群知识扩散研究[J]. 管理科学, 2012, 25(2): 13-23

[229] Wong L H. A spatial model for social networks[J]. Physica A Statistical Mechanics & Its Applications, 2006, 360(1): 99-120.

[230] 林敏, 李南, 陈婷婷. 基于复杂网络的知识转移模拟与分析[J]. 系统工程, 2009, 27(3): 115-118.

[231] Bart V, Geert D. The small word of strategic technology alliance[J]. Technovation Technovation, 2004, 24(7): 563-571.

[232] 吴俊, 谭跃进, 邓宏钟, 等. 无标度网络拓扑结构非均匀性研究[J]. 系统工程理论与实践, 2007, 27(5): 101-105.

[233] 张瑜, 菅利荣, 皮宗平, 等. 基于无标度网络的产学研合作网络模式[J].系统工程, 2013, 31(5): 54-59.

[234] Garda M S, Mendez P N. The structure of inter-industry system s and the diffusion of innovation: The case of Spain[J]. Technological Forecasting&Social Change, 2012, 78(8): 1548-1567.

[235] Bronmage T G. Science networks and the future of integrative research[J]. International Congress Series, 2006, 1296(6): 160-174.

[236] Dorogovtsev S N, Mendes J F F. Scaling properties of scale-free evolving networks: Continuous approach[J].Physical Review Letter, 2001, 63(5): 56-125.

[237] 贾秀丽, 蔡绍洪, 张芙蓉. 一种动态的无标度网络模型[J]. 四川师范大学学报(自然科学版), 2009, 32(6): 839-842.

[238] Adler P S, Kwon S W. Social capital: Prospects for a new concept[J]. The Academy of Management Review, 2002, 27(1): 17-40.

[239] Jennifer A D, Richard J, Williams, Martinez Neo D. Network structure and biodiversity loss in food webs: Robustness increases with competence[J]. Ecology Letters, 2002, 5(4): 558-567.

[240] 庞俊亭, 游达明. 无标度网络视角的集群创新网络内生风险及其评价[J]. 求索, 2012(10): 11-13.

[241] Oldroyd J B, Morris S S. Catching falling stars: A human resource response to social capital's detrimental effect of information overload on star employees[J]. Academy of Management Review, 2012, 37(3): 396-418.

[242] Lechner C, Nkenberger K, Floyd S W. Task contingencies in the curvilinear relationships between intergroup networks and initiative performance[J]. Academy of Management Journal, 2010, 53(4): 865-889.

[243] Buskens V, Rijt A. Dynamics of networks if everyone strives for structural holes[J]. American Journal of Sociology, 2008, 114(2): 371-407.

[244] McAdam M, Marlow S. Building futures or stealing secrets?[J]. International Small Business Journal, 2007, 25(4): 361-382.

[245] Polidoro F , Ahuja G, Mitchell W. When the social structure overshadows competitive incentives: The effects of network embeddedness on joint venture dissolution[J]. Academy of Management Journal, 2011, 54(1): 203-230.

[246] 王铜安. 基于社会网络视角的产业结构总体特征研究[J]. 科研管理, 2014, 35(7): 124-129.

[247] 胡望斌, 张玉利, 杨俊. 同质性还是异质性：创业导向对技术创业团队与新企业绩效关系的调节作用研究[J]. 管理世界, 2014, (6): 92-109+187-188.

[248] Elke Schüßler, Carolin D, Frank L I. Networks of clusters: a governance perspective[J]. Industry and Innovation, 2013, 20(4): 357-377.

[249] 盛亚, 王节祥. 利益相关者权利非对称、机会主义行为与CoPS创新风险生成[J]. 科研管理, 2013, 34(3): 31-40.

[250] Gomes C B. Group versus group: How alliance networks compete[J]. Harvard Business Review, 1994, 72(4): 62-74.

[251] McAdam M, McAdam R. High tech start-ups in university science park incubators: The relationship between the start-up's lifecycle progression and use of incubator's recourses[J]. Technovation, 2008, 28(5): 277-290.

[252] Pálmai Z. An innovation park in Hungary: INNPTECH of the budapest university of the technology and economics[J]. Technovation, 2004, 24(5): 421-432.

[253] 孙国强. 关系、互动与协同：网络组织的治理逻辑[J]. 中国工业经济, 2003(11): 14-20.

[254] Heide J B, Kenneth H W. Friends, business people, and relationship roles: A conceptual framework and a research agenda[J]. Journal of Marketing, 2006, 70(3): 90-103.

[255] 赵炎, 孟庆时. 创新网络中基于结派行为的企业创新能力评价[J].科研管理, 2014, 35(7): 35-43.

[256] Hansen M T, Chesbrough H W, Nohria N, et al. Networked incubators: Hothouses of the new economy[J]. Harvard Business Review, 2000, 78(5): 74-84.

[257] 张宝建, 孙国强, 裴梦丹, 等. 网络能力、网络结构与创业绩效——基于中国孵化产业的实证研究[J]. 南开管理评论, 2015, 18(2): 39-50.

[258] Zhou K Z, Poppo L. Exchange hazards, relational reliability and contracts in China: The contingent role of legal enforce ability[J]. Journal of International Business Studies, 2010, 41(5): 861-881.

[259] Chen H, Ellinuer A E, Tian Y. Manufacturer-supplier guanxi strategy: An examination of contingent environmental factors[J]. Industrial Marketing Management, 2011, 40(4): 550-560.

[260] Yang Z, Zhou C, Jiang L. When do formal control and trust matter? A context-based analysis of the effects on marketing channel relationships in China[J]. Industrial Marketing Management, 2011, 40(1): 86-96.

[261] Uzzi B. Social structure and competition in interfirm networks: The paradox of embeddedness[J]. Administrative Science Quarterly, 1997, 42(1): 35-67.

[262] Smith D A, Lohrke F T. Entrepreneurial network development: Trusting in the process[J]. Journal of Business Research, 2008, 61(4): 315-322.

[263] Fauchart E, Von Hippel E. Norms-based intellectual property systems: The case of French chefs[J]. Organization Science, 2008, 19(2): 187-201.

[264] Standifird S S, Marshall R S. The transaction cost advantage of guanxi based business practice[J]. Journal of World Business, 2000, 35(1): 21-42.

[265] 汪鸿昌, 廖雪华, 肖静华. 社会规范视角下的关系理论之合法性研究[J]. 管理学报, 2014, 11(5): 764-771.

[266] Dams P, Love P. Alliance contracting: Adding value through relationship development engineering[J]. Construction and Architectural Management, 2011, 18(5): 444-461.

[267] Meng X. The effect of relationship management on project performance in construction[J]. International Journal of Project Management, 2012, 30(2): 188-198.

[268] 陈向明. 质的研究方法与社会科学研究[M]. 北京: 教育科学出版社, 2002.

[269] Capaldo A. Network governance: A cross-level study of social mechanisms, knowledge benefits, and strategic outcomes in joint-design alliances[J]. Industrial Marketing Management, 2014, 43(4): 685-703.

[270] Carayannis E G, Zedtwitz V M. Architecting global (global–local), real virtual incubator networks (G-RVINs) as catalysts and accelerators of entrepreneurship in transitioning and developing economies: Lessons learned and best practices from current development and business incubation practices[J].Technovation, 2005, 25(2): 95-110.

[271] 赵炎, 郑向杰. 网络聚集性、连通性与企业知识创新——基于中国10个高科技行业的联盟关系网络分析[J]. 科学学与科学技术管理, 2013, 34(3): 23-32.

[272] 张礼建, 郑荣娟, 程乐. 科技企业孵化器孵化绩效评价指标体系构造[J]. 重庆大学学报. 2006, 29(3): 147-151.

[273] 李岱松, 张革, 黎朝辉. 企业孵化器绩效评价研究[J]. 北京工业大学学报(社会科学版), 2008, 8(2): 23-27.

[274] Ömer Çağri Özdemir, Şehitoğlu Y. Assessing the Impacts of Technology Business Incubators: A framework for Technology Development Centers in Turkey[J]. Procedia-Social and Aehavioral Sciences, 2013, 75(75): 282-291.

[275] 刚登峰. 孵化企业孵化绩效的评估体系与模型设计[J]. 科学技术与工程, 2009(9): 520-524.

[276] 李智俊, 胡海青, 张道宏. 绩效棱柱模型在孵化企业中的应用[J]. 经济问题, 2010(7): 71-74.

[277] Lavie D. Alliance portfolios and firm performance: A study of value creation and appropriation in the US software industry[J]. Strategic Management Journal, 2007, 28(12): 1187-1212.

[278] 刘明广, 李高扬. 产学研合作创新的演化博弈分析[J]. 工业技术经济, 2012(10): 137-143.

[279] 肖玲诺, 史建锋, 孙玉忠. 基于BP神经网络的产学研知识创新联盟风险评价研究[J]. 中国软科学, 2011(12): 173-179.

[280] Albert R, Jeong H, Barabasi A L. Error and attack tolerance of complex networks[J]. Nature, 2000, 406(6794): 378-382.

[281] 陈伟, 周文, 郎益夫, 等. 产学研合作创新网络结构和风险研究——以海洋能产业为例[J]. 科学学与科学技术管理, 2014, 35(9): 59-66.

[282] 周密, 赵文红, 姚小涛. 社会关系视角下的知识转移理论研究评述及展望[J]. 科研管理, 2007, 28(3): 78-84.

[283] Rooks G, Szirmai A, Sserwanga A. Network structure and innovative performance of african entrepreneurs: The case of uganda[J]. Journal of African Economies, 2012, 21(4): 609-636

[284] Kavcic V, Krar F J, Doty R W. Temporal cost of switching between kinds of visual stimuli in a memory task[J]. Cognitive Brain Research, 2000, 9(2): 199-203.

[285] 袁静, 姚陆锋, 郑春东. 知识惯性与组织学习[J]. 科学管理研究, 2005, 23(1): 81-84.

[286] Qian H, Haynes K E, Riggle J D. Incubation push or business pull? Investigating the geography

of US business incubators[J]. Economic Development Quarterly, 2011, 25(1): 79-90.

[287] Goerzen A, Beamish P W. The effect of alliance network diversity on multinational enterprise performance[J]. Strategic Management Journal, 2005, 26(4): 333-354.

[288] Jerome L W. Innovation in social networks: Knowledge spillover is not enough[J]. Knowledge Management Rseearch and Practice, 2013, 11(4): 422-431.

[289] 吴绍棠, 李燕萍. 企业的联盟网络多元性有利于合作创新吗——一个有调节的中介效应模型[J]. 南开管理评论, 2014, 17(3): 152-160.

[290] 潘镇, 李晏墅. 联盟中的信任——一项中国情景下的实证研究[J]．中国工业经济, 2008(4): 44-54.

[291] Davenport T, Prusak L. Working knowledge: How organizations manage what they know[M]. Boston: Harvard Business School Press, 1988.

[292] 朱瑜, 张浠铃, 陈浩. 组织不端行为研究前沿探析与未来展望[J]. 管理评论, 2015, 27(3): 163-173.

[293] Lee Y, Cavusgil S T. Enhancing alliance performance: The effects of contractual - based versus relational based governance[J]. Journal of Business Research, 2006, 59(8): 896-905.

[294] Shane S. Selling university technology: Patterns from MIT[J]. Management Science, 2002, 48(1): 122-137.

[295] Obstfeld D. Social networks, the tertius iungens orientation, and involvement in innovation[J]. Administrative Science Quarterly, 2005, 50(1): 100-130.

[296] 刘仁军. 关系契约与企业网络转型[J]. 中国工业经济, 2006(6): 91-98.

[297] Rohrbeck R, Hoelzle K, Gemunden H G. Opening up for competitive advantage - How Deutsche Telekom creates an open innovation ecosystem[J]. R&D Management, 2009, 39(4): 420-430.

[298] Moliterno T P, Mahony D M. Network theory of organization: A multilevel approach[J]. Journal of Management, 2011, 37(2): 443-467.

[299] Samaha S A, Palmatier R W, Dant R P. Poisoning relationships: Perceived unfairness in channels of distribution[J]. Journal of Marketing, 2011, 75(99): 99-117.

[300] Johan B, Tiago R, Bart C, et al. The evolution of business incubators: Comparing demand and supply of business incubation services across different incubator generations[J]. Technovation, 2012, 32(5): 110-121.

[301] Bøllingtoft A. The bottom-up business incubator: Leverage to networking and cooperation practices in a self-generated, entrepreneurial-enabled environment[J]. Technovation, 2012,

32(5): 304-315.

[302] Erlewine M. Measuring your business incubator's economic impact: A toolkit[OL]. http: // www.nbia.org/impact/, 2012-12.

[303] Ness H, Haugland S A. The evolution of governance mechanisms and negotiation strategies in fixed-duration interfirm relationships[J]. Business Research, 2005, 58(6): 1226-1239.

[304] Roxenhall T. Kontraktets funktion varaktiga affärsförbindelser: Enanalys av några stora svenska företag[M]. Uppsala Universitet licentiate thesis Uppsala, 1996.

[305] 胡雯, 武常岐. 关系网络开发利用的影响因素和结果：对中国民营企业的研究[J].产业经济评论, 2004(2): 35-64.

[306] Ozcan P, Eisenhardt K M. Origin of alliance portfolios: Entrepreneurs, network strategies, and firm performance[J].Academy of Management Journal, 2009, 52(2): 246-279.

[307] Antia K D, Frazier G L. The severity of contract enforcement in interfirm channel relationships[J]. Journal of Marketing, 2001, 65(4): 67-81.

[308] Ebbers J J. Networking behavior and contracting relationships among entrepreneurs in business incubators[J].Entrepreneurship Theory and Practice, 2014, 38(5): 1159-1181.

[309] Malcomson J M, Roberts J. The Handbook of Organizational Economics[M]. Princeton, NJ: Princeton University Press, 2012.

[310] 罗珉, 赵亚蕊. 组织间关系形成的内在动因: 基于帕累托改进的视角[J]. 中国工业经济, 2012(4): 76-88.

[311] Gu, F F, Tse H D K. When does guanxi matter? Issues of capitalization and its dark sides[J]. Journal of Marketing, 2008, 72(4): 12-28.

[312] Xia J. Mutual dependence and alliance survival[J]. Strategic Management Journal, 2011, 32(3): 229-253.

[313] 蒋天颖, 丛海彬, 王峥燕, 等. 集群企业网络嵌入对技术创新的影响——基于知识的视角[J]. 科研管理, 2014, 35(11): 26-34.

[314] 张睿, 于渤. 技术联盟知识转移影响因素路径检验[J]. 科研管理, 2009, 30(1): 28-36.

[315] Pervan S J, Bove L L, Johnson L W. Reciprocity as a key stabilizing norm of interpersonal marketing relationships: Scale development and validation[J]. Industrial Marketing Management, 2009, 38(1): 60-70.

[316] 陈劲, 吴波. 开放式创新下企业开放度与外部关键资源获取[J]. 科研管理, 2012, 33(9): 10-22.

[317] Reuer J J, Arino A. Strategic alliance contracts: Dimensions and determinants of contractual

complexity[J]. Strategic Management Journal, 2007, 28(3): 313-330.

[318] 江旭. 联盟信任与伙伴机会主义的关系研究——来自我国医院间联盟的证据[J]. 管理评论, 2012, 24(8): 51-57.

[319] Chisung P, Mark W. An exploratory study on the potential of social enterprise to act as the tnstitutional glue of network governance[J]. Social Science Journal, 2014, 51(1): 120-129.

[320] 高展军, 王龙伟. 联盟契约对知识整合的影响研究——基于公平感知的分析[J]. 科学学与科学技术管理, 2013, 34(7): 95-103.

[321] 杨震宁, 李东红, 马振中. 关系资本, 锁定效应与中国制造业企业创新[J]. 科研管理, 2013, 34(11): 42-52.

[322] 何青松, 赵宝廷. 关系合约对网络组织经济效率的损害[J]. 山西财经大学学报, 2007(2): 1-6.

[323] 康凯, 张敬, 张志颖, 等. 关系嵌入与风险感知对网络组织治理模式选择的影响研究[J]. 预测, 2015, 34(2): 54-59.

[324] Becerra M, Lunnan R, Huemer L. Trustworthiness, risk, and the transfer of tacit and explicit knowledge between alliance partners[J]. Journal of Management Studies, 2008, 45(4): 691-713.

[325] Krishnan R, Martin X, Noorderhaven N. When does trust matter to alliance performance?[J]. Academy of Management Journal, 2006, 49(5): 894-917.

[326] 李作战. 企业社会资本、创业导向和创业绩效的关系研究[D]. 广州: 暨南大学, 2010.

[327] Janet M B, Dino P C. The evolution and formation of amicus curiae networks[J]. Social Networks, 2014, 36(1): 82-96.

[328] Dodgson M. Asia's national innovation systems: institutional adaptability and rigidity in the face of global innovation challenges[J]. Asia Pacific Journal of Management, 2009, 26(3): 589-609.

[329] Menzel M P, Fornahl D. Cluster life cycles-dimensions and rationales of cluster evolution[J]. Industrial and Corporate Change, 2010, 19(1): 205-238.

[330] Chen Y S, Chang K C. Using the entropy-based patent measure to explore the influences of related and unrelated technological diversification upon technological competences and firm performance[J]. Scientometrics, 2012, 90(4): 825-841.

[331] 林明, 董必荣. 行业技术动态下相关技术多样化对二元创新平衡的影响研究[J]. 科研管理, 2014, 35(10): 9-16.

[332] Lovejoy W S, Sinha A. Efficient structures for innovative social networks[J]. Management science, 2010, 56(7): 1127-1145.

[333] Phillip C N, Andersson U. The complexity of the business network context and its effect on

subsidiary relational (over-) embeddedness[J]. International Business Review, 2012, 21(4): 1087-1098.

[334] Troy, et al. Predictors of short-term decay of cell phone contacts in alarge scale communication network[J] . Social Networks, 2011, 33(4): 245-57.

[335] 张红娟, 谭劲松. 联盟网络与企业创新绩效：跨层次分析[J].管理世界, 2014(3): 163-169.

[336] 徐绪松, 郑小京. 供应链道德风险的演化规律[J].管理科学学报, 2012, 15(8): 1-11.

[337] 蒋军锋. 基于知识时空的技术创新研究范式的构建[J].科研管理, 2012, 33(5): 26-37.

[338] Kim Y, Choi T Y, Yan T T, et al. Structural investigation of supply networks: A social network analysis approach[J]. Journal of Operations Management, 2011, 29(3): 194-211.

[339] 谢永平, 党兴华, 毛雁征. 技术创新网络核心企业领导力与网络绩效研究[J]. 预测, 2012, 31(5): 21-27.

[340] Huang H C, Lai M C, Lo K W. Do founders' own resources matter? The influence of business networks on start-up innovation and performance[J].Technovation, 2012, 32(5): 316–327.

[341] 李怀祖. 管理研究方法论[M]. 西安: 西安交通大学出版社, 2004.

[342] Schwartz M. A control group study of incubators' impact to promote firm survival[J]. Journal of Technology Transfer, 2013, 38(3): 302-331.

[343] Baiman S, Rajan M V. Incentive issues in inter-firm relationships Accounting[J]. Organizations and Society, 2002, 27(3): 213-238.

[344] Colett A L, Sedatole K L, Towry K L. The effect of control systems on trust and cooperation in collaborative envirnnmente[J]. The Accounting Review, 2005, 80(2): 477-500.

[345] Zhou K Z, Yim C K, Tse D K. The effects of strategic orientations on technology and market-based breakthrough innovations[J]. Journal of Marketing, 2005, 69(2): 42-60.

[346] 谢晶, 方平, 姜媛. 情绪测量方法的研究进展[J]. 心理科学, 2011, 34(2): 488-493.

[347] Dunn S C, Seaker R F, WalIer M A. Latent variables in business logistics research: Scale development and validation[J]. Journal of Business Logistics, 1994, 15(2): 145-172.

[348] Fowler F J. Survey research methods[M]. New Bury Park, CA: Sage Publications, Inc, 1988.

[349] 彭新敏. 企业网络对技术创新绩效的作用机制研究：利用性——探索性学习的中介效应[D]. 浙江大学, 2009.

[350] 吴明隆. 问卷统计分析实务——SPSS操作与应用[M]. 重庆: 重庆大学出版社, 2010.

[351] 陈晓萍, 徐淑英, 樊景立. 组织与管理研究的实证方法[M]. 2版. 北京:北京大学出版社, 2012.

[352] Anderson J, Gerbing D. Structural equation modeling in practice: A review and recommended

two step approach[J]. Psychological Bulletin, 1988, 103(3): 411-423.

[353] Grayson K. Friendship versus business in marketing relationships[J]. Journal of Marketing, 2007, 71(6): 121-139.

[354] 刘军. 管理研究方法原理与应用[M]. 北京: 中国人民大学出版社, 2012.

[355] 温忠麟, 刘红云, 侯杰泰. 社会科学研究方法丛书：调节效应和中介效应分析[M].北京：教育科学出版社, 2012.

[356] Schünemann N, Spörer N, Brunstein J C. Integrating self-regulation in whole-class reciprocal teaching: A moderator–mediator analysis of incremental effects on fifth graders' reading comprehension[J]. Contemporary Educational Psychology, 2013, 38(4): 289-305.

[357] Cohen J, Cohen P, West S G, et al. Applied multiple regression/correlation analysis for the behavioral science[M]. London: Erlbaum, 2003.

[358] Hayes A F, Preacher K J. Quantifying and testing indirect effects in simple mediation models when the constituent paths are nonlinear[J]. Multivariate Behavioral Research, 2010, 45(4): 627-660.

[359] Mouzas S, Blois K. Contract research today: Where do we stand?[J]. Industrial Marketing Management, 2013, 42(7): 1057-1062.

[360] Gammelgaard J, et al. The impact of increases in subsidiary autonomy and network relationships on performance[J].International Business Review, 2012, 21(1): 1158-1172.

[361] Maurer I, Ebers M. Dynamics of social capital and their performance implications: Lessons from biotechnologyst art-ups[J]. Administrative Science Quarterly, 2006, 51(2): 262-292.

[362] Johnson S, McMillan J, Woodruff C. Courts and relational contracts[J]. Journal of Law Ecomics & Organization, 2002, 18(1): 221-276.

[363] Wang Y Q, Li M. Unraveling the Chinese miracle: A perspective of interlinked relational contract[J]. Journal of Chinese Political Science, 2008, 13(3): 269-285.

[364] Klijn E H, Koppenjan J. Governance network theory: past, present and future[J]. Policy & Politics, 2012, 40(4): 587-606.

[365] Carmeli A, Azeroual B. How relational capital and knowledge combination capability enhance the performance of work units in a high technology industry[J]. Strategic Entrepreneurship Journal, 2009, 49(3): 148-163.